国家教育部人文社会科学研究基金（19YJA790011）

国家自然科学基金（72173078）

本书获得 上海财经大学"中央高校双一流引导专项资金"　　**资助出版**

"中央高校基本科研业务费"

上海国际金融与经济研究院

融资与企业动态：
理论机制与中国实践

Financing and Firm Dynamics:

Theoretical Mechanisms and Practices in China

冯玲◎著

人民出版社

策划编辑:郑海燕
封面设计:牛成成
责任校对:周晓东

图书在版编目(CIP)数据

融资与企业动态 ：理论机制与中国实践 ／ 冯玲著.
北京 ： 人民出版社，2024.9 -- ISBN 978－7－01－026714－2

Ⅰ. F279.23

中国国家版本馆 CIP 数据核字第 20240MA111 号

融资与企业动态:理论机制与中国实践
RONGZI YU QIYE DONGTAI LILUN JIZHI YU ZHONGGUO SHIJIAN

冯 玲 著

人民出版社 出版发行
(100706 北京市东城区隆福寺街 99 号)

中煤(北京)印务有限公司印刷 新华书店经销

2024 年 9 月第 1 版 2024 年 9 月北京第 1 次印刷
开本:710 毫米×1000 毫米 1/16 印张:21.25
字数:306 千字

ISBN 978－7－01－026714－2 定价:108.00 元

邮购地址 100706 北京市东城区隆福寺街 99 号
人民东方图书销售中心 电话 (010)65250042 65289539

前　言

中国特色社会主义市场经济的建设过程,是市场主体不断进入、退出与成长的动态演进过程,也是企业融资方式不断完善、多元化、多层次发展的过程。

从近年经验来看,我国市场主体越发多样化。市场主体指以营利为目的、依法登记注册的各类法人、非法人组织和自然人。1949 年新中国成立之初,我国存在多种组织形式的企业:国营企业、公私合营企业、合作社营企业、私营企业、个体手工业(余菁,2019)①。随着社会主义改造的进行,1956 年之后,我国企业制度逐渐呈现出与计划经济体制相匹配的单一公有制经济,市场主体以全民所有制企业、集体所有制企业和党政机关为主。1978 年开始,我国开启了改革开放的伟大实验。特别是 1992 年党的十四大明确提出建立社会主义市场经济体制以来,我国经济体制逐渐成长为以公有制为主体、多种所有制经济(国有经济、集体经济、港澳台经济、外资经济、民营经济等)共同发展的基本经济制度。市场主体数量快速增长,包括私营企业、股份合作企业、港澳台商投资企业、外商投资企业在内的非公有制企业迅速发展,在促增长、稳就业等方面发挥了重要作用。2012 年党的十八大以来,中国持续深化行政体制改革、推动政府职能转变,其中一项重大举措就是持续深化"放管服"改革。其中,"放"即简政放权,降低准入门槛;"管"即创新监管,促进公平竞争;"服"即高效服务,营造便利环境。2020 年《政府工作报告》明确指出"'放管

---

① 余菁:《新中国 70 年企业制度的演变历程与发展取向》,《经济体制改革》2019 年第6 期。

服'改革纵深推进"，不断优化营商环境，健全社会信用体系，着力培育企业类市场主体、激发市场活力和创造力，为稳定就业、推动经济社会创新发展提供了坚实支撑。随着商事制度改革不断推进，企业注册日趋便利，营商环境不断优化，市场主体数量进一步呈爆发式增长。

市场主体的动态发展过程也体现了我国企业融资环境的变化以及融资方式的越发多样性。实践中，企业可以通过多种渠道融资，最常见的融资渠道包括直接融资和间接融资。长期以来，我国企业融资方式以间接融资为主，金融体系以商业银行（尤其是国有商业银行）为主导。但随着20世纪70年代末，经济改革的浪潮从东部沿海城市开始逐渐席卷全国，我国的资本市场也逐渐从无到有，历经萌芽、发展、开放、多层次发展等阶段，为企业提供了多样化的融资方式。虽然目前我国金融体系依然由大型国有银行所主导，但是融资体系已逐渐具备相对完善、多元化、多层次等特征。银行业金融中介机构、股票市场、债券市场以及其他各种金融投资公司成为我国企业融资的主要来源渠道。其中，就间接融资体系而言，我国银行业经历了由人民银行集中央银行与商业银行的职责于一身的初始发展阶段，到由人民银行、政策性银行、大型商业银行、股份制银行及中小商业银行共同组成的日趋完善的银行业系统，未来发展将继续呈现差异化发展趋势。就直接融资体系而言，我国证券业发展经历了股权改革、新股发行体制改革以及证券公司业务类型变化等一系列重大变革。即便仅就新股发行体制而言，我国的新股发行制度也多次变迁，历经"额度制""指标制""通道制""保荐制""注册制"等。金融市场环境的变化影响着企业进入市场的决定，而市场主体的动态调整也会与企业融资结构相互掣肘、相互激励，影响国家的融资政策以及创新创业政策的工作机制和运行模式，进而作用于我国经济的短期波动和长期可持续增长目标。譬如，2008年国际金融危机期间，银行信贷状况恶化，与之相伴随的是企业杠杆降低、新增企业数量减少等现象；2001年我国加入世界贸易组织（World Trade Organization，WTO），我们也观察到种种有关企业进出市场的动态：譬如大量私营企业进入海内外市场，而部分国有企业退出本国或贸易领域，出口企业（尤其是私营企业）增加对进口原材料的依赖等，与之相伴随的是我国信贷资源更加合理地在民营企业和国有企业之间配置。

金融市场和宏观政策环境的变动显然影响着企业进入、退出市场的决策。但机制如何？是潜在企业预期到未来利润减少，还是当下融资成本过高以至于难以进入？显然针对不同运行机制，需要不同的政策响应。而即便是融资成本增加这一机制，是初始投资成本上涨，还是日常运营成本昂贵，也意味着两种不同的经济体反应机制。反过来，企业进入、退出市场的调整也会影响企业融资结构调整的效果。譬如，当信贷市场流动性紧张时，企业会调整资本结构，从相对便宜的融资方式转向相对昂贵的融资方式。如果这一内生资本结构的调整抑制了潜在企业进入市场的动机，显然有利于保护在位企业，放大资本结构调整对在位企业生产行为的保护。此外，不同融资方式（传统信贷融资、资本市场直接融资）下，企业融资决策和进出市场决策之间的互动方式是否也可能不同？当允许企业存在多样化融资方式时，融资决策和进出市场决策互动又会怎样影响企业的融资结构和股票市值，进而带来相应的宏观经济效应？本书将对这些问题逐一解答。

值得一提的是，改革开放以来，我国经济积极融入国际大循环，形成对国际市场的高度依赖。然而，近年来，随着世界经济深度衰退，以及经济全球化遭遇逆流等，世界正在经历百年未有之大变局。我国改革开放站在新的起点上，中国特色社会主义进入新时代。面对新形势、新挑战、新任务，《中华人民共和国国民经济和社会发展第十四个五年规划纲要》提出建设更高水平开放型经济新体制，全面提高对外开放水平，推进贸易和投资自由化便利化，持续深化商品和要素流动型开放，稳步拓展规则、规制、管理、标准等制度型开放。这体现了一直以来我国对于对外开放这一基本国策毫不动摇的坚持。事实上，早在2013年《中共中央关于全面深化改革若干重大问题的决定》就提出，要"构建开放型经济新体制"，党的十九届四中全会（2019年10月）和十九届五中全会（2020年10月）进一步明确要"建设更高水平开放型经济新体制"。而为了保障经济安全、谋划增长空间，2020年中共中央政治局常委会会议提出"构建国内国际双循环相互促进的新发展格局"，要求逐步形成以国内大循环为主体、国内国际双循环相互促进的新发展格局，培育新形势下我国参与国际合作和竞争新优势。

在以"双循环"新发展格局开启"十四五"时期的高水平对外开放这一背景下，针对目前我国经济所存在的高度开放、企业融资约束明显的特征事实，有必要及早厘清金融和出口之间的关系，以通过金融资源的最优配置，推动实际资源更加有效地利用。融资约束如何影响企业的贸易决策？反之，企业进出国际市场的动态如何与融资决策相互交织，影响企业的融资结构？我国的金融发展实践经验如何服务于国有企业、民营企业等不同类型企业的贸易参与行为？贸易政策和金融政策如何协同作用，才能更好地解决我国出口企业长期存在的融资约束严重这一现象？本书也将对这些问题展开探讨，在推动理解我国企业融资实践、进出市场实践和贸易实践，以及多种实践之间相互作用的同时，推动开放宏观经济学科的理论前沿发展。

本书第一篇主要介绍我国宏观经济环境变迁。其中，第一章主要介绍中国企业融资方式变迁。理论上，企业可以通过多种渠道融资，最常见的融资渠道包括直接融资和间接融资。典型的直接融资形式有股票融资和债券融资，而典型的间接融资形式则包括银行信贷融资。长期以来，我国融资方式以间接融资为主，金融体系以商业银行（尤其是国有商业银行）为主导。但改革开放以来，随着计划经济体制向市场经济的转轨，中国金融行业发生了巨大变化，在不断改革和尝试的过程中建立起系统完善的金融组织体系，资本市场也逐渐从无到有，历经萌芽、发展、开放、多层次发展等阶段，为企业提供了更加丰富的融资途径。

第二章主要介绍中国市场主体变迁。市场主体是稳定一国宏观经济大盘的关键力量，其活力状况代表了经济体的健康状况和发展潜力，反映了经济体的营商环境。我国市场主体的发展历程是企业制度不断优化，市场经济不断发展的过程。与企业制度改革相呼应的是大量市场主体进入和退出中国经济领域。近年来，尤其是 2012 年党的十八大后，我国纵深推进的"放管服"行政体制改革、政府职能转变，为培育企业类市场主体、激发市场活力和创造力提供了坚实支撑。但2018年以来的世界经济逆全球化形势，以及反复出现的疫情冲击，导致我国经济面临增速减缓压力。也因此更需要从宏观视角，理解激活市场主体经济活力的因素，在国家和地区层面上，制定合适的宏观政策和行业政策，助力市场主体减负纾困，优化结构，激发活力。

第二篇主要梳理了融资和企业动态的互动机制和经验证据。其中，第三章关注企业融资和进出市场决策之间的互动机制以及所伴随的宏观经济效应。经济周期往往伴随着大量企业或产品的进入或退出市场行为。大量研究显示，企业进出市场行为会影响技术、货币政策、财政政策等，对宏观经济波动、经济增长具有重要影响。另外，大量研究也显示，金融市场状况对企业创新创业决策至关重要，可能通过改变企业融资状况，迫使企业家减少投资，进而导致企业资本水平降低，企业家净资产进一步降低，形成净资产减少—投资减少—资本水平降低的恶性循环，从而放大或延长外生冲击对宏观经济的扰动，更可能如2008年国际金融危机期间所经历的那样，成为宏观经济波动的源头。

第四章关注金融因素和国际贸易之间的相互影响及宏观启示。金融因素对企业出口至关重要。2008年国际金融危机期间的"贸易大崩溃"现象，尤其凸显了融资约束对企业出口决策异乎于本土企业的影响。但经典贸易理论、贸易实证文献完全无视融资摩擦因素的存在。另外，有关公司金融的文献指出，只有在完美的金融市场且不存在公司所得税时，企业市值、生产投资等才与公司融资没有关系，但现实世界的金融市场并不完美。为此，本章首先梳理了融资和贸易参与的理论互动机制，重点讨论了金融发展比较优势机制、融资约束机制，以及融资结构和出口决策之间的互动机制。其次总结经验证据，发现金融体系的发展可以成为一国比较优势的潜在来源，尤其是在需要外部融资的行业中，而金融体系的发展可以通过多种渠道(银行等间接融资渠道、股市和债市等直接融资渠道、货款提前或推后支付等非银行信贷方式)，在出口集约边际和扩展边际之间产生作用，在融资和贸易之间形成相互因果关系。这些现象存在于中国和各国数据中。

第三篇主要探讨金融摩擦和企业动态,以及两种要素作用下的宏观经济波动。其中,第五章允许企业融资存在多样性,可以在债务融资和股权融资之间调整。不利的金融冲击发生(如信贷市场流动性紧张)时,企业会调整资本结构,从相对便宜的融资方式转向相对昂贵的融资方式。这一内生资本结构的调整具有丰富的经济含义。就在位企业而言,资本结构调整有利于这些企业对冲不利金融冲击,缓解实体生产下滑的状况。就创业企业而言,资本结构调整会抑制潜在企业的创业决策,因为当企业被迫从相对便宜的融资方式转向相对昂贵的融资方式时,创业初始投资的有效融资成本会上升。在二者共同作用下,外生冲击对宏观经济造成的波动会减少。研究表明,金融市场发展可以通过为企业提供多种融资方式,降低不利冲击对宏观经济增长的影响。但这一作用取决于政策对创业阶段的保护。当政策通过降低创业市场门槛来保护潜在企业的创业动机时,实体经济的低迷程度会加剧,因为保护行为会加剧市场竞争,导致在位企业的市场销售、股权价值、金融状况等遭受不利冲击。第五章的理论机制贯穿于第七章、第九章中。

第六章结合我国国情,讨论银行信贷下的企业进入市场动态和宏观经济效应。银行信贷是我国实体经济外部融资的主要方式。大量研究发现,银行信贷通过借贷渠道影响实体经济,而信贷渠道在中国货币政策传导机制中占主要地位,而银行信贷紧缩带来的实体企业融资约束加剧会放大技术冲击向中国实体经济的传递。本章研究进一步表明,银行信贷会通过抑制创业行为,加剧宏观经济波动,因为当只有银行这种融资方式时就不存在融资的多样性,银行资本状况恶化会使经济体从银行部门获得的信贷总额减少,企业融资成本上升,实际产出、就业、投资和资本积累等均面临较为严重的衰退和缓慢的复苏。如果企业预期其收入难以支付固定生产成本,部分企业就会选择退出实体经济,这会进一步恶化信贷冲击对实体经济的影响。由此可见,相对单一的融资方式会放大不利冲击对宏观经济的影响。

考虑到随着我国金融市场的发展,企业外部融资方式逐渐多样化,除银行贷款外,还可以发行股票和债券进行融资。为此,结合第五章中的理论机制,第七章探讨存在融资多样性时,不同房地产信贷政策(针对房地产企业、住房需求、土地供给)对企业融资决策和生产投资决策的影响。其中,针对房地产企业的信贷紧缩政策会造成房地产企业和制造业企业的投资紧缩,放大冲击对宏观经济总量的抑制;虽然其在未来一段时间内会抑制房价,但会在短期内刺激房价。土地供给的增加则与房地产信贷紧缩政策的经济效果相似,但影响规模较小。而针对住房需求的信贷紧缩政策,则会引起房地产企业和制造业企业投资的反向联动,鼓励制造企业投资和经济增长,且同时可以抑制房价。在三类房地产调控政策中,针对房地产企业的信贷冲击是我国经济周期波动的主要源头,针对住房需求的信贷紧缩政策则有利于平抑房价和鼓励实体经济发展。之所以关注房地产市场,原因在于,房地产市场对我国经济贡献显著,但近些年逐年攀升的房价确实带来了房地产泡沫。鉴于房地产企业融资结构的多样化发展特征,以及房地产行业对中国经济发展的关键性,本章认为有必要深入研究房地产企业的融资状况变迁如何影响中国宏观经济增长。

第三篇研究融资约束、银行贷款、融资多样性等因素对企业进入市场行为以及宏观经济波动的影响,有助于学术界和政策界识别融资因素和创业决策之间的互动机制,以及这种互动机制下的宏观经济反应。但现实世界中,多数经济体与他国存在经济和金融上的联系,对于建设开放型经济新体制的中国而言尤其如此。

为此,第四篇着重研究融资约束、融资多样性等因素如何影响一国企业在国际市场上的参与行为,以及这种国际参与行为如何将外生冲击传递到其他国家。其中,第八章探讨了信贷紧缩对企业出口行为的影响,特别是对出口扩展边际和集约边际的影响。国家 行业层面的贸易数据显示,一国融资状况恶化会同时影响该国的出口量和出口商品的种类。随着金融市场状况的恶化,企业抵押资产价值缩水。这导致企业融资约束收紧、信贷规模缩小、在位企业减产。由于出口企业面临更为严重的融资约束,故出口规模大幅缩小,出口集约边际显著下降。金融市场状况的恶化也阻碍了潜在企业进入出口市场的动机,减少了经济体中的出口企业数量,形成出口扩展边际的下降。其原因在于,金融冲击降低了企业利润和企业价值,潜在企业预期缺乏足够的流动性以支付进入海外市场的成本,故选择推迟进入海外市场。随着出口集约边际和扩展边际的萎缩,出口总量下降。本国生产和出口规模的缩小,将通过贸易渠道传递到其他国家,导致外国也会经历一次规模相对较小但极为类似的衰退。研究表明,金融冲击发生后,出口企业的海外销售额下降幅度远远超过非出口企业的本国销售额。这一发现与2008年国际金融危机时期的数据事实相吻合。当时,全球贸易下降幅度是全球国内生产总值下降幅度的3倍至4倍,且贸易往往与国内生产总值成比例下降,二者间的弹性约为3.5。

第九章进一步指出,即便存在融资多样性,当出口市场的进入成本依赖国际可贸易品时,资本结构和贸易动态的调整理论上会延长金融冲击对国际贸易的持久影响。虽然金融冲击会引导企业调整资本结构,有利于在位企业(集约边际),抑制潜在企业进入出口市场(扩展边际)。但随着可贸易商品数量的下降,能够用在初始投资上的商品种类减少,海外市场初始投资越发困难,这强化了扩展边际上的贸易抑制。在资本结构调整带来融资成本上升和可贸易品种减少带来投资难度增加的双重条件下,外生冲击对贸易的打击被放大和延长。这一研究所提供的机制不同于第八章,但依然可以用来解释2008年国际贸易规模的急剧萎缩,虽然随后出现了贸易复苏,但贸易增长率却持续放缓。

本书的研究,既是笔者近年来相关研究的总结,也是笔者对我国市场主体发展动态和企业融资环境的观察和描述。金融的本质功能在于服务实体经济,但经济是一个不断动态演化的系统,这意味着未来依然有很多重要的问题值得去研究、去探讨、去总结。

本书获得上海财经大学"中央高校双一流引导专项资金""中央高校基本科研业务费"以及上海国际金融与经济研究院资助出版。文中若有错误,都是笔者的。

谨以此书献给我的父亲冯怀新先生、母亲胡永华女士！他们倾尽一生,赋予了子女们的成长！

目　　录

第一篇　中国宏观经济环境变迁

第二篇　融资和企业动态的互动机制和经验证据

第三篇　企业融资、进入市场动态和宏观经济波动

第四篇　企业融资、出口市场参与和贸易

第 一 篇

中国宏观经济环境变迁

第一章　中国企业融资方式变迁

　　直接融资指资金借贷两方不经过金融中介机构而直接协议完成双方借贷需求，或在金融市场上通过有价证券买卖或合资方式进行的融资（如发行普通股、优先股、可转换优先股、商业信用等）。间接融资则指资金贷出方通过存款，或者购买银行、信托和保险等金融机构所发行的有价证券，将闲置资金存入银行等金融机构，再由这些金融机构以贷款、贴现或购买有价证券等形式，将资金提供给借入方的企业融资方式（如银行债、可以在市场流通的公司债、可转换债等）。

　　本章将首先概述企业的融资方式，其次回顾中国银行业和资本市场的发展历程，以此展示中国企业融资方式的变迁。

第一节　企业融资方式概述

　　债券融资和银行信贷融资均属于债务融资，与股权融资一起，构成企业的主要资本结构。从资本结构的角度来说，企业最常见的融资方式一般包括两大类：债务融资（银行借款、债券融资、融资租赁等）和股权融资（普通股、优先股、可转换优先股等）。如果企业高管可以通过调整债务和股权比例来增加企业价值，那么意味着企业存在一个最优的资本结构。此时，企业高管不仅应该关注投资、生产、创新等实体决策，也需要关注融资决策。但如果企业价值与资本结构无关，那么企业只需要关注实体生产决策即可。

一、债务融资

债务融资是企业最重要的外部融资来源之一，一般包括银行借款、债券融资、融资租赁等，也可按照债务期限分为长期负债和短期负债。

（一）银行借款

银行借款是企业筹集长期资金的一种重要方式。企业需要与银行或相关金融机构签订贷款协议，其中的贷款条款会对借款企业的行为作出限制（如股利分配、抵押资产、贷款用途和额度等的限制）。根据贷款是否需要提供抵押品担保，又可将银行贷款区分为担保贷款和信用贷款。银行贷款的优势包括：（1）银行在信息收集和信息分析上具有规模经济特征，故可降低贷款方和借款方之间的信息不对称问题；（2）银行贷款具有非公开交易特征，故有利于保护企业投资机会，降低企业投资机会信息被其他市场参与者获得的概率，而发行公司债券、股票等则往往要求信息公开；（3）银行贷款可以避免债券发行所涉及的高额固定成本以及相对较长的审批手续等缺陷。

（二）债券融资

债券本质上与银行贷款相似，承诺在未来向资金供给方支付一定的现金流量。但债券发行方可以附加一些特别条款，如企业可以发行可转换债（可转换成普通股的债券）或附有认股权证的债券等。债券发行按照公开与否可分为公募发行（public offering）和私募发行（private placement）。其中，公募发行指发行企业委托证券发行机构向社会公众发行债券，需要向证券监管机构进行发行申请并获得批准（审核制或核准制），具有相对较高的信用级别。私募发行指发行企业直接向特定出资人发行，无须向证券管理机构办理发行注册手续和进行公开信息披露（备案制度），且往往不需要进行信用评级。相比较而言，公募发行的投资者数量众多，可分散企业风险、降低资金成本，但股权分散可能导致代理问题，增加债务重组难度；私募发行有利于避开注册登记程序，债务易于重组，但缺乏二级市场进行交易，流动性较低。

（三）融资租赁

租赁（lease）为出租契约，指承租人（资产使用方）使用金融机构提供的资金，以支付租金的方式，从出租人（资产提供商）处取得贵重机器设备的使用权，由此减少承租人购置设备所需要的资金。租赁一般分为经营性租赁和融资租赁。经营性租赁中，承租人有权利使用设备，但出租人拥有设备所有权；融资租赁中，出租人的资产成本得到完全补偿，故承租人拥有设备的实际所有权。显然，租赁有利于：（1）将风险向出租人转移，减少承租人所面对的不确定性；（2）降低贵重资产购买所涉及的大额固定成本。但租赁融资的隐含利率往往高于一般性质的银行贷款利率。

二、股权融资

股权融资指企业通过让渡一定的经营控制、收益分配、剩余价值索取等权利，从资金储蓄方获得的融资，具体方式包括发行新股、增资发行等。在股权融资下，企业无须退还本金，且流通股票只能转让，不保证收益。

（一）发行新股

首次公开发行（Initial Public Offering，IPO）指企业第一次面向公众所出售的股票。首次公开发行需要向证监会出具招股说明书，并根据约定条款，由一家或几家投资银行作为承销商进行发行销售。投资银行为企业提供证券发行方法、定价、销售等服务，具体销售方案包括包销（投资银行以低于发行价的价格买入全部发行证券，承担无法售出的风险）、代销（投资银行无须买入全部证券，而是以代理商的方式从股票售出中收取佣金）、拍卖承销（投资银行举行拍卖，投资者对股票进行竞价）。

发行的新股又可区分为普通股（common stock）和优先股（preferred stock）。其中，普通股的股东拥有企业所有权（如对企业决策的表决权、对企业盈利的剩余索取权），但在股利支付或企业破产中没有特别优先权。发行普通股有利于降低企业财务负担，但引进新股东可能导致企业控制权分散。优先股的股东一般没有投票权（特殊情况除外），但可以先于普通股股东获得股利支付，或企业破产时获得债务清偿（位于债权人之后）。故优先股具有一定的债权性质。相比较而言，发行优先股的筹资成本高于普通股。

企业的权益类融资工具除普通股、优先股外，还包括权证（warrants）。权证往往和企业股票同时发行（有时也与债券或优先股配套发行），赋予持有者在特定时期内以约定价格买入企业证券的权利，故权证相当于看涨期权。

（二）增资发行

除首次公开发行外，企业也会通过增资发行（Seasoned Equity Offering，SEO）来满足对外部资本的需求。增资发行和首次公开发行流程相似，主要差别在于前者可以参照二级市场定价。增资发行可以选择一般现款发行（cash offer）或认购权发行（rights offer）。一般现款发行又被称为"公开增发"，认购权发行则被称为"配股"。其中，公开增发（unseasoned new issue）面向所有投资者再次发行新股，而配股发行（rationed shares）则只向现有股东出售普通股股票。在配股发行下，既有股东可以在特定时间段内，按照特定价格从企业处买入特定数量的新股，这一选择权过期即失效。一般认为，配股发行比公开增发成本低。

第二节 中国银行业的发展

新中国成立以后，以银行贷款为代表的间接融资形式是我国企业最重要的融资方式。中国金融体系始终由大型国有银行所主导。但随着市场化改革的不断推进，近年来，各种金融中介机构及其业务活动不断涌现。我国已经逐渐形成了一个庞大的金融服务产业，为实体经济的腾飞发展助力。

一、中国人民银行

回顾中国金融行业的发展，就必须提及中国人民银行。1948 年 12 月 1 日，华北银行、北海银行和西南农民银行联合组建了中国人民银行，而其他各地解放区银行则逐步改组为中国人民银行的地方分行。如陕甘宁边区银行和晋绥西北农民银行合为人民银行西北区行，东北银行改组为人民银行东北区行,华中银行改组为华东区行,在西南地区增设人民银行西南区行,各区行下设省、市分行及其所属机构。

直到 1978 年,中国人民银行都是中国金融体系中的唯一一家银行。1949 年 9 月,《中华人民共和国中央人民政府组织法》赋予中国人民银行国家银行职能,隶属于政务院直属单位,接受财政经济委员会指导,主要职能在于:发行人民币,收兑解放区、国民党政府发行的货币;接管国民政府时期的金融机构,整顿四行两局一库①,仅保留中国银行和交通银行作为专业银行;运用折实储蓄和存放款利率等手段调控市场货币供求,支持经济恢复和国家重建。

从 1953 年起,中国人民银行开始建立集中统一的综合信贷计划管理体制。中国人民银行既是管理金融的行政机关,也是国家办理信用业务的经济组织(如吸收、动员、集中和分配信贷)。1969 年,中国人民银行再次并入财政部,各级分支机构则与当地财政局合并,成立财政金融局。1978 年 1 月,中国人民银行从财政部独立,兼具中央银行和商业银行职能,既是宏观经济政策管理机构,也是金融服务和金融监管部门。

从 1979 年开始,中国人民银行的商业银行职能才逐渐剥离给四大专业银行:中国农业银行、中国银行、中国建设建行、中国工商银行。1983 年 9 月 17 日,国务院下发《关于中国人民银行专门行使中央银行职能的决定》,提出"中国人民银行专门行使中央银行职能,不再兼办工商信贷和储蓄业务,以加强信贷资金的集中管理和综合平衡,更好地为宏观经济决策服务"。

从 1984 年 1 月起,中国人民银行成为专职中央银行,主要负责货币政策宏观调控、金融行业微观监管、部分专项贷款等工作。1986 年颁布《中华人民共和国银行管理暂行条例》,从法律上明确了中国人民银行作为中央银行和金融监管当局的职责,负责审批专业银行和其他金融机构的设置或撤并、管理企业股票和债券等有价证券、管理金融市场等。

---

① 四行两局一库是国民党政府时期官僚资本直接控制下的七大金融机构的合称。"四行"即中央银行、中国银行、交通银行、中国农民银行;"两局"即中央信托局、邮政储金汇业局;"一库"即中央合作金库。

二、商业银行的发展

1980 年之后,我国银行业进入蓬勃发展阶段。其中,外资银行、区域银行、农村信用合作社、城市信用合作社、其他非银行金融中介机构(如信托和投资公司等)在这一时期出现并激增。

(一)四大国有商业银行

1978 年 12 月,党的十一届三中全会在北京召开,拉开了我国改革开放帷幕。1979 年 1 月,中国农业银行恢复,主要负责农村地区的所有银行业务,扶植农村经济发展。1979 年 3 月和 5 月,中国银行、中国建设银行相继独立。其中,中国银行为国家指定的外汇专业银行,中国建设银行则主要负责管理基本建设投资,尤其是与制造业相关的金融业务。1984 年 1 月,中国工商银行成立,承担原来由中国人民银行办理的工商信贷和储蓄业务。

为适应经济金融体制改革和经济发展的要求,政策性金融和商业性金融逐渐分离,各专业银行向国有商业银行转变,先后开办各种面向社会大众的商业银行业务,包括企业贷款、居民储蓄、国际汇兑和各种委托代理业务,为我国银行体系向现代化、市场化的转轨打下了基础。其中,随着中国农业银行将政策性业务剥离给农业发展银行,农村信用社与中国农业银行脱离行政隶属关系,中国农业银行开始向国有独资商业银行转变。而随着外汇管理体制改革,国家外汇由外汇管理局经营,中国银行由外汇外贸专业银行向国有商业银行转化,主要经营商业银行业务,在全球范围内为个人和公司客户提供金融服务。中国建设银行则按照国家投融资体制改革的要求,将财政职能和政策性基本建设贷款业务分别移交给财政部和国家开发银行,功能逐渐转向现代商业银行。

伴随着 20 世纪 90 年代末开启的国有企业改革,中国工商银行、中国农业银行、中国银行、中国建设银行四大国有银行面临资本金不足和不良贷款总额、不良贷款率居高不下的双重困境。而 1997 年肇始于泰国的亚洲金融危机也给中国银行业敲响了警钟。1998 年 8 月,财政部向工、农、中、建四大国有银行定向发行期限为 30 年的 2700 亿元特别国债,用于提高四大行资本充足率,化解不良资产。为此,中国人民银行将存款准备金率由原来的 13% 下调至 8%,为四大行释放大约 2400 亿元的资金,兼之四大行的 300 亿元超储,由此完成四大行的国债认购。1999 年,四大资产管理公司成立,从四大银行剥离近 1.4 万亿元的不良资产。

随着中国于 2001 年加入世界贸易组织,银行业开放进入倒计时。根据世界贸易组织协议,我国银行业的保护期只有五年。2002 年 2 月,第二次全国金融工作会议明确提出"具备条件的国有独资商业银行可改组为国家控股的股份制商业银行,条件成熟的可以上市"。2003 年 4 月,中国银行业监督管理委员会(以下简称银监会)成立。

2004 年,国务院启动国有银行股份制改革,推进建立现代金融企业制度,措施包括:按照《中华人民共和国公司法》(以下简称《公司法》)、《中华人民共和国商业银行法》对国有银行进行股份制改革,引入境内外合格机构投资者,完善公司治理与内控管理;在境内外公开市场上市,接受市场监督。2004 年 1 月,中国银行、中国建设银行股份制改革试点正式启动,国务院动用 450 亿美元外汇储备为两家银行补充资本金。2004 年 8 月 26 日,中国银行最先改制为股份有限公司。同年 9 月 8 日,中国建设银行分立重组,分立为建设银行股份有限公司、建银投资(承接非银行业务)。次年 10 月 25 日,中国工商银行股份有限公司成立。

股份制改革为四大商业银行上市提供可能。2005 年 10 月 27 日,中国建设银行在香港联合交易所上市,并于 2007 年 9 月 25 日在上海证券交易所上市。2006 年 6 月 1 日,中国银行在香港联交所挂牌上市,同年 7 月 5 日在上海证券交易所上市。2006 年 10 月 27 日,中国工商银行在 A+H 股同步同价上市。相比较而言,由于中国农业银行的股份制改革涉及大型国有银行改革和农村金融改革两大领域,故改革难度和复杂性更大,上市时间相对滞后,于 2010 年 7 月 15 日和 16 日分别在 A 股和 H 股上市。

股份制改革拓展了四大国有银行的资金来源渠道,允许银行可以通过出售股票引进战略投资者等多种方式融资,而不再仅仅依靠中央财政拨款,为四大商业银行解决了体制、机制性障碍,为后续的高速发展和提高国际竞争力奠定了基础。

（二）股份制商业银行

为顺应加入世界贸易组织之后我国经济快速发展的需求,2003年党的十六届三中全会提出"大力发展国有资本、集体资本和非公有资本等参股的混合所有制经济,实现投资主体多元化,使股份制成为公有制的主要实现形式"。为此,我国金融系统内,除推动国有银行的股份制改革与发展之外,也大力鼓励其他类型银行业机构的发展。其中,股份制商业银行的发展尤其迅速,业务经营突破区域限制,完成了从"区域性商业银行"到"全国性商业银行"的转变。

股份制商业银行的建立可以追溯到1986年7月交通银行的成立。这是新中国成立后第一家国有股份制商业银行。1987年4月8日,招商银行在深圳特区成立,成为第一家由国有企业兴办的银行。2002年3月,招商银行在A股挂牌上市,2006年9月22日登陆H股市场。1987年4月14日,中信集团银行部改组成中信实业银行,成为第二家由国有企业兴办的银行。2005年8月,中信实业银行更名中信银行。1987年,深圳特区6家信用社联合改制,成立深圳发展银行,之后以自由认购形式向公众发售人民币普通股,同年12月22日正式宣告成立,后为中国平安保险集团控股的平安银行所并购,于2012年8月2日更名为平安银行。1996年1月12日,我国第一家主要由民营企业投资的全国性股份制商业银行——中国民生银行成立。

目前,我国有12家全国性股份制商业银行:招商银行、浦发银行、中信银行、中国光大银行、华夏银行、中国民生银行、广发银行、兴业银行、平安银行、浙商银行、恒丰银行、渤海银行。除恒丰银行、渤海银行外,其余均在A股或H股上市。

（三）政策性银行

1993年12月,《国务院关于金融体制改革的决定》及其他文件发布,提出将工、农、中、建四大行建设成国有大型商业银行,从四大行中剥离出政策性业务,组建专门承担政策性业务的专业银行(政策性银行)。

1994年3月17日,国家开发银行成立,主要承担国内开发型政策性金融业务。同年 7 月 1 日,中国进出口银行成立,主要承担大型机电设备进出口融资业务。1994 年 11 月 8 日,中国农业发展银行成立,主要承担农业政策性扶植业务。2008 年 12 月 16 日,国家开发银行股份有限公司成立,成为第一家由政策性银行转型而来的商业银行。2015 年 3 月,国务院明确国家开发银行定位为开发性金融机构,从政策银行序列中剥离。

(四)城市信用社

随着中国经济体制改革的逐步开展,20 世纪 70 年代末,部分城市地区出现了少量城市信用社,主要为城市集体企业、个体工商户以及城市居民服务,办理存款、贷款、结算等业务。我国第一个城市信用社于 1979 年在河南驻马店成立。1988 年 8 月,中国人民银行颁布了《城市信用合作社管理规定》。截至 1994 年年末,全国共计成立城市信用社达 5200 家。

受经济体制转型的影响,以及自身经营管理不规范等因素,从 20 世纪 80 年代中后期开始,城市信用社风险问题日益突出。1989 年上半年,根据中央治理整顿的精神,中国人民银行组织了对城市信用社的清理整顿工作。1992 年清理整顿工作结束,我国经济进入高速发展时期,各行各业申办城市信用社的要求非常强烈。这一时期,城市信用社的数量急剧扩大,在绝大多数县(市)设有城市信用社。

自 1993 年下半年开始,中国人民银行大力清理整顿金融秩序。1993 年年底,《国务院关于金融体制改革的决定》要求各地将城市信用社进行合并、重组,转制为城市合作银行,以化解存量风险、防控增量风险。1995 年,《国务院关于组建城市合作银行的通知》正式下发,部分地级城市在城市信用社基础上组建了城市商业银行。同年 3 月,《中国人民银行关于进一步加强城市信用社管理的通知》以文件形式明确"在全国的城市合作银行组建工作过程中,不再批准设立新的城市信用社"。

我国第一家城市商业银行为 1997 年成立的深圳市城市商业银行。1998 年,考虑城市合作银行是股份制商业银行的性质,不再适合用"合作银行"的字眼,中国人民银行发布《关于城市合作银行变更名称有关问题的通知》,将城市合作银行统一更名为城市商业银行。

2004年,银监会出台《城市商业银行监管与发展纲要》《关于在城市信用社基础上改制设立城市商业银行有关问题的通知》,将城商行纳入商业银行的统一监管。近年来,城商行发展迅速,部分城商行竞争力显著提升,已成为我国商业银行体系的重要组成部分。

（五）农村信用社

农村信用社的宗旨是"农民在资金上互帮互助",即农民组成信用合作社,社员出钱组成资本金,社员用钱可以贷款。早在20世纪50年代,中国人民银行在农村的网点就改为了农村信用社。1951年3月,中国人民银行颁发《农村信用合作社章程准则(草案)》和《农村信用合作社试行记账办法(草案)》,农信社在政策引导下迅速发展,全国80%以上的乡都建立了信用合作社。

1978年之前,农信社一直由央行直接管理。1979年2月,国务院发布《关于恢复中国农业银行的通知》,将农信社划归中国农业银行代管,采用两套编制、两本账簿。1984年,县级联社管理体制(县联社)建立,农村基层信用社入股组建县联社。1996年8月,国务院农村金融体制改革部际协调小组发布《农村信用社与中国农业银行脱离行政隶属关系实施方案》,实行"行社分离",县联社逐步脱离与中国农业银行的行政隶属关系,重新成为"农民自愿入股,社员民主管理,主要为社员服务"的合作制金融机构。

1996年国务院出台《关于农村金融体制改革的决定》,倡导在城乡一体化程度较高的地区,已经商业化经营的农信社可合并建成农村合作银行。2000年,经由国务院批准,江苏省在全国试点之前率先进行农信社改革试点,开始农信社改制为农商行的试点。2001年年末,在江苏省张家港市、江阴市、常熟市成立了全国第一批县级农信社改制而成的农商行。2003年6月,国务院正式下发《深化农村信用社改革试点方案》的通知,开启了农信社市场化改革的新阶段。

2011年银监会表示将不再组建新的农村合作银行,农村合作银行要全部改制为农村商业银行。同年,农商行、农合行开始试点,符合改制要求的农信社纷纷组建农商行、农合行。截至2021年年末,我国已改制组建农商银行 1569 家,农村中小金融机构总资产达 45.69 万亿元[1],占银行业金融机构总资产比重达到 13.3%[2],是我国"三农"、普惠金融的主力军。

(六)民营银行

2012 年 5 月,银监会向私人资本授予了与其他资本相同的银行业准入标准。这意味着私人公司现在可以通过私人配股、新股认购、股权转让以及并购等方式购买银行。此外,信托、融资租赁和汽车融资公司也欢迎私人投资。按照这一思路,在 2013 年 11 月党的十八届三中全会之后,政府也允许符合一定要求的私人投资者设立中小银行和其他金融机构。截至 2013 年,其他银行(包括外资银行)和信用合作社的总资产占五大银行总资产的 70% 以上。

2014 年,银监会批准成立了我国首批五家民营银行:深圳前海微众银行、上海华瑞银行、温州民商银行、浙江网商银行、天津金城银行。其中,深圳前海微众银行的主发起人为腾讯、百业源、立业,在广东省深圳市设立。温州民商银行的主发起人为正泰、华峰,在浙江省温州市设立。天津金城银行的主发起人为华北集团、麦购集团,在天津市设立。上海华瑞银行由均瑶集团等十家民企发起建立。

截至 2023 年,全国已有 19 家民营银行开业运营。其中,微众银行、网商银行和四川新网银行是纯粹的互联网银行,没有线下网点;三家互联网银行根据自身资源禀赋优势,推出了一系列特色产品,创新经营模式,为我国商业银行的数字化转型作出了有益的探索。

(七)外资银行

新中国成立后,在华的外资银行计有 15 家,在我国 11 个城市共设有36 个分支机构(姜长青,2017)[3]。新中国成立初期,多家外资银行被批

---

① 中国银行业协会,《全国农村中小银行机构行业发展报告(2022)》,https://www.china-cba.net/Index/show/catid/168/id/41758.html。

② 国家金融监督管理总局,《2021 年银行业总资产、总负债(季度)》,https://www.cbirc.gov.cn/cn/view/pages.ItemDetail.html? docId=1018522&itemId=954&generaltype=0。

③ 姜长青:《外资银行在中国百年的发展演变》,《党史博览》2017 年第 5 期。

准为外汇指定银行,代理中国银行指定的外汇业务。但随着这些外资银行的业务量减少,亏损增加,逐渐申请停业,结束经营。20世纪70年代末,维持下来的汇丰、渣打等外资银行上海分行的业务逐步恢复。

随着1978年12月党的十一届三中全会在北京召开,我国实行了改革开放的方针政策,外资银行的发展进入新阶段。同时,为适应经济金融发展需求,稳步推进银行业对外开放,我国银行业不断推出新的管理办法,如1983年颁布《关于侨资、外资金融机构在中国设立常驻机构的管理办法》,1985年颁布《中华人民共和国经济特区外资银行、中外合资银行管理条例》。

总体来说,外资银行在中国的发展,就业务而言,经历了非营业性活动、外币营业性活动、本币营业性活动的发展历程;就地域而言,则经历了从开放经济特区到开放沿海城市,再到开放内陆中心城市、所有地域的历程。

1979年,第一家外资银行代表处——日本输出入银行经批准在北京设立代表处,拉开改革开放后外资银行进入中国金融市场的序幕。1981年,南洋商业银行在深圳特区设立分行,成为改革开放后外资银行在我国设立的第一家营业性机构。1990年8月开始,国务院批准上海成为除经济特区以外,率先引进营业性外资金融机构的沿海城市,之后又陆续将开放地域从经济特区扩展到其他沿海开放城市(包括大连、天津、青岛、南京、宁波、福州、广州)。

1994年颁布《中华人民共和国外资金融机构管理条例》,规定了外资银行在华经营的市场准入条件和监管标准。同年8月,为配合关贸谈判、进一步扩大金融业的对外开放,国务院批准北京等11个内陆中心城市向营业性外资金融机构开放。1999年1月,中国人民银行宣布取消外资金融机构在华设立分支机构的地域限制。

1996年12月,中国人民银行宣布允许符合条件的外资金融机构在上海浦东试点经营人民币业务。1998年8月,人民币业务试点城市从上海扩大到深圳。之后,人民币业务的地域范围、规模、业务类型等得到进一步拓展。作为放宽外资银行人民币业务准入的配套法律法规措施,

1996—1999 年,有关部门陆续颁布《上海浦东外资金融机构经营人民币业务试点暂行管理方法》《关于批准外资银行加入全国同业拆借有关问题的通知》《关于扩大上海、深圳外资银行人民币业务范围的通知》等法规。

2001 年 12 月,中国加入世界贸易组织,正式取消外资银行办理外汇业务的服务对象、地域限制,允许外资银行经营中国企业和中国居民的外汇业务,在上海、深圳、天津和大连四个城市向外资银行开放人民币业务;同月,颁布《中华人民共和国外资金融机构管理条例(修订)》。次年 12 月,将人民币业务的城市扩大到广州、珠海、青岛、南京、武汉,之后又陆续拓展到其他城市。2003 年 12 月,《境外金融机构投资入股中资金融机构管理办法》颁布,明确规定外资金融机构入股中资银行的资格条件和持股比例。

外资银行在我国的经营模式主要体现为四种形式:外资银行代表处、外资银行分行、中外合资银行、外商独资银行。其中,1995 年之前,外资银行在中国主要以代表处形式存在,从事与代表外国银行业务相关的联络、市场调查、咨询等非营业性活动。1995 年年底至 2004 年,外资银行逐渐以外国银行分行形式存在,开始经营外币项下商业银行业务。2004 年 12 月到 2006 年 12 月,外资银行业务逐渐由外币延伸至人民币。2006 年 12 月之后,取消对外资银行经营人民币业务在地域和客户对象上的限制。

2006 年之后,大批外资分行改为外资独资法人机构。当年,国务院颁布了《中华人民共和国外资银行管理条例》,允许外资银行以独立法人的形式存在,并可享受"国民待遇",即可经营针对中国公民和企业的吸收存款、发放贷款、办理承兑贴现等人民币业务,在中国人民银行批准后,还可经营结售汇业务。但非独立法人的外资银行,经营范围仍限于境外客户。因此,包括汇丰银行、渣打银行、星展银行、德银在内的大批外资分行改为外资独立法人。

除民营银行的试点外,金融开放也进入了新的阶段。2014 年之后,国务院修改《中华人民共和国外资银行管理条例》,又进一步放宽了外资银行准入条件和经营人民币业务的限制；银监会发布多项通知，进一步拓宽了外资银行在中国境内的业务范围，包括允许外资银行参与中国企业债投资和交易、批准外资银行发行二级资本债、开展国债承销等。

2018 年以来，新一轮金融开放的节奏加快。2018 年 12 月，中国银保监会已启动《中华人民共和国外资银行管理条例实施细则》修订工作，并向社会公开征求意见。同时，银行业各项开放措施持续落地，多项市场准入申请已获受理和批准，取消单家中资银行和单家外资银行对中资商业银行的持股比例上限等措施也将逐步落地。

三、我国间接融资现状

2002—2019 年，虽然中国直接融资占比由 5.06% 提高至 19.31%，间接融资占比由 94.94% 下降至 80.69%，但大体上仍然维持着"二八格局"，即企业外部融资的主要渠道是银行贷款（纪洋等，2018[①]；何德旭和冯明，2021[②]）。事实上，中国实体经济依赖银行信贷融资的程度在不断加深。据中国人民银行统计，2017 年商业银行信贷融资占到同期社会总融资规模的 71.2%，到 2019 年上半年在资管新规影响下，该占比进一步提升至 96.2%，直接融资占比下降至个位数（李真等，2020[③]）。刘哲希等（2020）[④]基于国际清算银行的数据测算也指出，2017 年中国间接融资占比为 74.8%，远远高于美国同一指标作为以直接融资为主导的代表性国家，美国在 2017 年由银行部门提供的信贷占私人部门债务的比重仅为 34%。布雷滕莱克纳和努特莱恩（Breitenlechner 和 Nuutilainen，2023）[⑤]

---

① 纪洋、王旭、谭语嫣、黄益平：《经济政策不确定性、政府隐性担保与企业杠杆率分化》，《经济学（季刊）》2018 年第 17 卷第 2 期。

② 何德旭、冯明：《中国宏观融资结构的转型特征》，《经济学动态》2021 年第 8 期。

③ 李真、席菲菲、陈天明：《企业融资渠道与创新研发投资》，《外国经济与管理》2020 年第 42 卷第 8 期。

④ 刘哲希、王兆瑞、刘玲君、陈彦斌：《降低间接融资占比有助于去杠杆吗——金融结构与杠杆率关系的检验》，《财贸经济》2020 年第 41 卷第 2 期。

⑤ Breitenlechner, Max, and Riikka Nuutilainen, "China's Monetary Policy and the Loan Market: How Strong is the Credit Channel in China?", *Open Economies Review*, Vol. 34, 2023, pp.555-577.

也有类似的发现,该文指出贷款市场是中国企业和家庭的主要资金来源,2016 年向非银行企业部门和家庭提供的新融资中,近 70%是以银行贷款的形式提供的。

图 1-1 汇报了 2002—2021 年中国社会融资规模各项目占比。作为中国独有的一个宏观经济指标,社会融资规模增量指一定时期内实体经济(境内非金融企业和住户)从金融体系获得的资金额,是全面反映金融对实体经济的资金支持以及金融与经济关系的总量指标。① 与货币供应量从金融机构的负债方统计不同,社会融资规模从资产方进行统计。由

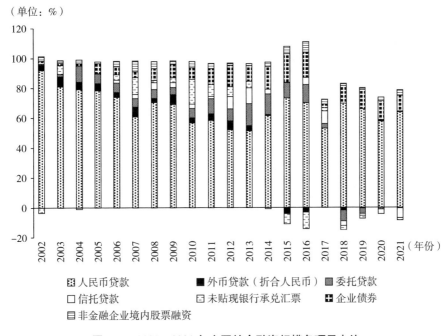

（单位：%）

图 1-1　2002—2021 年中国社会融资规模各项目占比

资料来源:中国人民银行、国家统计局。

---

① 自 2011 年起,央行正式编制并公布社会融资规模增量统计数据,数据起始年度为 2002 年。社会融资规模由四个部分构成:一是金融机构表内贷款,具体包括人民币贷款和外币贷款两项融资;二是金融机构通过表外提供的融资,具体包括委托贷款、信托贷款和未贴现的银行承兑汇票三项融资;三是直接融资,具体包括非金融企业债券和境内股票融资两项;四是以其他方式向实体经济提供的资金支持,具体包括保险公司赔偿、金融机构投资性房地产、小额贷款公司三项融资。

图可见,新增人民币贷款占社会融资规模的比例依然居高不下,虽然同时经历了下降趋势,从 2002 年的 91.86%下降至 2012 年、2013 年的 50%左右,并于 2015 年恢复至 73.15%,再于 2021 年反弹至 60%左右。① 可见,对于中国实体经济而言,银行信贷依然是比较重要的融资方式。

但另外,企业债券、股票融资占社会融资规模虽然在 2018—2019 年有所回落,但整体呈现上升趋势。数据中,企业融资方式的变迁反映了我国资本市场的发展。

第三节　中国资本市场的发展

一、中国资本市场的萌芽

（一）股票市场

1949 年中华人民共和国成立之后,我国进入计划经济体制阶段。1978 年党的十一届三中全会之后,我国开启了市场经济改革阶段,资本市场也应运而生。1978 年,农村地区以"家庭联产承包责任制"方式兴办的股份制乡镇企业,体现了我国改革开放后股份制经济的萌芽。20 世纪 80 年代初,部分城市集体企业和国有企业开始尝试股份制改革,以向社会公众发行股票的方式筹集资金,如深宝安、北京天桥等。但这些"股票"往往兼具债券性质,具有保本、保息、保分红和到期偿还等特征。1984 年上海飞乐音响股票被认为是改革开放后发行的第一只真正意义上的股票。1986 年 9 月,中国工商银行上海市信托投资企业静安证券业务部所开设的股票交易柜台,主要开展"飞乐音响"和"延中实业"股票的转让,标志着我国股票二级市场雏形的出现。此外,深圳、沈阳等地也开设了柜台交易,为发行股票的企业提供柜台交易。

（二）债券市场

同一时期,我国的债券发行交易市场也开始萌芽。我国政府在

---

① 社会融资规模中的本外币贷款指一定时期内实体经济从金融体系获得的人民币和外币贷款,不包含银行业金融机构拆放给非银行业金融机构的款项和境外贷款。

1954—1958 年连续 5 年发行国家经济建设公债,但之后停止发行公债,直至 1981 年 7 月重新发行国债。当时国债具有周期长(10 年)、不可转让、差别利息支付(居民购券利息高于企业购券)。1982 年,部分企业开始自发地向企业内部或社会募集资金并支付利息,催生了企业债。而随着 1984 年为治理通货膨胀所推出的货币紧缩政策导致部分银行贷款紧张,银行也开始发行金融债以支持建设项目的完成。1987 年 3 月国务院颁布《企业债券管理暂行条例》,以规范企业债的发行。1988 年 4 月起,国家陆续批准多个城市开展国债交易柜台,成为日后债券交易市场的雏形。在企业债发行过热的情况下,部分企业出现兑付危机。1993 年之后,企业债的发行进入低迷期。

二、中国资本市场的发展和制度建设

(一)股票市场

20 世纪 90 年代初,上海证券交易所(1990 年 12 月成立)、深圳证券交易所(1991 年 4 月成立)由中国人民银行正式批准设立。两家交易所成立之初,全部交易的股票总计 13 只,包括以深发展、万科为首的深交所"老五股"和以飞乐音响为首的上证所"老八股"登陆中国证券市场。[①]1991 年年底,上海证券交易所共有 25 家会员,深圳证券交易所共有 15 家会员。同期,各地也出现了一些股票交易所。

1992 年 10 月,国务院宣布正式成立国务院证券委员会(以下简称国务院证券委)和中国证券监督管理委员会(以下简称中国证监会)。前者对证券市场行使统一宏观管理职能;后者为监管执行机构,依照法律法规对证券市场进行监管。二者职权范围随着市场发展逐步扩展。1993 年11 月,国务院决定将期货市场的试点工作交由证券委负责,证监会具体

---

① 上交所"老八股"为延中实业(600601)(现"方正科技")、真空电子(600602)(现"广电电子")、飞乐音响(600651)、爱使电子(600652)(现"爱使股份")、申华电工(600653)(现"申华控股")、飞乐股份(600654)、豫园商场(600655)、浙江凤凰化工(600656)。深交所"老五股"为深发展(000001)(现"平安银行")、深万科(000002)、深金田(000003)(现已退市)、深安达(000004)(现"国华网安")、深远野(000005)(现"ST 星源")。

执行。1995年3月，证监会确定为国务院直属副部级事业单位，是证券委的监管执行机构。1997年8月，国务院决定将上海、深圳证券交易所统一划归中国证监会监管。1998年4月，撤销证券委，其全部职能及中国人民银行对证券经营机构的监管职能同时划归中国证监会，证监会对中国证券市场进行统一的监督与管理，这一改变标志着全国集中统一的证券期货市场监管体制得以建立。

1993年，国务院颁布《股票发行与交易管理暂行条例》，中央开始整顿各种股权交易中心。伴随着沪深交易所逐步统一交易制度和运作规则，全国性统一资本市场正式开启。1996年12月，进一步规定沪深两市的股票、基金类证券的交易价格涨跌幅限定在10%以内。1998年4月，针对部分有退市风险警示的股票，推出"特别处理"制度。

此外，就我国经济转轨过程中遗留的"股权分置"问题，国务院及证监会也陆续出台了针对性措施。我国股票市场成立于计划经济向市场经济转轨的特殊时期。在中国资本市场诞生初期，国有企业为了融资，开始向社会公众发行股票，为了保证上市企业不失去控股地位，只有公开发行的股票可以上市流通，企业的存量股票（即国有股和法人股）不能上市流通，由此形成"股权分置"（流通股和非流通股）的局面。为解决股权分置对经济改革的阻碍，2004年，国务院发布《关于推进资本市场改革开放和稳定发展的若干意见》（俗称"国九条"），明确提出"积极稳妥解决股权分置问题"，采用大股东让渡一部分股份给流通股股东换取股份流通资格的方式，解决了资本市场的特殊矛盾，实现了制度性转轨。2005年4月，经国务院批准，中国证监会发布了《关于上市企业股权分置改革试点有关问题的通知》，股权分置改革试点工作正式启动。到2006年年底，在沪深两市1400多家上市企业中，已有1200多家完成了股改，股权分置改革任务基本完成。

从1993年至今，中国股票市场新股发行制度经历了两次大的变革，从审核制下的额度管理、指标管理过渡到核准制下的证券企业通道制、保荐人制度，逐渐减少政府监管部门对股票发行企业质量的背书，将信息鉴别和价值判断的功能更多地归还给市场。1999年7月，《中华人民共和国证券法》(以下简称《证券法》)及相关法规的正式实施,标志着我国股票发行由审批制转向核准制。在此之前,我国股票发行体现为以政府主导为特点的审批制。每年,国务院证券委确定股票发行的额度计划,由各省和国务院有关部委选择和推荐企业,再由证监会复审并作出批准上市的决定。1996 年开始,额度管理原则细化为"总量控制、限报家数"。审批制下,新股定价基本由政府决定,发行市盈率限定在 15 倍以下。2001年 3 月,我国股票发行核准制正式启动,公开发行股票必须由保荐机构(证券企业)推荐,保荐机构、保荐代表人及其他中介机构对其推荐负连带责任。2004 年,《证券法》取消新股发行价格经由国务院证券监督管理机构批准的规定。同年,推出首次公开发行股票定价的询价制度。核准制开启了股票定价的市场化改革,证券定价不再是政府主导。

2013 年,党的十八届三中全会明确提出"推进股票发行注册制改革"。2014 年,证监会制定并发布《关于进一步推进新股发行体制改革的意见》,牵头完成注册制改革方案初稿。2019 年修订《证券法》,为实施注册制提供法律保障。同年 7 月,第一批注册制企业在上海证券交易所的科创板上市。注册制特点如下:一个核心(信息披露)、两个环节(交易所审核、证监会注册)、三项市场化安排(设立多元包容的发行上市条件、建立市场化的新股发行承销机制、构建公开透明可预期的审核注册机制)。注册制以机构投资者为主体进行询价、定价和配售,力求实现市场供求决定价格。新股发行注册制改革是中国资本市场重要的战略性变革,将显著促进我国企业直接融资的发展,加快我国资本市场成熟的步伐。

2020 年,A 股发行制度开始向注册制全面推进。2020 年 4 月 27 日,深交所创业板正式开启注册制试点,8 月 24 日首批 18 家注册制新股上市。2020 年 10 月 31 日,国务院金融稳定发展委员会会议提出,增强资本市场枢纽功能,全面实行股票发行注册制,建立常态化退市机制。2020年 12 月 14 日,沪深交易所集体发布《股票上市规则(征求意见稿)》《退市企业重新上市实施办法(征求意见稿)》等多项文件,其中参照科创板、创业板经验,在退市程序上取消暂停上市、恢复上市环节,在财务类退市标准上新增组合财务退市指标。中国资本市场"史上最严"退市制度正式落地。

2021 年 4 月,深交所主板与中小板合并,为全面注册制铺路。2021 年 7 月,《关于支持浦东新区高水平改革开放打造社会主义现代化建设引领区的意见》发布,文件提出,"研究在全证券市场稳步实施以信息披露为核心的注册制"。2021 年 9 月,证监会发布《首次公开发行股票并上市辅导监管规定》,进一步规范辅导相关工作,压实中介机构责任,从源头提高上市企业质量,为全市场稳步推进注册制改革创造条件。2021 年 11 月,北交所开市并实行注册制试点。

(二)债券及其他证券市场

我国债券市场的第一大组成部分是政府债券,是政府为筹集资金而向出资者出具并承诺在一定时期支付利息和偿还本金的债务凭证,主要包括国家债券即中央政府债券、地方政府债券等。① 2022 年,中央结算公司登记发行债券 25.01 万亿元,同比增长 9.50%。其中,国债发行额约为 9.63 万亿元,同比增长 44.29%,占全部类型债务总额的 26%;地方政府债发行 7.36 万亿元,同比下降 1.70%,占全部类型债务总额的 36%。不同券种、不同期限国债收益率走势有所差异。其中,中短期和超长期债券收益率较上年末有所下降,而中长期债券收益率则略有上升。10 年期国债收益率在 2.58%—2.92%波动。

债券市场的第二大组成部分是政策性金融债券,这些债券由在财政部监管下运作的政策性银行发行,发行债券的收益投资于政府运营的项目和行业,如基础设施建设。2022 年,我国政策性银行债发行 5.28 万亿元,同比增长 4.95%,占全部类型债务总额的 22%。

债券市场的第三大组成部分是公司债券。与政府发行的债券相比,在国际金融危机之前,公司债券市场的规模相对较小。然而,近年来这一数字一直在急剧增长。从新发行的数量来看,自 2011 年以来,公司债券市场一直大于国债市场。自 2012 年 5 月起,非上市公司和中小企业获准在证券交易所发行公司债券。2015 年 1 月,中国证监会发布《公司债券

---

① 刘羽飞、李奕澎:《2022 年债券业务统计分析报告》,《债券》2023 年第 3 期。

发行与交易管理办法》，取消债券发行的保荐和筛选制度。此后，发行主体的扩容、非公开发行制度的建立、审核流程的简化以及其他一系列配套措施的推出，对我国公司债券市场的发展都起到了积极的推进作用。

我国共同基金业的发展始于 1992 年。当年 11 月，第一只经中国人民银行总行批准设立的基金——淄博乡镇企业基金成立。该基金为公司型封闭式基金，首次发行规模达 1 亿元人民币，其中 60% 的资金投向淄博乡镇企业，40% 资金投资于上市公司。此外，从 1991 年开始，中国人民银行各地分支行就开始陆续批准一些投资基金的设立。比如，1991 年 10 月设立的武汉证券投资基金和深圳南山风险投资基金，分别由中国人民银行武汉分行和深圳市南山区人民政府批准设立，规模分别为 1000 万元和 8000 万元。

1997 年，国务院批准发布《证券投资基金管理暂行办法》。同年 12 月，证监会发布《关于申请设立基金管理公司有关问题的通知》《关于申请设立证券投资基金有关问题的通知》，规定申请设立基金管理公司、证券投资基金的程序、申报材料的内容及格式等。证监会开始受理设立基金管理公司和证券投资基金的申请。1998 年，我国批准设立了 6 家基金管理公司，管理封闭式基金 5 只。之后，我国基金行业飞快发展。截至2023 年 12 月底，我国境内有 145 家基金公司管理着 11528 只基金。总资产净值从 2015 年年底的 8.4 万亿元人民币增加至 2023 年年底的约 27.6 万亿元人民币。①

2002 年，第一个由合格境外机构投资者（Qualified Foreign Institutional Investor, QFII）管理的基金正式成立。引入合格境外机构投资者基金，允许合格的外国投资者在中国证券市场投资，提高上市行业的市场效率和公司治理。截至 2024 年 2 月，总共有 810 家合格境外机构投资者获准在中国运营。此外，国家外汇管理局于 2019 年 9 月取消了 QFII 投资额度限制。2006 年 7 月，合格境内机构投资者法案出台后，中国政

---

①　中国证券投资基金业协会，公募基金市场数据（2023 年 12 月），https://www.amac.org.cn/sjtj/tjbg/gmjj/202401/p020240125599282291079.pdf。

府也批准了合格境内机构投资者(Qualified Domestic Institutional Investor，QDII)投资海外市场。截至2024年3月底，合格境内机构投资者已经获批累计1655亿美元的投资额度。截至2023年年末，公募市场共有217只QDII基金，基金总规模近4000亿元。

实体经济对资本的强劲需求和传统银行体系有限的贷款额度，导致了2009年以来其他金融机构和影子银行的快速增长，尤其是信托业和其他小型贷款公司。自2001年《中华人民共和国信托法》颁布实施以来，我国信托业正式步入主营信托业务的规范发展阶段。2009年以后，信托业发行了大量结构性理财产品，支持房地产和基础设施的增长。自2012年以来，信托业已超过保险业成为非银行金融行业中最大的行业。

截至2015年年底，信托业总资产达16.7万亿元，信托总资产余额占国内生产总值的比重为23.7%。自2018年以来，随着资管新规和"两压一降"监管政策(即压降信托通道业务规模，压缩违规融资类业务规模，加大对表内外风险资产的处置)的出台，信托业进入转型发展的艰难调整时期，调整的主要模式包括"压旧""规范"和"增新"三大方面，即压降旧模式下的融资类信托和通道信托业务，按照资管新规要求规范资产管理业务，开拓符合信托本源功能的新业务。其间，信托行业的转型成效明显，但多数信托公司也经历了资产规模和盈利数据的持续下滑。这一趋势曾在2021年年末出现企稳回升的迹象。截至2023年第三季度末，全行业信托资产规模余额达22.64万亿元，同比增长7.45%。自资管新规实施以来，信托资产规模自2022年第二季度同比止跌，并在后续的持续增长中维持了稳定基本盘[1]。2022年信托业务收入722.72亿元，同比下降16.81%，利润总额362.43亿元，同比下降39.76%[2]。行业营收及利润总额继2021年同比增长后再度转跌。

---

[1] 中国信托业协会，《2023年3季度中国信托业发展评析》，http://www.xtxh/net/xtxh/statistics/48871.htm。

[2] 中国信托业协会，《2022年度中国信托业发展评析》，http://www.xtxh.net/xtxh.statistics/48366.htm。

三、中国资本市场的开放

(一)B 股、H 股和境外上市

中国资本市场的开放遵循了渐进式的改革方案。为了吸引国际资本流入,弥补我国外汇短缺,在保证对外资本市场开放的同时,避免外资流动对我国 A 股市场造成的潜在破坏性影响,1991 年年底我国推出人民币特种股票(以下简称 B 股)试点。B 股又称境内上市外资股,以人民币标明面值,以美元或港元认购和交易,投资者为境外法人或自然人。2001 年之前,境内投资者只能投资 A 股,而境外投资者只能投资 B 股。但随着 1993 年之后我国境内企业逐渐在香港上市发行 H 股融资,之后又开始在美国、英国、新加坡等证券市场发行上市,B 股的市场功能逐渐被代替,2000 年之后不仅没有新增,且部分转成 H 股(如万科)(张晓燕,2019)[1]。

(二)合格境内外机构投资者

随着中国资本市场的进一步开放,以及人民币资本项目未完全自由兑换,我国陆续推出投资于中国证券市场的境外机构投资者制度(2002 年 12 月)、境外证券市场的境内机构投资者制度(2006 年 5 月)、人民币合格境外机构投资者制度(RMB Qualified Foreign Institutional Investor,RQFII)(2011 年 12 月)、人民币合格境内机构投资者制度(RMB Qualified Domestic Institutional Investor,RQDII)(2014 年 11 月)。尽管合格境外机构投资者、人民币合格境外机构投资者和合格境内机构投资者的额度相对于 A 股市场的规模并不高,但作为资本开放初期的一种手段,实现了 A 股市场对外资的更进一步开放。截至 2022 年 7 月末,已有逾 700 家机构获批合格境外机构投资者资格。仅 2021 年一年,获批合格境外机构投资者数量就达 119 家。合格境外机构投资者持有 A 股的规模出现显著增长。根据东方财富 Choice 数据,2021 年年末,合格境外机构投资者持有 954 只 A 股,合计持股市值为 2840.08 亿元(张颖等,2022)[2]。合格境外

---

① 张晓燕:《中国资本市场开放历程与影响分析》,《人民论坛》2019 年第 26 期。

② 张颖、任世碧、楚丽君:《QFII 获批数量十年增近 4 倍 中国资产全球吸引力与日俱增》,《证券日报》2022 年 8 月 25 日。

机构投资者偏好银行,以及医药和科技等成长股。如 2022 年第一季度末,银行、电力设备、电子、医药生物、建筑材料五行业,为合格境外机构投资者主要持股对象。

为适应我国开放型经济新体制建设,合格境外机构投资者管理制度也在不断优化。2012 年 7 月,证监会发布《关于实施〈合格境外机构投资者境内证券投资管理办法〉有关问题的规定》,合格境外机构投资者持股比例限制由 20% 放宽至 30%。2016 年 9 月,取消合格境外机构投资者和人民币合格境外机构投资者股票投资比例限制,取消股票配置不低于 50% 的规定,允许合格境外机构投资者对股票、债券等资产进行灵活配置。2019 年 9 月,国家外汇管理局取消合格境外机构投资者、人民币合格境外机构投资者投资额度限制。2020 年 9 月,证监会、央行、国家外汇管理局发布《合格境外机构投资者和人民币合格境外机构投资者境内证券期货投资管理办法》,合格境外机构投资者、人民币合格境外机构投资者资格和制度规则合二为一,进一步降低了投资准入门槛,扩大了投资范围。

(三)与国际资本市场的互联互通

合格境内外机构投资者制度促进了我国投资理念的转变,为我国境内资本市场引入了长期资金,但这些制度都具有单向投资的特征。为了更进一步地推动我国资本市场与国际资本市场的互联互通,推动我国资本市场的双向开放,2014 年起我国又陆续推出沪港通(2014 年 11 月)、深港通(2016 年 12 月)和沪伦通(2019 年 6 月)等制度。其中,沪港通和深港通指上交所、深交所分别与香港联交所建立的股票市场交易互联互通机制,便利两地投资者相互买卖对方交易所上市的规定范围内的股票。沪伦通指符合条件的上交所 A 股企业可以在伦交所发行上市全球存托凭证(Global Depository Receipts,GDR)和境外融资,以及符合条件的伦交所上市企业可在上交所上市中国存托凭证(Chinese Depository Receipt,CDR)但不在境内融资。截至 2021 年 11 月,北向沪股通和深股通七周年累计成交额达 64 万亿元人民币,累计 1.5 万亿元人民币净流入内地股票市场,而南向港股通累计成交额达 23.1 万亿港元,累计 2.1 万亿港元内地资金净流入港股。2021 年北向资金累计净流入 4321.69 亿元,创年度净流入新高。其中沪股通资金净流入 1937.27 亿元,深股通资金净流入 2384.42 亿元。2021 年北向资金对电力设备、电子、银行行业加仓金额居前。截至 2022 年上半年,交易型开放式指数基金(Exchange Traded Fund,ETF)沪股通、深股通的买入及卖出分别累计成交 1.87 亿元和 0.36 亿元。沪、深港通已经成为我国资本市场双向开放的重要窗口。

鉴于我国资本市场开放程度的不断提高,A 股指数被纳入多个国际知名指数。2018 年 6 月 1 日,明晟公司(MSCI)将中国 A 股纳入 MSCI 新兴市场指数,初始纳入因子 5%,2019 年纳入因子提高到 20%。2019 年 6 月,富时罗素首次将 A 股纳入其全球股票指数系列,并于 2020 年将 A 股纳入因子提升到 25%。2019 年 9 月,标普道琼斯一次性将 A 股纳入其全球宽基指数,纳入因子 25%。国际指数纳入的 A 股公司,其数量接近全部上市公司数量的 1/3。

(四)资本市场的其他对外开放方式

我国资本市场的对外开放,除了境内发行 B 股、企业到海外上市、设立合格境内外机构投资者管理制度、与国际资本市场的互联互通制度,还表现为设立合资证券、期货经营机构,以及参与国际证券监管合作等。

为便利合资证券、期货经营机构的设立,我国政府推出多项政策措施,以支持合资证券期货经营机构的发展。[①] 2006 年,经中国证监会审批,荷兰银行获得银河期货经纪有限公司股东资格,银河期货成为我国第一家合资期货公司。2012 年,我国允许外资在合资证券公司中持股比例不超过 49%。但随着中国证监会于 2018 年推出的一系列改革措施,外资投资证券、基金管理公司和期货公司的投资比例可达 51%。[②] 2020 年,证监会取消期货公司外资持股比例限制。2016 年 6 月起,外资可在中国开

---

① 如 2002 年,证监会发布《外资参股证券公司设立规则》《外资参股基金管理公司设立规则》,上海、深圳证券交易所也分别发布《境外特别会员管理暂行规定》。

② 2018 年 4 月 28 日发布《外商投资证券公司管理办法》,同年 8 月 24 日发布《外商投资期货公司管理办法》,9 月发布《证券公司和证券投资基金管理公司境外设立、收购、参股经营机构管理办法》。

展私募证券投资基金管理业务,之前则不具有这一可能。在允许外资进入国内市场的同时,证监会也发文允许我国证券公司和证券投资基金管理公司境外设立、收购和参股相应的机构。

在参与国际证券监管合作方面,我国相关法律法规赋予了证监会与其他国家或机构建立合作机制,实施跨境监督管理的权力,合作方式包括与境外监管机构签署监管合作谅解备忘录、成为国际证监会组织(IOSCO)《关于咨询、合作与信息交换的多边备忘录》的签署方、强化跨境审计监管协作等。①

此外,允许外商成为境内企业股东和合资企业在境内上市也是重要的内容。1995年8月,日本五十铃自动车株式会社和伊藤忠商事株式会社通过协议方式购买"北京北旅"法人股4002万股,占股本的25%,成为公司的第一大股东。这是首个外商通过协议购买法人股成为中国上市公司第一大股东的案例。同时,一些中外合资企业陆续在中国境内上市。

四、中国多层次股权资本市场的建设

20世纪90年代以来,我国资本市场经过不断探索,逐步建立了多层次的资本市场。从1990年沪深交易所成立,到2005年股权分置改革,再到2019年注册制改革,中国资本市场从无到有,逐渐形成多层次资本市场体系。我国多层次资本市场体系大体由场内市场和场外市场两部分构成。场内市场又分为主板(一板)、中小板(2021年并于深交所,二板)、创业板(二板)、科创板、北交所。场外市场则包括全国中小企业股份转让系统(新三板)、区域性股权交易市场(新四板)、券商柜台交易市场(新五板:含天使投资、风险投资、股权众筹等股权投资市场)。目前已经形成三大股权交易平台,即深交所、上交所和新三板。这些板块和交易平台定位明确,共同组成了我国多层次资本市场体系(见图1-2)。

---

① 1994年,国务院发布《关于股份有限公司境外募集股份及上市的特别规定》,赋予证监会与境外证券监管机构签订谅解备忘录、开展跨境执法合作的权限。2005年《证券法》明确国务院证券监督机构可以和其他国家或者地区的证券监督管理机构建立合作机制,实施跨境监督管理。

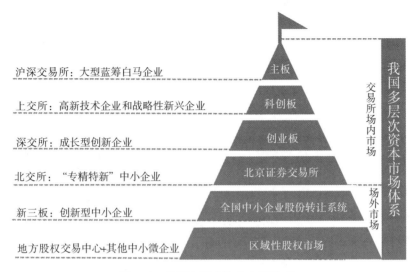

沪深交易所：大型蓝筹白马企业 —— 主板

上交所：高新技术企业和战略性新兴企业 —— 科创板

深交所：成长型创新企业 —— 创业板

北交所："专精特新"中小企业 —— 北京证券交易所

新三板：创新型中小企业 —— 全国中小企业股份转让系统

地方股权交易中心+其他中小微企业 —— 区域性股权市场

交易所场内市场

场外市场

我国多层次资本市场体系

图1-2 我国多层次资本市场体系

（一）主板市场

目前全国性的股权交易所有4个,分别为上海证券交易所(上交所)、深圳证券交易所(深交所)、新三板、北京证券交易所(北交所)。其中,沪、深交易所主板即为通常所定义的主板。

主板市场是资本市场中最重要的组成部分,能够在很大程度上反映了我国的经济发展状况。主板上市条件相对严格,主要为国民经济中的支柱企业、占据行业龙头地位的企业、资产规模和经营规模较大的企业。早期的沪深交易所只有主板市场,且上市企业数量有限。2004年1月31日,国务院发布《关于推进资本市场改革开放和稳定发展的若干意见》(俗称"国九条"),为主板市场发展创造了良好条件。主板上市企业从传统蓝筹为主向新经济、高技术产业升级转变。

自1990年上海证券交易所、深圳证券交易所成立以来,A股上市公司阵营不断扩大。沪深上市公司历年数量及市值变迁见图1-3。伴随着上市公司数量不断增加,A股上市公司的行业分布也越来越广泛。目前,A股上市公司涵盖了国民经济全部90个行业,占国内500强企业的70%以上,基本全覆盖国内各个行业的领军企业,依托资本市场的资源配置效率,中国资本市场由传统制造业、金融业为主向科技创新型产业转变,传统经济与新经济实现碰撞迭代。

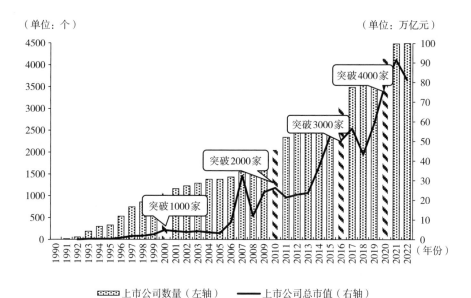

图1-3 1990—2022年沪深上市公司数量及市值变迁

资料来源:Wind 数据库。

从30多年来的发展轨迹来看,除了 A 股上市公司数量外,上市公司市值、投资者数量等也处于稳步上升态势,映射出中国经济的日益繁荣。根据 2022 年《中国证券登记结算统计年鉴》,2022 全年新增投资者1472.77 万人,其中自然人投资者 1468.83 万人。2022 年年末投资者数为 2.1213 亿人,较上年增加 7.46%。截至该年末,在中国结算公司登记存管的沪深证券交易所的证券总市值为 99.31 万亿元、北京证券交易所的证券总市值为 2110.29 亿元、全国股份转让系统的证券总市值为19541.02 亿元。其中,沪深 A 股总市值 78.64 万亿元,B 股总市值1271.96 亿元。①

---

① 中国结算:《中国证券登记结算统计年鉴,2022》,http://www.chinaclear.cn/zdjs/tjnb/center_scsj_tlist.shtml。

（二）中小板市场

中小板也叫中小企业板，2004 年 5 月经国务院批准，是设立在深圳证券交易所主板市场内的一个运行独立、代码独立、指数独立、监察独立的板块。中小企业板由"创业板之父"成思危提出。同年 6 月，8 只新股在中小板上市，被称为中国股市的"新八股"。

为应对美国互联网泡沫影响，2002 年，成思危先生提出创业板"三步走"的建议，将中小板作为创业板的过渡。于是，作为中小企业从创业板市场向主板市场的一种过渡的中小板市场率先成立。

中小板主要服务于中小企业，流通盘大约在 1 亿股以下，具有科技含量高、收入增长快、盈利能力强等特点。相比创业板企业，中小板应该算中型企业。中小板是主板的有力补充。2021 年，经国务院同意，中国证监会正式批复深交所合并主板和中小板。

（三）创业板市场

创业板隶属于深交所，与深市主板平齐，是对主板的重要补充，主要针对科技成长型中小企业。创业板对财务指标要求稍低于主板及中小板，但新增了一些成长性指标条件，更关注企业的成长性。1999 年深圳证券交易所提出设立创业板方案，但受到 2000 年互联网泡沫破裂的影响，创业板设立暂停。2004 年 5 月，经国务院批准，中国证监会批复同意深圳证券交易所在主板市场内设立中小企业板块，正式推出中小企业板市场，旨在降低中小企业（特别是在高科技行业的新兴企业）的进入门槛，定位于服务主业突出、具有成长性和科技含量但条件尚达不到主板市场要求的中小企业。

2006 年年底，股权分置改革接近尾声，创业板的推出再次提上日程，并开始筹备工作。2007 年，中国证监会重启创业板筹备工作。但 2008 年，美国次贷危机席卷全球，给中国股市带来极大影响。随着国内经济形势好转，2009 年 10 月，证监会批准深交所设立创业板，10 月 23 日，创业板正式开板，首批 28 家企业挂牌上市，主要为从事新技术产业、成立时间短、规模较小但成长性好的企业。

创业板主要为私营中小企业特别是高科技和电子企业提供融资，是一个门槛低、风险大和监管严的股票市场,同时也是一个孵化科技型和成长型企业的摇篮。创业板的推出标志着多层次资本市场体系框架的基本形成。截至 2024 年 2 月底,深圳证券交易所共有上市公司 2884 家,其中主板 1546 家,创业板 1338 家。

创业板的推出为国内私募股权投资(Private Equity,PE)/风险投资(Venture Capital,VC)机构提供了良好的退出渠道,带动了风投行业的发展。继创业板推出之后,国家构建多层次资本市场体系的政策措施持续不断。2019 年 8 月,中共中央、国务院发布《关于支持深圳建设中国特色社会主义先行示范区的意见》,提出"研究完善创业板发行上市、再融资和并购重组制度,创造条件推动注册制改革"。2020 年 6 月,证监会发布创业板改革并试点注册制相关规则。同年 8 月,创业板改革试点注册制的首批企业上市。创业板在积极服务国家创新驱动发展战略,支持创新型、成长型企业发展中作出巨大贡献。全部上市企业中,七成以上企业属于战略性新兴产业,八成以上的企业拥有自主研发核心能力,九成以上企业属于高新技术企业。

(四)科创板市场

随着企业的成长和资本市场的发展,证券市场各板块在对接不同层级、不同类型高科技企业中出现缺口。不同层次证券市场功能的重叠在一定程度上加剧了各类企业在金融需求和供应方面的不平衡。为适应企业发展,国家对资本市场的改革不断深化与创新,2018 年 11 月,在首届"中国国际进口博览会"开幕式上,国家主席习近平宣布,在上交所设立科创板并试点注册制,以支持上海国际金融中心和科技创新中心建设。

科创板隶属于上交所,与上市主板平齐,主要服务于符合国家战略、突破关键核心技术、市场认可度高的科技创新型企业。2019 年 1 月 30 日,证监会发布《关于在上海证券交易所设立科创板并试点注册制的实施意见》,同年 6 月 13 日,科创板正式开板,重点支持新一代信息技术、高端装备、新材料、新能源、节能环保、生物医药等高新技术产业和战略性新兴产业。2019 年 7 月 22 日,科创板首批 25 家企业上市,8 月 8 日,第二批科创板公司挂牌上市。相较于创业板,科创板更看重的是企业内在的科技创新能力和未来竞争力,而不是过往既有的成绩,哪怕公司还没有盈利甚至还没有收入都没有关系。

(五)新三板市场与北京证券交易所

新三板,即"全国中小企业股份转让系统"(以下简称全国股转系统),重点聚焦中小企业,是为创新型、创业型、成长型中小微企业发展服务的全国性证券交易市场。新三板的设立,旨在为退市公司和其他场外交易(原 STAQ 和 NET 系统中的交易)提供股权转让平台。[①] 2006 年,中关村科技园区非上市股份有限公司进入三板市场,因挂牌企业均为高科技企业,而不同于原三板市场内的退市企业以及原 STAQ 和 NET 系统挂牌的公司,故又形象地称为新三板市场。

2012 年 7 月 8 日,国务院批准将新三板市场扩展为全国中小企业股份转让系统。2013 年 1 月,全国中小企业股份转让系统有限责任公司正式揭牌运营。同年 12 月 14 日,国务院决定进一步扩大新三板规模,允许各类中小企业在新三板市场进行股权交易。新三板实行注册制,审核部门无须对申请挂牌公司财务情况、经营情况等作出判断。2013 年 12 月 31 日,全国中小企业股份转让系统正式向全国放开,2014 年、2015 年迅速扩张,挂牌企业数量显著增加。

全国中小企业股份转让系统是继上海证券交易所、深圳证券交易所后第三家全国性证券交易所,主要组织安排非上市股份公司股份的公开转让,为非上市股份公司融资、并购等相关业务提供服务,为市场参与人提供信息、技术和培训服务。

---

① 1990 年 12 月 5 日,全国证券交易自动报价系统(STAQ 系统)正式开始运行。该系统是一个基于计算机网络进行有价证券交易的综合性场外交易市场。1992 年 7 月 1 日,法人股流通转让试点在 STAQ 系统开始试运行,开创了法人股流通市场。1993 年 4 月 28 日,由中国证券交易系统有限公司(以下简称中证交)所开发设计的 NET 系统投入试运行,为证券市场提供证券的集中交易及报价、清算、交割、登记、托管、咨询等服务。NET 系统由交易系统、清算交割系统和证券商业务系统组成。由此在全国形成了上海、深圳两个证券交易所和 STAQ、NET 两个计算机网络构成的"两所两网"的证券交易市场格局。但随着 STAQ 和 NET 交易系统的日益萎缩,1999 年 9 月 9 日两个系统停止运行。为解决原 STAQ 系统、NET 系统挂牌企业流通股的转让问题,中国证券业协会于 2001 年设立了代办股份转让系统,后来该系统还承担了从上海、深圳证券交易所退市企业的股票的流通转让(即为老三板)。

2016—2018年，新三板陆续进行了市场分层、投资者适当性、融资及交易制度等方面的改革探索。但新三板存在市场流动性和融资功能不足等问题，企业主动摘牌现象也时有发生。为推动新三板发展，2019年10月，证监会启动新三板改革方案，包括：完善新三板企业定向发行制度；在基础层、创新层的基础上，设立精选层；建立精选层企业向交易所市场转板上市制度；同时新三板还允许符合条件的创新层企业向不特定合格投资者公开发行股票。2020年6月，证监会发布《关于全国中小企业股份转让系统挂牌公司转板上市的指导意见》，允许符合条件的精选层公司转板上市。截至2021年年末，新三板市场挂牌企业有6932家，总市值约为22845.4亿元。基于行业分类角度，制造业企业有3410家，数量最多，占比约为49.19%；基于地区分布角度，广东省企业数量最多，有975家，占比为14.07%；基于企业股本规模，1亿股以上企业有925家，占比约为13.34%。①

为进一步支持中小企业创新发展，深化新三板改革，北京证券交易所（以下简称"北交所"）于2021年9月3日注册成立，同年11月15日，北京证券交易所正式开市，81只股票上市挂牌交易。北交所是经国务院批准设立的中国第一家公司制证券交易所，受中国证监会监督管理。至此，作为多层次资本市场体系的重要组成部分，新三板市场形成了"基础层—创新层—精选层"梯次递进的企业结构以及场外、场内交易兼有的市场格局。

随着北交所的开市，在北方形成了一个与沪深交易所有着不同历史使命、差异化发展的格局。北京证券交易所仍是新三板的一部分，与创新层、基础层一起组成"升级版"新三板，与沪深交易所错位发展，聚焦服务创新型中小企业，服务其他优秀民企、中小企业。

（六）区域性股权交易市场

区域性股权交易市场是为特定区域内的企业提供股权、债券的转让

---

① 全国中小企业股份转让系统：《全国中小企业股份转让系统2021年市场统计快报》，https://www.neeq.com.cn/static/statisticdata.html。

和融资服务的私募市场,是我国多层次资本市场的重要组成部分,对于促进企业特别是中小微企业股权交易和融资、加强对实体经济薄弱环节的支持具有积极作用。2008 年,为拓展中小微企业股权融资渠道,各地陆续设立了一批区域性股权交易市场。

2013 年,国务院办公厅出台金融支持小微企业发展的实施意见和促进资本市场健康发展的意见,区域性股权市场被纳入多层次资本市场体系。2015—2018 年,区域性股权市场的规范发展建设持续推进,明确该市场由所在地省级人民政府实施监管,证监会对省级人民政府的监督进行指导和监督。2020 年,证监会在浙江和北京区域性股权市场启动业务创新、创业投资股份转让、区块链建设等试点 2022 年 1 月 7 日,证监会公示全国区域性股权市场运营机构备案名单,各省、自治区、直辖市、计划单列市共设立区域性股权市场运营机构 35 家①,基本呈现了“一省一市场”格局。区域性股权市场成为政府助力中小微企业发展的平台。

(七)证券企业柜台交易市场

证券企业柜台交易市场是证券交易所以外的证券交易市场,也是我国多层次股权市场的组成部分。柜台交易是在证券公司之间或在证券公司与客户间直接进行,所交易证券大多为未在交易所挂牌的证券,但也包括一部分上市证券。债券交易的绝大部分是以柜台市场交易为主。柜台市场因为买卖双方多通过电话、电报协商完成交易,故又被称为“电话市场”。

我国早期股票交易主要是分散的场外柜台交易,比如中国工商银行上海信托投资公司静安证券业务部、深圳经济特区证券企业柜台。随着沪深交易所的开业,分散的场外柜台交易转为交易所场内集中交易。

2012 年 12 月,证券业协会发布《证券公司柜台交易业务规范》,启动柜台交易业务试点。重启的柜台交易不再以股权转让为主要业务,而是以协议交易为主,尝试开展报价交易或做市商交易机制,产品定位为私募

---

① 截至 2021 年年底,全国区域性股权市场共有挂牌公司 3.81 万家(股份公司 2.34 万家)、展示企业 13.84 万家、托管公司 5.77 万家(纯托管公司 1.10 万家)。

产品。2013 年,中证机构间报价系统股份有限公司成立,为机构投资者提供了私募产品报价、发行、转让及相关服务,并将传统的柜台市场业务转移到电子化的交易平台。截至 2020 年年末,共有 42 家证券企业通过了中国证券业协会组织的专业评价,取得了柜台市场试点资格并开展柜台业务。参加证券企业柜台交易的机构投资者账户数量 4.43 万个,个人投资者账户数量 3002.49 万个。

（八）多样化金融产品

我国在进行资本市场改革创新的同时,还不断创新丰富金融产品种类,为资本市场发展提供持续的发展动力。2010 年 3 月,融资融券试点正式启动,这是推进资本市场基础建设的又一重要举措;2010 年 4 月,沪深 300 股指期货上市交易,市场进入了产品创新的新时期;2012 年 5 月,证券行业创新大会召开,推出行业创新发展的 11 条举措,拉开了行业创新的序幕;2015 年国内期货及衍生品市场稳步拓展,包括上证 50ETF 期权、10 年期国债期货、上证 50 股指期货和中证 500 股指期货等金融产品相继推出,市场衍生工具趋于丰富,为资管机构进行风险管理提供了更多的选择。新的金融产品不断推出,标志着资本市场产品创新迈上了探索之路,为资本市场的可持续发展提供了源源不断的发展动力。同时中国 A 股市场迎来了双边交易时代,改变了过去只能做多的局面,为资本市场与国际接轨创造了有利条件。

改革开放以来,随着计划经济体制向市场经济的转轨,中国金融行业发生了巨大变化,在不断改革和尝试的过程中建立起系统完善的金融组织体系,为企业提供了丰富的融资途径。现阶段企业融资渠道主要包括以银行贷款为主的债务融资、以发行股票为主的股权融资两种渠道。

中国银行业发展经历了由中国人民银行承担管理金融体系、办理信用业务的双重工作,集中央银行与商业银行的职责于一身的初始发展阶段,到由中国人民银行、政策性银行、大型商业银行、股份制银行及中小商业银行共同组成的日趋完善的银行业系统。中国银行业的发展将继续呈现差异化发展趋势。中间业务目前仍然是银行卡、结算等传统业务占据收入主导,但理财、托管、投行类等中间业务也得到积极发展。另外,随着金融科技发展程度的深化,开放银行运营模式正在影响商业银行经营业态,"开放、合作、共赢"的思维理念也逐步融入商业银行中间业务发展转型中。

中国证券业发展则经历了股权改革、新股发行体制改革以及证券公司业务类型的变化等重大变革。在中国资本市场诞生初期,由于经济转轨的历史原因,上市公司同时发行流通股和非流通股,形成"股权分置"局面。国务院及证监会陆续出台了针对性措施,于2005年正式启动股权分置改革试点工作,到2006年年底,改革任务基本完成。

就新股发行体制而言,我国新股发行制度多次变迁,历经"额度制""指标制""通道制"等,至2004年确定为"保荐制"并逐步完善沿用至今。早期"额度制"下,各省募资总额有限,为增加上市企业数量存在化整为零、大公司拆分为若干小公司的乱象。因而,监管部门引入"指标制"对各省上市企业数量设定限制标准,为最大化利用指标,市场上逐渐出现化零为整,把若干家企业合并成一家大企业上市的情况。在此背景下,投行丧失了选择项目的主动性,只能靠交际来获取项目,投行执业水平发展受限。2004年5月,"保荐人制度"全面实施,对证券公司投行业务的格局产生了深远影响,将券商从简单"包装上市"的定位,转变到了真正关注企业的内在质量上,注册制的铺开更进一步强化了这一过程。

就证券公司业务类型的变化而言,早期的券商发展内部受制于自身人才、资本匮乏,外部则纠结于资本市场广度、深度不足以及制度建设不完善,经纪业务成了主要收入来源。随着资本市场不断扩容,制度不断完善,券商业务发展的空间越来越大,对经纪业务的依赖也逐步降低。券商开始从单一承销股票向收购兼并、风险投资及财务顾问等多种渠道发展。投行业务是券商区别于其他金融机构的核心业务,投资银行业务能力将从通道化、被动管理向专业化、主动管理转型。

第二章　中国市场主体变迁

2021 年 7 月,国务院公布《中华人民共和国市场主体登记管理条例》(以下简称《管理条例》),规定自 2022 年 3 月 1 日起施行。该条例第二条明确规定市场主体为"在中华人民共和国境内以营利为目的从事经营活动的下列自然人、法人及非法人组织:(一)公司、非公司企业法人及其分支机构;(二)个人独资企业、合伙企业及其分支机构;(三)农民专业合作社(联合社)及其分支机构;(四)个体工商户;(五)外国公司分支机构;(六)法律、行政法规规定的其他市场主体"。可见,《管理条例》以及我们通常所理解的市场主体均采用了该概念,包括各类企业、个体工商户和农民专业合作社等经济主体。与之相对,广义的市场主体则指市场上从事交易活动的组织和个人,包括自然人、以一定组织形式出现的法人,可以是营利性或非营利性机构。因此,广义的市场主体包括企业、市场管理者(政府机构)、消费者和中介类机构、非营利性机构等。

市场主体对一国经济发展至关重要,是一国国民经济的微观基础。根据 2022 年《政府工作报告》,中国"市场主体总量超过 1.5 亿户……上亿市场主体承载着数亿人就业创业……2013 年以来新增的涉税市场主体去年纳税达到 4.76 万亿元"。更细致的数据可见于《中国市场主体发展活力研究报告(2011—2020)》。该报告基于企业和个体工商户数据,由商务部国际贸易经济合作研究院信用研究所联合天眼查制定。报告显示,2013 年以来,中国平均每年新增企业(含个体工商户)超过千万户,登记在册的市场主体总数由 2012 年的近 5500 万户增加到 2021 年 4 月的 1.43 亿户,增长了 1.6 倍。其中,企业从 1300 多万户增加到 4500 多万户,个体工商户从 4000 多万户增加到近 9600 万户。《中国市场主体发展活力研究报告(2022年上半年)》则显示,截至2022年6月,市场主体总量已超过1.6亿户,其中1月至7月新注册市场主体约1571万户;市场主体总数从2012年到2022年6月增长了1.9倍。

2022年《政府工作报告》指出,"微观政策要持续激发市场主体活力……推动金融机构降低实际贷款利率、减少收费,让广大市场主体切身感受到融资便利度提升、综合融资成本实实在在下降……注重通过稳市场主体来稳就业,增强创业带动就业作用……着力稳市场主体保就业……"。可见,市场主体的健康发展直接关系到中国的经济活力和经济安全。《中国市场主体发展活力研究报告(2022年上半年)》也显示,2019—2022年上半年市场主体活力指数与国内生产总值相关系数为0.81;2022年上半年中国市场主体发展活力总体保持稳定,新注册市场主体同比增长3.44%。该报告中,市场主体活力指数包括5个子指数,分别是发展活力指数、资本活力指数、竞争活力指数、创新活力指数以及信用活力指数。

中国市场主体和社会主义市场经济的发展历程是企业制度不断优化发展的过程,而不同所有制类型企业进入与退出市场的状况也反映了市场营商环境的变化。

第一节　中国企业制度发展历程

改革开放之前,中国企业制度的基本特征为与计划经济体制相匹配的单一公有制经济,市场主体以全民所有制企业、集体所有制企业和党政机关为主。1978年开始,中国开启了改革开放的伟大实验。中国经济体制逐渐成长为以公有制为主体、多种所有制经济共同发展的基本经济制度。

一、改革开放之前

1950年12月颁布的《中华人民共和国私营企业暂行条例》,以及1951年公布的《中华人民共和国私营企业暂行条例实施办法》,均规定五种公司形态。1953 年,中央政府提出"一化三改"总路线,即逐步实现社会主义工业化,对农业、手工业和资本主义工商业进行社会主义改造。

虽然 1954 年 9 月公布的《公私合营工业企业暂行条例》,仍确认公私双方股份,确定合营企业股东的有限责任,但 1956 年 2 月公布的《关于在公私合营企业中推行定息办法的规定》以及 7 月公布的《关于对私营工商业、手工业、私营运输业的社会主义改造中若干问题的指示》,则明确指出私有股份变为债权,私有股东不复存在。1956 年第一季度末,全国范围内基本上实现了全行业的公私合营,全民所有制和集体所有制组成的公有制经济在国民经济中占据了主导地位。其中,集体所有制包括城镇集体企业和农村社队企业两类,而城镇集体企业又进一步细分为"大集体"和"小集体"(街道兴办的小规模集体企业)。

"一五"之后(1957—1978 年),中国全面实行集中的计划经济体制。国家按照行业归口、产品归类和方便管理的原则,按行业组建了各种专业性公司。这种公司本身不从事经营性活动,是国家对同行业的企业进行管理的工具,具有行政性公司的性质。企业组织形式逐渐演变为国营、集体企业两种公有制形式。这两种组织形式彼此之间也不存在相互交融或联合投资的情况。这一时期,工业企业所有制构成比例稳定,全民所有制企业居于绝对主导地位,集体所有制企业次之,无其他企业体制形式。以1965 年和 1966 年为例,全民所有制企业占比达到 90%,集体所有制企业占比则居于 10% 以下。1971 年之后,全民所有制企业占比开始小幅下降,集体所有制企业占比则出现小幅上升。

1978 年,国务院颁布《关于加快工业发展若干问题的决定(草案)》(以下简称《工业三十条》),其中明确规定企业领导制度是党委领导下的分工负责制。但计划体制下,工业企业始终是行政管理部门的附属单位。直至 1979 年,中国企业全部转为国营、集体企业,公司立法被全民所有制企业立法和集体所有制企业立法所取代。

二、改革开放之后

1978 年党的十一届三中全会以后,中国进入经济体制改革时期,着手公司立法制度的恢复。1979年7月1日,全国人民代表大会通过《中华人民共和国中外合资经营企业法》(1990年、2001年修正),确认了中国有限责任公司形式的合法性。这是中国对外开放的第一个正式法律文件,标志着中国公司企业制度走上法制化。它与1986年、1988年分别通过的《中华人民共和国外资企业法》(2000年、2016年修订)和《中华人民共和国中外合作经营企业法》(2000年、2016年、2017年修订),并称为"外资三法",为中国外商投资企业提供了法治保障。随着中国特色社会主义市场经济体制和中国特色社会主义法律体系的建立和不断完善,2019年3月15日全国人大通过《中华人民共和国外商投资法》,进一步完善外商投资法律制度,推动全面依法治国战略实施,该法自2020年1月1日起施行,"外资三法"同时废止。

与此同时,针对其他类型的企业立法也不断推进。1980年,国务院发布《关于推动横向经济联合的暂行规定》,明确提出坚持自愿原则,组织各种形式的经济联合体。1988年6月25日,国务院颁布《中华人民共和国私营企业暂行条例》(以下简称《暂行条例》),旨在"鼓励、引导私营企业健康发展,保障私营企业的合法权益,加强监督管理,繁荣社会主义有计划商品经济"。《暂行条例》将私营企业定义为"企业资产属于私人所有、雇工八人以上的营利性的经济组织",区分为三种类型:独资企业、合伙企业、有限责任公司。其中,独资企业为一人投资经营的企业,投资者对企业债务负无限责任;合伙企业为二人以上按照协议投资、共同经营、共负盈亏的企业;有限责任公司则为"投资者以其出资额对公司负责,公司以其全部资产对公司债务承担责任的企业",并规定"投资者为二人以上三十人以下"。《暂行条例》明确将私营经济定位为社会主义公有制经济的补充。

可见,有限责任公司不同于股份有限公司。股份有限公司的注册资本由等额股份构成,股东通过发行股票筹集资本。比如,中国《公司法》明确规定,有限责任公司和股份公司同为公司,"是企业法人,有独立的法人财产,享有法人财产权。公司以其全部财产对公司的债务承担责任"。但也明确指出"有限责任公司的股东以其认缴的出资额为限对公司承担责任;股份有限公司的股东以其认购的股份为限对公司承担责任"。

1992年邓小平同志南方谈话后,股份制企业发展迅速。为适应规范化发展需求,1992年5月15日,国家经济体制改革委员会发布《有限责任公司规范意见》《股份有限公司规范意见》。虽然两份《规范意见》内容系统、规范,且能够反映出传统企业向现代企业制度转化的实际需求,但它们主要针对国有企业的股份制改造试点问题提出建议。随着市场化改革的不断推进,非国有企业、其他组织、个人也纷纷组建公司。

为了制定适用范围更加广泛、效力位阶更高的公司法,1993年12月,全国人大常委会通过《公司法》,1994年7月1日起施行。这是新中国历史上第一部公司法。《公司法》规定公司为法人,表现为有限责任公司与股份有限公司两种组织形式,且均规定了最低注册资本限额。为弥补公司法有关无限公司、两合公司的欠缺,1997年、1999年分别颁布《中华人民共和国合伙企业法》(2006年修订)和《中华人民共和国个人独资企业法》,对合伙企业与个人独资企业进行规定。

鉴于《公司法》条文存在原则性强、可操作性差、法律漏洞多等不足,1999年12月25日,《公司法》进行小幅修改。根据自2004年7月1日起实施的《中华人民共和国行政许可法》规定,同年8月《公司法》再次进行修改,并于2005年10月27日经全国人大常委会通过,2006年1月1日起施行。修订后的公司法,在公司设立、公司资本制度、公司法人治理结构、公司职工民主管理和保护职工权益、对股东尤其是中小股东利益的保护机制等方面,更加顺应深化改革、促进发展的实践要求。

三、企业制度改革特征

改革开放后,中国企业制度改革主要体现为两个特征:其一,改革公有制企业制度形式,包括改变计划经济体制下的国有企业的行政组织制度属性;其二,发展非公有制企业制度,包括私营企业、外资企业以及混合所有制企业中的非公有制成分。

伴随企业制度改革,公有制经济占比总体下降,私营经济和外资企业得到发展。20 世纪 90 年代以前,国家通过对国营工业企业进行放权让利改革,逐步推动国营企业向国有企业的制度转变。但随着市场化改革的不断推进,国有企业特别是国有大中型企业,在 2000 年前后,面临越来越大的市场化改革压力,尤其是 90 年代中后期,国有企业的绝对数量和相对比重均呈现显著下降态势,发展停滞。这一时期,出现多起民营企业并购国有大中型企业的实例。

2000 年之后,国有企业的绝对数量及工业总产值所占比重总体继续呈现小幅下降的发展态势,但渐渐趋于稳定。2003 年 3 月,国务院成立国有资产监督管理委员会,主要职能为指导推进国有企业改革和重组,监督实现国有企业的保值增值等。国资委的成立,改变过去政府直接管理企业的职能,从机构设置上实现政企分开、政资分开。2008 年国际金融危机在带来市场波动的同时,也为国有企业发展带来机会,因为政府加大了通过国有企业参与稳定市场活动的政策干预力度。国资监管体制改革和宏观经济环境的变化,为国有企业发展创造了有利环境。"十二五"时期(2011—2015 年),国有企业资产、收入、利润在全部工业中占比均有所下降。2016 年,受经济下行压力陡然加大的影响,国有企业的三项经济指标(资产、收入、利润)同步小幅下降,但"十三五"时期(2016—2020 年)中后期,国有企业的三项经济指标则均呈现"V 型"反转,尤其是收入与利润指标占比增幅,显著快于其资产占比的增幅。与此同时,混合所有制经济在国民经济中的地位与作用稳步上升,并日益成为推动经济增长的重要力量。根据国务院国资委数据,到 2018 年年末,各类社会资本组成的少数股东占到整个中央企业所有者权益的 36%。

作为公有制经济的另外一种企业制度载体——集体企业,在整个改革过程中也呈现动态发展态势。20 世纪 90 年代之前,集体企业快速发展,构成了推动企业所有制结构调整的主要力量。这一时期,集体企业发展速度明显快于国有企业。进入 90 年代,随着社会主义市场经济体制的建立,集体所有制企业在经历了高速发展后趋于平稳,并渐渐显露疲态。90 年代中期之前,大量集体企业进入市场,占比甚至超过了国有企业,在 1994 年,集体企业创造的工业总产值首次超过国有企业创造的工业总产值。但到了 90 年代末期,集体企业工业总产值的年增速,已经落后于全国工业增长的总体水平。2000 年之后,集体企业的主要经济指标都降到了全部工业企业占比 5% 以下的水平,随着集体企业在国民经济中的占比迅速下降,其影响与作用日渐式微。

私营经济经历了相对不同的发展路径。改革开放之初,私营经济和港澳台资、外资经济获得发展机会。进入 20 世纪 90 年代,随着国有企业面临越来越大的改革压力,发展近乎停滞,这些其他经济类型企业继续保持高增长态势,其工业总产值占全部工业总产值的比重逐渐上升,特别是在 90 年代中后期,企业数量从 90 年代初 1 万家的水平迅速提高到 90 年代末超过 10 万家的水平。规模以上的其他经济类型工业企业数量,先是在 1998 年超过了规模以上的集体工业企业数量,随后又在 1999 年超过了国有工业企业数量,成为中国工业企业的重要主体。据统计,1992—1995 年,其他经济类型工业企业的工业总产值年均增长 50% 左右,而伴随其他经济类型企业的迅猛发展,国有企业及集体企业在全部工业总产值中的占比则从 90 年代初 90% 的水平下降到 90 年代中后期 65% 的水平。2000 年之后,随着国资监管体系发生改变,国有企业成长的同时,民营企业因融资困难与监管问题而陷入经营困境。但伴随 2008 年国际金融危机对国有企业盈利状况的直接不利影响,私营企业和外资企业在国民经济中的地位和重要性进一步凸显出来。"十二五"时期(2011—2015),私营企业的资产、收入和利润占比均呈逐年攀升趋势,外资企业的相关指标则呈现"小 V"型的企稳态势。相比较而言,这一时期,私营企业实力明显提升,主要经济指标全面超过了外资企业的相应水平。"十三五"时期,伴随国有企业的"V 型"反转,私营企业和外资企业资产占比均小幅下降。经济下行压力对私营企业尤其影响大,而外资企业则呈现出稳健经营的运行特征和高投入—产出效率的竞争优势。

四、"大众创业,万众创新"时代

2012 年年底召开的党的十八大明确提出:"科技创新是提高社会生产力和综合国力的战略支撑,必须摆在国家发展全局的核心位置。"创新驱动发展战略指出,科技创新驱动是中国未来发展的源泉所在,而不是传统的劳动力以及资源能源驱动。

创新驱动发展战略的实施是中国经济面对"新常态"的一项重要战略。2013 年党的十八届三中全会作出《中共中央关于全面深化改革若干重大问题的决定》,要求"健全促进就业创业体制机制","完善扶持创业的优惠政策,形成政府激励创业、社会支持创业、劳动者勇于创业新机制"。习近平总书记 2014 年在亚太经合组织(Asia-Pacific Economic Cooperation,APEC)工商领导人峰会上首次系统阐述和指出,当前中国经济进入"新常态",一是经济从高速增长转为中高速增长;二是经济结构不断优化升级;三是发展动力从要素驱动、投资驱动转向创新驱动。

这一背景下,中国政府适时地推出了"大众创业、万众创新"的重要举措。2014 年 9 月,李克强同志在夏季达沃斯论坛上首次提出要形成"万众创新""人人创新"的新势态。之后,"双创"陆续出现在首届世界互联网大会、国务院常务会议、《政府工作报告》中。可见,"双创"是"新常态"下中国经济发展的内在要求。

2015 年 6 月 16 日,国务院颁布《关于大力推进大众创业万众创新若干政策措施的意见》,进一步作出"大众创业、万众创新"、培育和催生经济社会发展新动力的具体部署。2016 年 5 月 12 日,《国务院办公厅关于建设大众创业万众创新示范基地的实施意见》指出,要在更大范围、更高层次、更深程度上推进大众创业万众创新,必须加快发展新经济、培育发展新动能、打造发展新引擎,扶持一批双创支撑平台,突破一批阻碍双创发展的政策障碍。

为进一步"深入推进供给侧结构性改革,全面实施创新驱动发展战略,加快新旧动能接续转换,着力振兴实体经济",2017 年发布的《国务院关于强化实施创新驱动发展战略进一步推进大众创业万众创新深入发展的意见》,明确指出"必须坚持'融合、协同、共享',推进大众创业、万众创新深入发展"。2018 年发布的《国务院关于推动创新创业高质量发展打造"双创"升级版的意见》,进一步指出创新是引领发展的第一动力,而"推进大众创业万众创新是深入实施创新驱动发展战略的重要支撑、深入推进供给侧结构性改革的重要途径"，"创新创业与经济社会发展深度融合，对推动新旧动能转换和经济结构升级、扩大就业和改善民生、实现机会公平和社会纵向流动发挥了重要作用，为促进经济增长提供了有力支撑"。

第二节　中国企业主体发展历程

一、国有企业

新中国成立 70 年来，国有企业始终是中国社会主义经济实践的中流砥柱。其发展历程可以分为两个阶段：改革开放前的计划经济体制时期、改革开放后的社会主义市场经济体制时期。

（一）改革开放前的国有企业发展

据统计，1949 年，全国有 12 万个工业企业，工业固定资产（按原价计）128 亿元，工业总产值 140 亿元。从工业总产值的构成情况看，国有企业占比 26.2%，公私合营企业占比 1.6%，集体企业占比 0.5%，私营和个体企业占比 71.7%（余菁，2019）[1]。

1953 年，中央提出了过渡时期"一化三改"的总路线，提出要逐步实现国家的社会主义工业化以及对农业、手工业和资本主义工商业的社会主义改造，并制定了 1953—1957 年发展国民经济的第一个五年计划。当年，国有企业的产值占比上升至 41.5%，公私合营企业占比上升为 4.0%，集体企业占比 3.3%，私营和个体企业占比下降到 51.2%。1957 年，"一五"结束，对生产资料私有制的社会主义改造基本完成，国有企业快速发展。据统计数据，1956 年工业总产值中，国有企业占比 54.5%，公私合营企业占比 27.2%，集体企业占比 17.1%，私营和个体经济几乎不存在，到 1957 年国有工业企业个数达 5.8 万个。[2]

---

[1]　余菁：《新中国 70 年企业制度的演变历程与发展取向》，《经济体制改革》2019 年第 6 期。

[2]　国家统计局：《中国统计年鉴（1984）》，中国统计出版社 1984 年版。

国有企业与计划经济结合存在弊端,如企业经营效率低下、权责不分。1958 年开始,国家对国有企业进行改革,将中央各部门管理的企业权限下放到地方。但由于企业没有经营管理权,叠加 1958—1960 年的"大跃进"因素,国民经济发展出现困难,1959—1961 年国有企业经济管理权限又逐渐回归于中央和中央局。随着国民经济好转,1963 年以后,逐渐在重要行业领域(包括烟草、盐业、医药、橡胶、铝业、汽车、纺织机械、地质、机械仪器等)建立大型国有企业。

1966—1977 年,国家经济工作遭遇困难,国有企业发展整体停滞。1977 年,中国工业总产值中,国营工业占 83.2%、集体工业占 16.8%;商业销售额中,国营商业占 92.2%、集体商业占 7.7%、个体商业仅占 0.1%,国有经济成为社会主义经济的中流砥柱。但计划经济模式制约了国有企业继续壮大,政企不分、自主管理权限不足、激励机制欠缺等问题也严重制约了国有企业的进一步发展,甚至严重影响了国民经济的健康运行(马立政,2019)①。

（二）改革开放后的国有企业发展

1978 年,党的十一届三中全会开启了改革开放的序幕,随着国有企业"放权让利""两步利改税""承包制"等改革措施的顺利实施,国有企业进入自主经营探索期。1978 年,中国首先在四川进行了"扩大企业自主权"试点。1979—1983 年国有企业改革整体按照逐步扩大企业经营管理自主权模式改革。1983 年国有企业通过实施利税并存的模式,进行了第一步"利改税";1984 年开始实施更大幅度的第二步"利改税"。1984 年 10 月 20 日,党的十二届三中全会在北京召开,提出按照所有权与经营权分离的原则,对国有企业进行改革,进而逐步实施"承包制""租赁制"等多种形式的经营责任制。由此,启动了"以国家对企业的管理应逐步转向以间接管理为主"的改革模式,逐步开启国有企业自主经营、自负盈亏的经营模式。

---

① 马立政:《国有企业是中国社会主义经济实践的中流砥柱——新中国 70 年来国有企业发展历程及主要经验》,《毛泽东邓小平理论研究》2019 年第 6 期。

　　鉴于国有企业自主经营的探索依然处于局部范围内的改革范畴，没有改变政企不分的模式，为实现良性发展，1993 年开始，国有企业进入现代化制度的培育与发展期。其中，国有企业现代化制度的微观目标是构建现代企业制度，宏观目标是服务于社会主义市场经济体制。1992 年 10 月，党的十四大明确提出中国经济体制改革的目标是建立社会主义市场经济体制，要求国有企业同其他不同经济类型的企业一样，在平等竞争的过程中发挥国有企业的主导作用。1993 年 11 月，党的十四届三中全会进一步明确提出国有企业改革的目标是建立"产权清晰、权责明确、政企分开、管理科学"的现代企业制度。1995 年，国务院确定在 100 家企业展开构建现代企业制度试点工作，其后放开国有小企业，进而集中力量发展国有大型企业。

　　为解决计划经济体制下管理模式对国有企业发展的束缚，1999 年 9 月，党的十五届四中全会提出"市场经济条件下，国有经济在国民经济中的主导作用主要体现在控制力上"，开始从战略上调整国有企业布局，推进改革。在此过程中，不断完善国有企业公司法人治理结构，现代化企业制度改革初见成效，国有企业亏损状况逐步扭转。据国家统计局调查，至 2001 年年底，国有企业现代企业制度框架已经基本形成。以股东会、董事会、监事会和经理层组成的公司法人治理结构基本建立，其中成立股东会的占 80.9%、成立董事会的占 96.2%、成立监事会的占 83.9%。[①] 由此，产权清晰、权责明确、政企分开、管理科学的国有企业改革要求分步得以实施。

　　2003 年，党的十六届三中全会提出中国社会主义市场经济体制初步形成，标志着国有企业改革步入现代化制度的完善与创新期。2003 年，成立国务院国有资产监督管理委员会，通过建立国有资产出资人制度，从制度层面理顺政府、国资委和企业三者之间的关系，使国有企业在国民经济发展的过程中贡献效果突出。据统计数据，2002—2011 年，全国国有企业营业收入由 8.53 万亿元增长至 39.2 万亿元，年均增长 18.5%；实现

---

　　① 国家统计局：《全国重点企业改制与发展现状》，2002 年。

利润由 3786.3 亿元增长至 2.58 万亿元，年均增长 23.8%；上缴税金由 6960.4 亿元增加到 3.45 万亿元，年均增长 19.5%。与此同时，国有企业国际竞争力显著增强，以 2012 年世界 500 强企业为例，中国企业上榜 79 家，其中国有企业占比近 80%（马立政，2019）①。

2013 年，党的十八届三中全会明确提出"完善国有资产管理体制，支持有条件的国有企业改组为国有资本投资公司，推动国有企业完善现代企业制度，准确界定不同国有企业功能，健全协调运转、有效制衡的公司法人治理结构"等重要改革事项。2015 年，中央颁布《中共中央、国务院关于深化国有企业改革的指导意见》，进一步要求分类推进国有企业改革、完善现代企业制度、完善国有资产管理体制、发展混合所有制经济、强化监督防止国有资产流失、加强和改进党对国有企业的领导、为国有企业改革创造良好环境条件等。经过 70 多年的发展，国企取得瞩目成就。截至 2018 年年底，全国国有及国有控股企业资产总额为 1787482.9 亿元，所有者权益为 631008.1 亿元，利润总额 33877.7 亿元。进入 2018 年《财富》世界 500 强的国有企业有 83 家（赵锦辉，2019）②。国有控股工业企业资产总额从 2012 年的 31 万亿元增长到 2021 年的 56 万亿元，2021 年国有控股工业企业营业收入超过 35 万亿元，利润总额为 24435.2 亿元，国企发展呈现良好态势。

二、民营企业

改革开放 40 多年来，中国民营经济从无到有，不断发展壮大，民营企业在创业就业、技术创新、国家税收、推动发展、改善民生、扩大开放等方面发挥了不可替代的作用。如今，民营经济已经成为中国公有制为主体、多种所有制经济共同发展的重要组成部分。

（一）改革开放前的民营企业发展

1949 年 9 月 29 日，中国人民政治协商会议第一届全体会议通过《中

---

① 马立政：《国有企业是中国社会主义经济实践的中流砥柱——新中国 70 年来国有企业发展历程及主要经验》，《毛泽东邓小平理论研究》2019 年第 6 期。
② 赵锦辉：《中国国有企业 70 年发展回顾与展望》，《山东社会科学》2019 年第 9 期。

国人民政治协商会议共同纲领》，规定新民主主义社会的经济体制是五种经济成分并存的体制：国营经济、合作社经济、农民和手工业者的个体经济、私人资本主义经济、国家资本主义经济。为支持国民经济恢复的需要，对各种经济成分采取共同发展的政策，但强调发展有益于国计民生的私人资本。但1950年中央政府开始实行"统一财经"政策，对全国财政经济工作进行统一管理，在实现国家财政收支平衡、物资供求平衡和金融物价稳定的同时，也抑制了民营经济的发展，虽然此时的主张依然是对资本主义私营工商业坚持利用政策。1951年年底到1952年10月进行的"三反五反"运动，在治理共产党内部的贪污浪费、官僚主义和打击少数不法资本家的同时，对私人资本主义采取了限制政策（高德步，2018）①。

1952年，中央提出过渡时期"一化三改"的总路线，要求逐步实现国家的社会主义工业化，以及对农业、手工业和资本主义工商业的社会主义改造。随后，1953—1956年，逐步完成了对农业、手工业和资本主义工商业的社会主义改造，实现了生产资料私有制向社会主义公有制的转变。此后，私人资本主义经济逐渐转变为公私合营经济，传统农业和手工业都通过合作化转化为合作经济。中国的计划经济体制逐步建立起来，国家计划控制的范围随三大改造运动的顺利完成而不断扩大。到20世纪70年代后期，中国经济成了真正的公有制经济。

（二）改革开放后的民营企业发展

1978年年底召开的党的十一届三中全会拉开了改革开放的大幕，开始调整所有制结构。之后，国家政策不断与时俱进，为民营企业发展打开通道。

1980年，中共中央工作会议提出的重要改革举措之一是在公有制经济占绝对优势的条件下，允许城镇个体所有制经济的发展。这是中国对个体经济的最早认可，也是中国重新认识个体经济的起点。1981年，党的十一届六中全会《关于建国以来党的若干历史问题的决议》明确提出，国营经济和集体经济是中国基本的经济形式，一定范围的劳动者个体经

---

① 高德步：《中国民营经济的发展历程》，《行政管理改革》2018年第9期。

济是公有制经济的必要补充;必须实行适合于各种经济成分的具体管理制度和分配制度。1982年党的十二大提出,坚持国营经济的主导地位和发展多种经济形式的方针;在农村和城市,都要鼓励劳动者个体经济在国家规定的范围内和工商行政管理下适当发展,作为公有制经济的必要的、有益的补充。其中,多种经济形式主要包括农村和城镇各种形式的合作经济。1987年党的十三大提出,"社会主义初级阶段的所有制结构应以公有制为主体,对于城乡合作经济、个体经济和私营经济,都要继续鼓励它们发展;公有制本身也有多种形式,私营经济是公有经济必要和有益的补充,中外合资企业、合作企业和外商独资企业,也是中国社会主义经济必要和有益的补充"。

　　1988年,第七届全国人大一次会议通过的《中华人民共和国宪法修正案(1988年)》,第一次明确提出"私营经济"的概念,在宪法上重新确立私营经济的法律地位。其中,第十一条增加规定:"国家允许私营经济在法律规定的范围内存在和发展。私营经济是社会主义公有制经济的补充。国家保护私营经济的合法的权利和利益,对私营经济实行引导、监督和管理。"1988年6月,国务院发布《中华人民共和国私营企业暂行条例》(2018年3月废止),对私营企业的活动作出明确法律规范。

　　但在这一过程中,有关姓"公"姓"私"、民营企业家"原罪"的争论持续不断。民营企业一般分为两大类:一类是私营企业(8人及以上);另一类是个体工商户(8人以下)。《中华人民共和国私营企业暂行条例》颁布之前,私营企业没有合法地位,统计数据隐藏在"专业大户""个体大户""雇工企业""新经济联合体"等实体中。截至1991年年底,全国登记注册的私营企业共10.8万户,从业人员183.9万人,注册资金123.2亿元;全国登记的个体工商户共1416.8万户,从业人员2258万人,注册资金488.2亿元(郭朝先和李成禅,2019)[①]。

　　1992年之后,民营企业进入快速增长时期。1992年10月党的十四

---

　　①　郭朝先、李成禅:《新中国成立70年来我国民营企业发展成就及未来高质量发展策略》,《企业经济》2019年第9期。

大明确指出,中国经济体制改革的目标是建立社会主义市场经济体制,并提出"在所有制结构上,以公有制包括全民所有制和集体所有制经济为主体,个体经济、私营经济、外资经济为补充,多种经济成分长期共同存在和发展"。之后,民营企业迎来了更好的舆论环境、获得了更大发展的体制空间。1995年5月在《中共中央、国务院关于加速科学技术进步的决定》中正式使用了民营企业这一概念。

1997年,党的十五大把公有制为主体、多种所有制经济共同发展确立为中国的基本经济制度,明确提出"非公有制经济是中国社会主义市场经济的重要组成部分"。1998年9月,国家统计局将中国经济成分划分为两大类别:第一类为公有经济,包括国有经济和集体经济两种成分类型;第二类为非公有经济,包括私有经济、港澳台经济、外商经济三种成分类型。2002年,党的十六大提出了"两个毫不动摇",即"毫不动摇地巩固和发展公有制经济""毫不动摇地鼓励、支持和引导非公有制经济发展"。2004年,宪法修正案规定,"公民合法的私有财产不受侵犯",而且明确要"保护合法的私有财产",即保护个体工商户、私营企业主通过自己的合法经营和正当途径创造和获得的私人财产。为了推动各种所有制经济主体的平等竞争和相互促进,2005年,颁布了《国务院关于鼓励支持和引导个体私营等非公有制经济发展的若干意见》(以下简称"非公经济36条"),提出要贯彻平等准入、公平待遇原则,放宽非公有制经济市场准入。

于2007年召开的党的十七大和于2012年召开的党的十八大重申要坚持基本经济制度,坚持"两个毫不动摇",平等保护物权,形成各种所有制平等竞争、共同发展的新格局。2007年通过的《中华人民共和国物权法》,第一次以国家法律的形式明确规定对公有财产和私有财产给予平等保护,这成为民营经济发展的法律基础和制度保障。

为了更进一步解决民营经济发展仍存在的许多制度和政策方面的障碍,尤其是市场准入方面的障碍,2010年5月13日,《国务院关于鼓励和引导民间投资健康发展的若干意见》(以下简称"新36条")明确提出,鼓励和引导民间资本进入交通电信能源基础设施、市政公用事业、国防科技工业、保障性住房建设等领域,兴办金融机构,投资商贸流通产业,参与发展文化、教育、体育、医疗和社会福利事业。此后,政府各部门都相应出台了一系列政策性文件,这就给民营经济发展开放了更大的空间。

2012年之后,民营企业进入转型发展阶段。宏观环境上,中国经济遭遇增长速度换挡期、结构调整阵痛期、前期刺激政策消化期的"三期叠加",经济增长速度明显趋缓,民营企业要求转变经济发展方式更加凸显。

2012年,党的十八大报告指出,要毫不动摇鼓励、支持、引导非公有制经济发展,保证各种所有制经济依法平等使用生产要素、公平参与市场竞争、同等受到法律保护。政策上进一步表明要坚持"两个毫不动摇"、促进公平竞争和保护私有产权等。2013年,党的十八届三中全会通过的《中共中央关于全面深化改革若干重大问题的决定》明确提出,公有制为主体、多种所有制经济共同发展的基本经济制度,是中国特色社会主义制度的重要支柱,也是社会主义市场经济体制的根基;允许更多国有经济和其他所有制经济发展成为混合所有制经济,国有资本投资项目允许非国有资本参股;允许混合所有制经济实行企业员工持股,形成资本所有者和劳动者利益共同体。2014年,党的十八届四中全会提出要"健全以公平为核心原则的产权保护制度,加强对各种所有制经济组织和自然人财产权的保护,清理有违公平的法律法规条款"。2015年,党的十八届五中全会强调要"鼓励民营企业依法进入更多领域,引入非国有资本参与国有企业改革,更好激发非公有制经济活力和创造力"。

为了进一步明确和增强民营经济的地位,2016年11月4日,发布的《中共中央、国务院关于完善产权保护制度依法保护产权的意见》(以下简称《意见》)是中国民营经济政策的历史性突破,对未来经济长期稳健运行具有非常重要的意义。该意见指出,健全以公平为核心原则的产权保护制度,毫不动摇巩固和发展公有制经济,毫不动摇鼓励、支持、引导非公有制经济发展,公有制经济财产权不可侵犯,非公有制经济财产权同样不可侵犯;坚持权利平等、机会平等、规则平等,废除对非公有制经济各种形式的不合理规定,消除各种隐性壁垒,保证各种所有制经济依法平等使用生产要素、公开公平公正参与市场竞争、同等受到法律保护、共同履行社会责任。

2017年，党的十九大把"两个毫不动摇"写入新时代坚持和发展中国特色社会主义的基本方略，作为党和国家一项大政方针进一步确定下来，全面实施市场准入负面清单制度，清理废除妨碍统一市场和公平竞争的各种规定和做法，支持民营企业发展，激发各类市场主体活力，努力实现更高质量、更有效率、更加公平、更可持续的发展。一些传统上国有企业垄断部门开始出现一系列混合所有制改革的成功案例，并且进一步推动了其他非垄断性行业的混合所有制改革。在混合所有制改革过程中，民营企业进入了过去"禁入"的行业，获得了过去可望而不可即的垄断利润，事实上是打破了传统的行业垄断，引进了竞争，提高了行业效率。另外，国有企业也从垄断角色转换为竞争角色，吸收了民营企业的经营理念和管理模式，提高了经营效率。

党的十九大以后，中国民营经济发展迎来了新时代。2018年11月，习近平总书记在"民营企业座谈会"上的讲话高度肯定了民营企业发展成就，概括了民营经济"五六七八九"特征，即贡献了50%以上的税收，60%以上的国内生产总值，70%以上的技术创新成果，80%以上的城镇劳动就业，90%以上的企业数量，指出民营经济已经成为推动中国发展不可或缺的力量，成为创业就业的主要领域、技术创新的重要主体、国家税收的重要来源，为中国社会主义市场经济发展、政府职能转变、农村富余劳动力转移、国际市场开拓等发挥了重要作用，是推动社会主义市场经济发展的重要力量，是推进供给侧结构性改革、推动高质量发展、建设现代化经济体系的重要主体。

如今，中国民营企业已经成为国民经济的重要组成部分，企业数量持续增多，总体规模持续增长。根据国家市场监督管理总局数据，2012—2021年，中国民营企业数量从1085.7万户增长到4457.5万户，在企业总量中的占比由79.4%提高到92.1%。其中，2021年全国新设民营企业852.5万户，同比增长11.7%。当年全国注吊销民营企业390.0万户，新设退出比为2.2∶1，每新设2.2户退出1户，继续保持稳中有进的发展态势。在世界 500 强企业中,中国民营企业由 2010 年的 1 家增加到 2018 年的 28 家。民营企业在稳定增长、促进创新、增加就业、改善民生等方面发挥了重要作用,成为推动经济社会发展的重要力量。

民营企业在外贸领域表现得尤其出色。根据中华人民共和国海关总署统计,2022 年 7 月中国货物出口总额中,60.10% 由私营企业完成、30.47% 由外商投资企业完成、7.97% 由国有企业完成(见表 2-1)。不同类型企业共同发展,是中国外贸领域的一道亮丽风景线。

表 2-1　2021—2022 年不同类型企业进出口状况比较

时间	企业性质	出口金额(亿美元)	出口企业占比(%)	进口金额(亿美元)	进口企业占比(%)
2021 年 7 日	国有企业	235.06	8.32	569.99	25.01
	外商投资企业	956.45	33.85	848.56	37.23
	其他企业	47.68	1.69	32.80	1.44
	私营企业	1585.95	56.14	827.77	36.32
2022 年 7 日	国有企业	263.17	7.97	631.00	27.02
	外商投资企业	1006.77	30.47	802.67	34.37
	其他企业	48.31	1.46	28.35	1.21
	私营企业	1985.79	60.10	873.38	37.40

资料来源:国家市场监督管理局。

第三节　中国企业主体发展现状

近年来,国有企业法人单位数呈现下降趋势,跟私营企业相比数量明显减少(见图 2-1a),但固定资产投资总额则呈现出上涨趋势,尤其在 2003 年之后上涨速度增加(见图 2-1b)。这意味着国有企业规模普遍更大,单个企业的固定资产额度高。针对就业来说,2011 年之前,国有企业是中国经济的主要就业载体,提供了大量的城镇就业(见图 2-1c)。但 2011 年之后,国有企业提供的就业人数呈现下降趋势。这体现了国有企业在功能上发生改变,承载更多有关国家战略发展的需求,为此在就业功能上有所减弱。

相比较而言,近年来,私营企业法人单位数呈现上涨趋势(见图2-1a),并在2020年突破2000万个,私营企业法人单位数明显多于国有企

（单位：百万个）

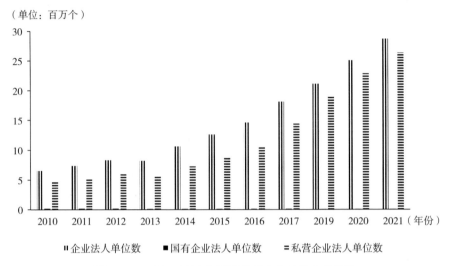

图 2-1a   2010—2021 年不同类型企业的法人单位数

资料来源：国家统计局。

（单位：千亿元）

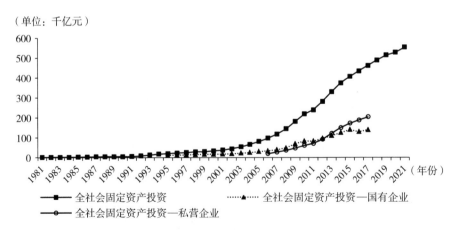

图 2-1b   1981—2021 年不同类型企业的固定资产投资

资料来源：中经网统计数据库。

业法人单位数。虽然私营企业固定资产投资总额呈现上涨趋势,尤其在2005年之后,且在2013年之后超越国有企业(见图2-1b)。但与私营企业数量的上涨幅度相比,私营企业的规模普遍偏小,单个企业的固定资产额度偏低。针对就业来说,2011年之后,私营企业成为中国经济的主要就业载体,提供了大量的城镇就业(见图2-1c)。事实上,从2000年开始,在私营企业就业的人数就逐年增加。这在一定程度上得益于2001年中国加入世界贸易组织之后,私营企业所获得的成长空间。

(单位:千万人)

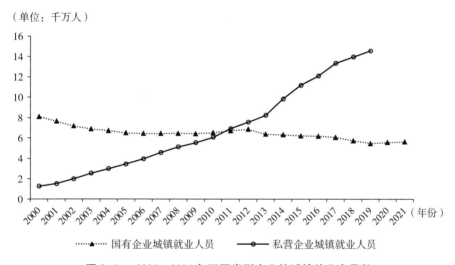

图2-1c 2000—2021年不同类型企业的城镇就业人员数

资料来源:国家统计局。

工业企业中,2001年之前,市场主体主要体现为国有工业企业(见图2-2a)。但随着2001年中国加入世界贸易组织,以及更加有利于私营经济发展的制度转变和宏观经济政策支持,这之后大量私营企业进入工业领域,经济体中的私营企业数量明显增加。而就工业企业的固定资产(见图2-2b)、主营业务收入(见图2-2c)、利润总额(见图2-2d)和应交所得税(见图2-2e)来看,2012年之后,均呈现一定程度下降趋势。这与市场主体中国有工业企业数量减少有密切相关性。

但2002年之后,私营企业成为主要的市场主体,并在2021年达325752家,占比超过70%(见图2-2a)。这显然得益于中国加入世界贸

（单位：万个）

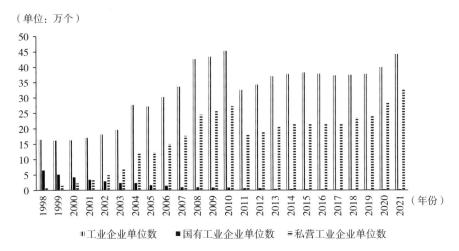

图 2-2a　1998—2021 年工业企业单位数比较

资料来源：国家统计局。

（单位：千亿元）

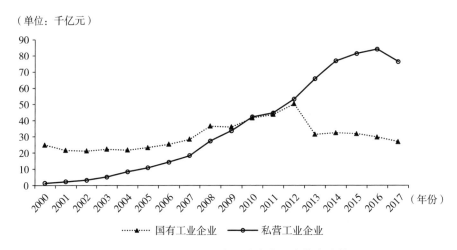

图 2-2b　2000—2017 年工业企业固定资产比较

资料来源：国家统计局。

易组织、更加友好的私营企业制度和宏观经济政策支持。与大量私营企业进入工业领域相匹配，固定资产、主营业务收入、利润总额和应交所得税等指标均呈现上升趋势。其中，私营工业企业的固定资产在 2010 年超过国有工业企业。

（单位：千亿元）

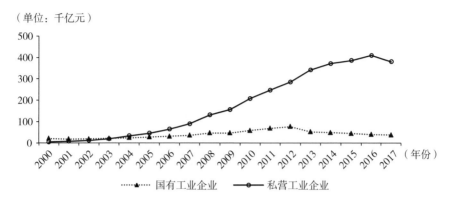

图 2-2c　2000—2017 年工业企业主营业务收入比较

资料来源：国家统计局。

（单位：千亿元）

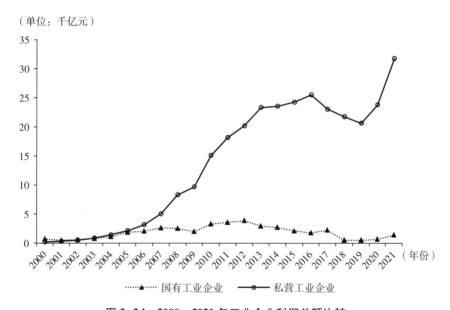

图 2-2d　2000—2021 年工业企业利润总额比较

资料来源：国家统计局。

（单位：百亿元）

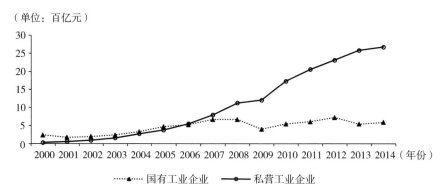

图 2-2e　2000—2014 年工业企业应交所得税比较

资料来源：国家统计局。

在上市企业中，国企数量相对稳定（见图 2-3a）。整体上，上市国企在总资产（见图 2-3b）、固定资产①（见图 2-3c）、营业收入（见图 2-3d）、利润总额（见图 2-3e）、应交所得税②（见图 2-3f）、员工人数（见图 2-3g）这几项指标上，均呈现上涨趋势。

（单位：个）

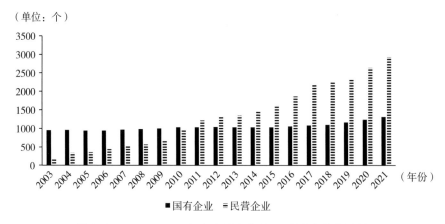

图 2-3a　2003—2021 年上市国有企业、民营企业数量比较

资料来源：CSMAR 数据库。

---

① 为固定资产原价除去累计折旧和固定资产减值准备之后的净额，下同。
② 企业确认的应从当期利润总额中扣除的所得税费用，下同。

（单位：万亿元）

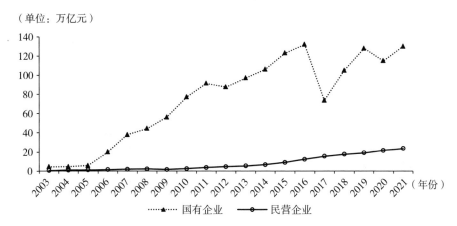

图 2-3b　2003—2021 年上市国有企业、民营企业总资产比较

资料来源：CSMAR 数据库。

（单位：万亿元）

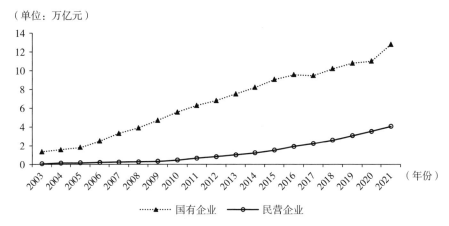

图 2-3c　2003—2021 年上市国有企业、民营企业固定资产比较

资料来源：CSMAR 数据库。

　　上市私营企业数量则具有明显上升趋势（见图 2-3a），但在总资产、固定资产、营业收入、利润总额、应交所得税、员工人数这几项指标上，均明显低于上市国有企业，虽然这些指标都呈现上升趋势。值得一提的是，民营企业的员工人数从 2003 年的 359234 人增长为 2021 年的超过 1000 万人，增长了近 28 倍，可见民营企业日益成为主要的就业贡献力。

（单位：万亿元）

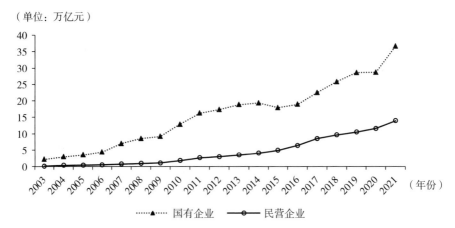

图 2-3d　2003—2021 年上市国有企业、民营企业营业收入比较

资料来源：CSMAR 数据库。

（单位：千亿元）

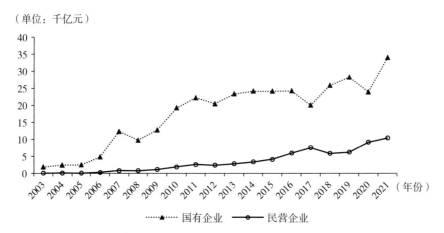

图 2-3e　2003—2021 年上市国有企业、民营企业利润总额比较

资料来源：CSMAR 数据库。

（单位：千亿元）

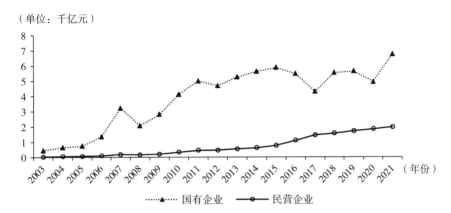

图 2-3f 2003—2021 年上市国有企业、民营企业应交所得税比较
资料来源：CSMAR 数据库。

（单位：百万人）

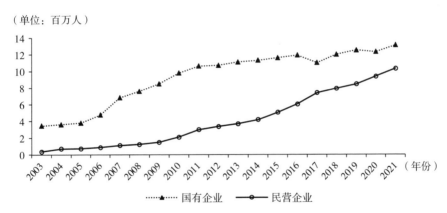

图 2-3g 2003—2021 年上市国有企业、民营企业员工人数比较
资料来源：CSMAR 数据库。

市场主体对于一国经济发展至关重要。新中国成立后,市场主体呈现动态发展特征。这既体现了中国企业制度的不断优化发展,也反映了市场营商环境的变化。新中国成立之初,中国企业所有制体现为多种企业形式共同发展。随着社会主义改造的完成,中国企业制度体现为建立单一公有制经济(公有制经济为主体的计划经济体制)。改革开放后,随着社会主义市场经济体制的建设,中国企业制度体现为以公有制为主体、多种所有制经济共同发展(国有经济、集体经济、港澳台经济、外资经济、民营经济等）的特征。

伴随企业制度改革，公有制经济占比总体下降，私营经济和外资企业得到发展。这一过程中，国有企业改革经历了自主经营探索、现代化制度培育与发展、现代化制度完善与创新的发展历程。随着国有资产管理体制的推出，以及全球经济形势的下行，国有企业在完善现代企业制度的同时，肩负着服务国家发展战略的需求。另外，伴随企业制度改革，中国民营经济经历了静止、起步、发展、壮大的历程。改革开放前，民营经济逐渐衰落并最终消失。改革开放后，随着中国改革开放的不断深入，民营经济从无到有，不断发展壮大，在创业就业、技术创新、国家税收、推动发展、改善民生、扩大开放等方面发挥了不可替代的作用。如今，在党的"两个毫不动摇"方针指引下，民营经济已经成为中国公有制为主体、多种所有制经济共同发展的重要组成部分，是推动中国发展不可或缺的力量。

与企业制度改革相呼应的是大量市场主体进入和退出中国经济领域。市场主体是稳定一国宏观经济大盘的关键力量。市场主体的活力状况代表了经济体的健康状况和发展潜力，反映了经济体的营商环境。近年来，随着中国持续深化"放管服"改革，营商环境得到不断优化，市场主体活力增加，为稳定就业、推动技术创新、改善民生、扩大开放等提供了坚实基础。

2018 年以来，随着全球化形势的逆转，以及反复出现的疫情冲击，中国经济面临着较为严重的下行压力。这一背景下，更需要从宏观视角，理解激活市场主体经济活力的因素，在国家和地区层面上，制定合适的宏观和行业政策，助力市场主体减负纾困、优化结构、激发活力。

第 二 篇

融资和企业动态的
互动机制和经验证据

第三章 融资、企业动态和宏观经济

一方面,从既有研究来看,市场进入与退出对宏观经济波动、经济增长具有重要影响,不仅得到学术界的普遍认同,且受到越来越多的关注。另一方面,大量研究也显示,企业融资状况可能通过放大或延长外生冲击的作用,对宏观经济波动形成深远影响。2008年国际金融危机的爆发,更是让学术界意识到,金融市场状况可能成为宏观经济波动的源头。

本章试图通过梳理融资约束、企业进入市场动态与宏观经济波动的相关研究,探讨企业融资、进入市场动态和宏观经济波动的作用机制,以厘清本专著在学术研究中的价值和贡献。本章将从企业进入与宏观经济波动,企业融资与宏观经济波动,以及市场进入、企业融资与宏观经济波动三个视角,综述相关研究。

第一节 企业进入与宏观经济波动

经济周期往往伴随着人量企业或产品的进入或退出市场行为,即企业扩展边际的变化。大量实证文章基于产品或者产业层面的数据,发现企业扩展边际对经济体总产出具有显著影响。如邓恩等(Dunne 等,1988)[①]基于4位数代码的美国制造业企业数据,发现企业进入市场具有

---

① Dunne, Timothy, Mark J.Roberts, and Larry Samuelson, "Patterns of Firm Entry and Exit in US Manufacturing Industries", *Journal of Economics*, Vol.19, No.4, 1988, pp.495-515.

顺周期性。伯纳德等（Bernard 等，2010）①基于5位数代码的美国产品数据，发现新产品和退出生产的老产品在5年的总价值分别占经济体产出的46.6%和44%。布罗达和韦恩斯坦（Broda 和 Weinstein，2010）②基于更加细致的商品条形码数据，发现消费者每年会将9%的消费投向新产品。阿金特等（Argente 等，2023）③基于条形码数据发现，生存企业每年增长2%，而这其中12%源自推出新产品。米开朗奇等（Michelacci 等，2022）④也发现，美国非耐用品消费支出变化中，一半源自新产品。但德克尔等（Decker 等，2016）⑤也发现，20世纪80年代和90年代部分行业（特别是零售业）出现活力下降，而到了2000年后几乎所有部门都观察到了活力下降，包括传统上具有高增长的信息技术部门。

为考察企业动态对宏观产出影响的形成机制，大量宏观理论文章将企业扩展边际引入实际经济周期波动模型中，检验企业扩展边际如何影响技术、货币政策、财政政策等冲击向实体经济的传递，以及如何影响企业的价格加成。

一、技术冲击、企业进入、宏观经济波动

部分文献强调了内生进入或退出和产品多样性对经济增长、商业周期和宏观经济波动的影响。这支文献中，早期文章主要在具有灵活价格特征的模型中引入企业进入，通过假设垄断竞争、固定生产成本、逐期零利润的内生进入或退出条件来研究内生经济增长、内生生产率、贸易、政

---

① Bernard, Andrew, Stephen Redding, and Peter Schott, "Multi-product Firms and Product Switching", *American Economic Review*, Vol.100, No.1, 2010, pp.70–97.

② Broda, Christian, and David E. Weinstein, "Product Creation and Destruction: Evidence and Price Implications", *American Economic Review*, Vol.100, No.3, 2010, pp.691–723.

③ Argente, David, Munseob Lee, and Sara Moreira, "The Life Cycle of Products: Evidence and Implications", *Journal of Political Economy*, 2023, accepted.

④ Michelacci, Claudio, Luigi Paciello, and Andrea Pozzi, "The Extensive Margin of Aggregate Consumption Demand", *Review of Economic Studies*, Vol.89, No.2, 2022, pp.909–947.

⑤ Decker, Ryan A., John Haltiwanger, Ron S. Jarmin, and Javier Miranda, "Where Has all the Skewness Gone? The Decline in High-Growth (Young) Firms in the U. S.", *European Economic Review*, Vol.86, 2016, pp.4–23.

府支出的影响、技术扩散和进入、商业周期等问题。代表性论文包括罗默（Romer，1987）①、佩雷托（Peretto，1999）②、杰莫维奇和弗洛托托（Jaimovich 和 Floetotto，2008）③等。基于经济活动中的集约边际和扩展边际，这支文献为冲击如何传递到宏观经济均衡提供了新的见解。

近期文章专注于探讨实际商业周期中内生进入对外部冲击的放大机制。其中，比尔比耶、吉罗尼和梅利茨（Bilbiie，Ghironi 和 Melitz，2007④，以下简称 BGM）开启了这支文献的先河，为研究市场进入和宏观经济波动提供了一个基准模型框架。如同早期模型，BGM 引入垄断市场竞争，但不同之处在于引入沉没初始投资而非固定生产成本，以此形成企业进入市场的内生进入决策。模型假设每个企业只生产一个品种，投资体现为创建新的生产线，这些生产线需要使用家庭储蓄进行融资。BGM 模型中，消费者可以从消费更多的产品种类中获得效用，故对于产品种类存在"多多益善"的偏好，但进入成本的存在意味着每个时点只有少量产品种类能够在市场中生产。潜在企业的自由进入形成以下进入条件：今天的沉没进入成本等值于从明天到无限未来期的预期利润贴现值的现值，该预期现值需要根据企业退出市场的外生概率加以调整。为对初始投资成本进行融资，企业在股票市场上面向家庭发行股票。这为企业进入市场决策和代表性家庭的优化行为之间提供了一般均衡联系。贝金和柯塞蒂（Bergin 和 Corsetti，2008）⑤认为，新企业进入所带来的投资需求会放大技术冲击的产出效应，而逐步进入的企业数量也会使货币冲击效应更加持久。该

① Romer，Paul M.，"Growth Based on Increasing Returns Due to Specialization"，*American Economic Review*，Vol.77，No.2，1987，pp.56-62.

② Peretto，Pietro F.，"Cost Reduction，Entry，and the Interdependence of Market Structure and Economic Growth"，*Journal of Monetary Economics*，Vol.43，No.1，1999，pp.173-195.

③ Jaimovich，Nir，and Max Floetotto，"Firm Dynamics，Markup Variations and the Business Cycle"，*Journal of Monetary Economics*，Vol.55，No.7，2008，pp.1238-1252.

④ Bilbiie，Florin O.，Fabio Ghironi，and Marc J.Melitz，"Monetary Policy and Business Cycles with Endogenous Entry and Product Variety"，*NBER Macroeconomics Annual*，Vol. 22, 2007，pp.299-379.

⑤ Bergin，Paul R.，and Giancarlo Corsetti，"The Extensive Margin and Monetary Policy"，*Journal of Monetary Economics*，Vol.55，No.7，2008，pp.1222-1237.

文认为，最优货币政策应该旨在抵消技术冲击的不确定性。李和向山（Lee 和 Mukoyama，2018）①关注新进入企业微观特征的形成机制，指出只有假设周期性进入成本，这些模型才能够解释新企业的微观特征。

这些文章普遍认为，允许企业扩展边际变动会放大外生技术冲击向实体经济的传递。原因在于：冲击发生之后创业行为的持续反应，形成了创业行为和企业利润的顺周期性，以及价格加成的逆周期性，并因此放大了外生技术冲击等向实体经济的传递效应，提高了社会福利。这支文献因此能够解释经济扩张如何导致更高的市场进入率，以及沉没初始投资成本和生产滞后性如何导致生产者数量的缓慢反应，并由此形成实际商业周期模型中的一种新的内生传播机制。

二、政策冲击、企业进入、宏观经济波动

基于 BGM 模型，大量文章做了拓展和应用，尤其关注扩展边际下的最优货币政策或财政政策，以及这些政策冲击向扩展边际和经济体的传导。

在货币政策方面，比尔比耶、吉罗尼和梅利茨（2007）提供了开创性贡献，构造了一个易于跟踪的黏性价格动态模型，用来研究生产者进入和产品开发对货币政策分析和商业周期动态的作用。模型中，货币政策能够通过资产价格传导，原因在于市场自由进入条件将股价（企业价值）与企业边际生产成本、价格加成以及通货膨胀联系在一起，而债券和股权之间的无套利行为使股权预期回报（产品创新的融资来源）和债券回报（利率设定受到货币政策影响）紧密相关，而最优货币政策不仅稳定了产品价格，而且允许消费者价格指数随可用产品数量而变化。模型考虑了生产延迟于市场进入的特征，假设进入期用于建设新生产线，企业只能在下一期开始为消费者提供新商品。

比尔比耶（2021）②指出，即使有固定价格，如果自由进入能够决定市

---

① Lee, Yoonsoo, and Toshihiko Mukoyama, "A Model of Entry, Exit, and Plant-level Dynamics over the Business Cycle", *Journal of Economic Dynamics and Control*, Vol.96, 2018, pp.1–25.

② Bilbiie, Florin O., "Monetary Neutrality with Sticky Prices and Free Entry", *Review of Economics and Statistics*, Vol.103, No.3, 2021, pp.492–504.

场上的最优产品个数,货币政策也是中性的。当产品价格具有黏性时,企业进入市场行为行使着类似于价格灵活的功能。为了应对总需求扩张,集约边际(每种商品的生产量)和扩展边际(产品种类的数量)相互抵消,使总产量保持不变。因此,价格黏性只有在存在进入摩擦的情况下,才会产生货币中性偏差。

在财政政策方面,奥尔巴赫等(Auerbach 等,2021)①关注了存在企业退出市场机制时财政刺激政策的有效性。该文构造了一个包含刚性资本运营成本的经济疲软模型,发现收入不平等对产出有很大的不利影响,同时也削弱了需求侧财政刺激的影响。而当刚性资本成本导致部分企业退出时,疫情约束(如疫情下,可交换的商品/服务份额占比暂时减少)可能会使当期国内生产总值减少的幅度超过与疫情约束本身直接相关的国内生产总值。不平等程度越高,疫情约束的乘数效应就越大,且疫情约束可能导致未来的通货膨胀,因为家庭将支出转向未来。

其他如贝金和柯塞蒂(2020)②、滨野和扎内蒂(Hamano 和 Zanetti,2022)③、科尔西亚戈(Colciago,2016)④也都是在 BGM 模型框架中研究货币或财政政策。

三、企业进入、市场竞争与产品价格加成

近些年,随着有关企业资源错配研究的深入,政策界主张政府应该实施结构性改革,以促进资源向高生产率企业重新分配,并让低生产率企业退出市场。但奥托等、巴卡伊和法希等的最新研究成果显示,随着生产从

---

①　Auerbach, Alan J., Yuriy Gorodnichenko, and Daniel P. Murphy, "Inequality, Fiscal Policy and COVID19 Restrictions in a Demand-Determined Economy", *European Economic Review*, Vol.137, 2021, pp.103–810.

②　Bergin, Paul R., and Giancarlo Corsetti, "Beyond Competitive Devaluations: The Monetary Dimensions of Comparative Advantage", *American Economic Journal: Macroeconomics*, Vol.12, No.4, October 2020, pp.246–286.

③　Hamano, Masashige, and Francesco Zanetti, "Monetary Policy, Firm Heterogeneity, and Product Variety", *European Economic Review*, Vol.144, 2022, pp.89–104.

④　Colciago, Andrea, "Endogenous Market Structures and Optimal Taxation", *Economic Journal*, Vol.126, No.594, 2016, pp.1441–1483.

劳动力份额相对较高的公司重新分配到劳动力份额相对较低的公司（Autor 等,2017)[1],以及高价格加成企业的规模越来越大,经济体的平均价格加成会被推高(Baqaee 和 Farhi,2020)[2]。

价格加成是对新产品开发和资本获取的沉没投资的回报。在 BGM 框架的指导下,大量文献开始关注生产者异质性、企业进入和产品价格加成所引发的低效率。在这一主题下,首先需要解决的问题是价格加成和超额利润的度量。巴凯(Barkai,2020)[3]直接估计了资本回报率,发现超额利润存在中等程度的增加。德洛克等(De Loecker 等,2020)[4]根据标普财务数据库(Compustat)的数据,使用企业的销售额与出售商品成本的比值来估算价格加成,估计出 2012 年美国经济体的价格加成约为 1.6,且近年来价格加成幅度在大幅增加。埃德蒙等(Edmond 等,2023)[5]则使用成本加权均值计算价格加成,基于 Compustat 数据,发现美国经济的总价格加成为 1.25。

在研究产品价格加成所引发的低效率方面,比尔比耶、吉罗尼和梅利茨(2019)[6]从低效进入和产品多样性的福利成本角度,指出垄断竞争下与企业进入相关的低效率来自静态低效(新品种对消费者和生产者存在价值错位)、动态低效(价格加成存在跨期变动)两个方面,而有弹性的生产要素(如劳动力和物质资本)会进一步加重扭曲。论文发现,各种扭曲

① Autor, David H., David Dorn, Lawrence F. Katz, Christina Patterson, and John V. Van Reenen, "Concentrating on the Fall of the Labor Share", *American Economic Review*: Papers and Proceedings, Vol.107, No.5, 2017, pp.180–185.

② Baqaee, David Rezza, and Emmanuel Farhi, "Productivity and Misallocation in General Equilibrium", *The Quarterly Journal of Economics*, Vol.135, No.1, February 2020, pp.105–163.

③ Barkai, Simcha, "Declining Labor and Capital Shares", *Journal of Finance*, Vol.75, No.5, 2020, pp.2421–2463.

④ De Loecker, Jan, Jan Eeckhout, and Gabriel Unger, "The Rise of Market Power and the Macroeconomic Implications", *The Quarterly Journal of Economics*, Vol.135, No.2, 2020, pp.4–23.

⑤ Edmond, Chris, Midrigan Virgiliu, and Yi Xu Daniel, "How Costly are Markups?", *Journal of Political Economy*, Vol.131, No.7, 2023, pp.1619–1675.

⑥ Bilbiie, Florin O., Fabio Ghironi, and Marc J. Melitz, "Monopoly Power and Endogenous Product Variety: Distortions and Remedies", *American Economic Journal*: Macroeconomics, Vol.11, No.4, 2019, pp.140–174.

的福利成本相当于消费的 2% 至 5%。但当各种扭曲同时存在时,总福利成本将被放大,福利损失高达 25%。此时,如果适当的税收政策能够推动企业进入市场,则可以重塑最优解。

埃德蒙等(2023)将价格加成的福利成本分解为类似于产出税的价格加成、生产要素错配、低进入率带来的低效性,发现价格加成约占福利损失成本的 2/3,生产要素错配约占成本的 1/3,而低进入率导致的成本可以忽略不计,而与价格加成和企业进入市场相关的福利扭曲高达 7.5%。该文还评估了降低价格加成的相关政策,指出进入市场补贴虽然加剧竞争,从而降低单个公司的价格加成,但会导致市场份额流向大公司,导致总价格加成没有改变,故不是一个有效的政策工具,而旨在降低集中度的规模政策则可以减少价格总加成,其不利之处在于提高资源错配和降低总生产率。一旦消除价格加成扭曲,代表性消费者将获得 18.6% 的消费等价物,其中约 4/5 源自价格加成、1/5 源自错配。

其他相关研究包括古铁雷斯等(Gutiérrez 等,2021)[1]、阿西莫格鲁等(Acemoglu 等,2018)[2]。前者认为进入成本可以用来理解价格加成上涨和低通货膨胀共存的现象,后者指出,允许高生产率企业成长的环境,往往以牺牲低生产率企业为代价,在实现经济增长的同时,伴随着价格加成的增加和总劳动力份额的下降。

四、国内相关文献

国内文献有关企业扩展边际的研究很多,但早期文章主要从产业组织理论的角度探讨企业进入退山的行为模式、决定因素以及对市场结构

---

[1] Gutiérrez, Germán, Callum Jones, and Thomas Philippon, "Entry Costs and Aggregate Dynamics", *Journal of Monetary Economics*, Vol.124, 2021, pp.S77–S91.

[2] Acemoglu, Daron, Ufuk Akcigit, Harun Alp, Nicholas Bloom, and William Kerr., "Innovation, Reallocation, and Growth", *American Economic Review*, Vol.108, No.11, 2018, pp.3450–3491.

和企业绩效的影响等，如陈艳莹等（2008）①、邵敏和包群（2011）②、杨天宇和张蕾（2009）③、张维迎等（2003）④。

近期文章则逐渐将研究重点转移到中国企业市场进入和退出率的刻画以及市场动态对全要素生产率的影响。如毛其淋和盛斌（2013）⑤基于1998—2007 年中国制造业企业的微观数据，研究发现中国制造业企业具有很高的进入率与退出率，二者均与企业规模呈反比变动，企业更替对制造业生产率增长具有重要影响，且通过市场竞争效应对存活企业生产率的提高产生显著的促进作用。李坤望和蒋为（2015）⑥发现，中国新企业平均只占制造业增加值的 7.5%，但对经济增长的平均贡献却高达46.3%，而选择效应和学习效应是市场进入推动经济增长的重要微观机制。毕青苗等（2018）⑦研究发现，行政审批中心通过进驻部门实现跨部门协调，降低了新企业进入市场的初始投资成本。李俊青和苗二森（2020）⑧指出，资源错配会形成外生行业壁垒，阻碍企业全要素生产率的提升，而高税率和融资成本会加重资源错配的扭曲效应。还有部分文章强调财政政策对中国企业动态和全要素生产率的影响。如田磊和陆雪琴（2021）⑨构建包含进入退出机制的异质性企业动态一般均衡模型，发现

---

① 陈艳莹、原毅军、游闽：《中国服务业进入退出的影响因素——地区和行业面板数据的实证研究》，《中国工业经济》2008 年第 10 期。

② 邵敏、包群：《企业退出口市场行为与企业的经营表现——基于倾向评分匹配的经验分析》，《财经研究》2011 年第 1 期。

③ 杨天宇、张蕾：《中国制造业企业进入和退出行为的影响因素分析》，《管理世界》2009 年第 6 期。

④ 张维迎、周黎安、顾全林：《经济转型中的企业退出机制——关于北京市中关村科技园区的一项经验研究》，《经济研究》2003 年第 10 期。

⑤ 毛其淋、盛斌：《中国制造业企业的进入退出与生产率动态演化》，《经济研究》2013 年第 4 期。

⑥ 李坤望、蒋为：《市场进入与经济增长——以中国制造业为例的实证分析》，《经济研究》2015 年第 5 期。

⑦ 毕青苗、陈希路、徐现祥：《行政审批改革与企业进入》，《经济研究》2018 年第 2 期。

⑧ 李俊青、苗二森：《资源错配、企业进入退出与全要素生产率增长》，《产业经济研究》2020 年第 1 期。

⑨ 田磊、陆雪琴：《减税降费、企业进入退出和全要素生产率》，《管理世界》2021 年第 12 期。

削减在位企业税费(减税)能够提高全要素生产率水平和总产出,但会降低企业退出率,抑制企业动态,而降低潜在企业进入市场的费用(降费)能够提高全要素生产率水平和总产出,活跃企业动态。其他相关文献包括唐珏和封进(2020)①关注社保缴费负担对企业进入退出的影响,吴利学等(2016)②关注企业进入退出对经济增长的贡献等。

同时关注融资约束和企业动态的文章则相对较少。其中,马光荣和李力行(2014)③基于中国工业企业数据指出,金融契约效率提高会降低高生产率企业的退出概率,加速低生产率企业的退出过程,通过市场选择效应实现资源优化配置。黎日荣(2016)④指出,融资约束会通过流动性约束、提高企业退出概率两个渠道,增加企业退出风险,而提高信贷市场效率可以降低企业融资成本,增加低生产率企业退出市场概率,优化经济体中的资源配置。总体而言,国内文献有关企业动态、金融摩擦和宏观经济波动的探讨依然较少,值得进一步探讨。目前仅有周越和徐隽翔(2020)⑤关注企业的进入退出行为如何影响宏观冲击向实体经济的传递。该文建立了一个带有国有企业和民营企业的多部门中国经济动态随机一般均衡模型(Dynamic Stochastic General Equilibrium, DSGE),发现企业的自由进出形成了外生冲击向宏观经济传递的一种放大机制,使生产率冲击能够更好解释中国经济波动。

第二节　企业融资与宏观经济波动

上述文献有关企业扩展边际和经济周期波动的研究皆假设完全信贷

①　唐珏、封进:《社保缴费负担、企业退出进入与地区经济增长——基于社保征收体制改革的证据》,《经济学动态》2020 年第 6 期。

②　吴利学、叶素云、傅晓霞:《中国制造业生产率提升的来源:企业成长还是市场更替?》,《管理世界》2016 年第 6 期。

③　马光荣、李力行:《金融契约效率、企业退出与资源误置》,《世界经济》2014 年第 10 期。

④　黎日荣:《企业融资约束、退出与资源误配》,《财贸研究》2016 年第 3 期。

⑤　周越、徐隽翔:《中国经济中的垂直市场与企业动态——基于 DSGE 的模型研究》,《经济学报》2020 年第 3 期。

市场。但正如伯南克、格特勒和吉尔克里斯特(Bernanke, Gertler 和 Gilchrist, 1999[1]，以下简称 BGG)所指出，信贷市场约束对总体经济活动具有重要影响。这些文章研究发现，融资约束会放大外生冲击(如技术冲击、货币政策冲击等)向实体经济的传递。

一、"金融加速器"机制和杠杆机制

有关金融部门影响宏观经济波动的研究，可以追溯到费舍尔(Fisher, 1933)[2]有关大萧条的债务通货紧缩理论。根据该理论，20 世纪30 年代初商品价格急剧通缩，使名义债务的实际价值上涨，导致借款人资产负债表疲软，成为推动大萧条持久发生的重要因素。伯南克(1983)[3]有关大萧条中金融因素的分析具有相似性。该文指出，随着资产负债表的恶化，外部融资溢价上升，当其上涨到借款人被迫大幅削减支出时，一场全面的金融危机就会出现。事实上，资产负债表疲软和外部融资溢价居高不下是金融危机的主要特征。

以伯南克和格特勒(1989)[4]、卡尔斯特罗姆和富尔斯特(Carlstrom 和 Fuerst, 1997)[5]、清泷和摩尔(Kiyotaki 和 Moore, 1997)[6]，以下简称 KM)为代表的关于金融摩擦的宏观经济学早期文献指出，冲击虽然是暂时的，但可以产生长期的持续影响，这种持久性尤其存在于包含金融摩擦的宏观

---

① Bernanke, Ben S., Mark L. Gertler, and Simon G. Gilchrist, "The Financial Accelerator in a Quantitative Business Cycle Framework", *Handbook of Macroeconomics*, John Taylor and Michael Woodford editors, 1999, pp.1341-1393.

② Fisher, Irving, "The Debt-Deflation Theory of Great Depressions", *Econometrica*, Vol.1, No.4, 1933, pp.337-57.

③ Bernanke, Ben S., "Irreversibility, Uncertainty, and Cyclical Investment", *Quarterly Journal of Economics*, Vol.98, 1983, pp.85-106.

④ Bernanke, Ben S., and Mark L. Gertler, "Agency Costs, Net Worth, and Business Fluctuations", *American Economic Review*, Vol.79, No.1, 1989, pp.14-31.

⑤ Carlstrom, Charles T., and Timothy S. Fuerst, "Agency Costs, Net Worth and Business Fluctuations: A Computable General Equilibrium Analysis", *American Economic Review*, Vol.87, No.5, 1997, pp.893-910.

⑥ Kiyotaki, Nobuniro, and John Moore, "Credit Cycles", *Journal of Political Economy*, Vol.105, No.2, 1997, pp.211-248.

经济学模型中。原因在于:对企业家净资产的不利冲击增加了金融摩擦,迫使企业家减少投资,进而导致企业资本水平降低,企业家净资产进一步降低,形成净资产减少—投资减少—资本水平降低的恶性循环。

BGG进一步提出"金融加速器"机制,其核心在于企业"净资产"驱动了企业投资效率和宏观经济产出:当净资产高时,企业投资接近无摩擦状态;随着净资产下降,企业投资所要求的有效回报率上升,投资规模下降。BGG在模型中引入债务人和债权人之间的代理问题,在外部融资成本和内部融资机会成本之间引入楔子,增加债务人面临的信贷总成本,以此来内生化金融市场摩擦。外部融资溢价程度取决于债务人资产负债表状况。当债务人在投资项目中的注资份额增加时,其偏离债权人利益的概率下降,外部融资溢价也随之下降。借款人资产负债表和外部融资溢价之间的联系,形成了金融部门与实体经济活动之间的相互反馈:资产负债表的疲软提高了外部融资溢价,减少了借贷、支出和实体经济活动,而实际活动的下降则减少了现金流和资产价格,削弱了借款人的资产负债表,由此形成金融加速器效应:随着经济状况改善,资产负债表得到加强,外部融资问题减少,债务人支出增加,促进繁荣。债务人资产负债表的恶化可能源自资产价格急剧恶化,导致外部融资溢价大幅上升。

BGG模型中,为避免不对称性带来的贷款风险,贷款方实体企业和借款方银行之间会建立合约,使企业贷款额度受制于其所拥有的净资产。这一杠杆约束会放大外生冲击(如技术冲击、货币政策冲击等)向实体经济的传导。BGG模型强调了金融要素(主要是银行)对宏观经济波动的重要影响。与BGG的最优合约机制不同,KM模型则关注了企业抵押品的宏观价值,认为企业的外部融资能力(银行贷款或者债券发行、股票发行等)依赖于企业自身的抵押品价值,故融资约束的存在会影响企业资产价格,而资产价格的变动又会反过来影响融资约束的松紧程度,当企业抵押资产缩水时,贷款能力和生产能力受到限制,可能引发经济衰退。

2008年国际金融危机之前,这支文献主要关注非金融公司面临的限制。然而,最近的金融危机实践显示,经济体所面临的金融危机风险与借款人对债务的依赖程度紧密相关。与股权相比,债务融资的比例越高,资

产负债表对资产价格波动就越敏感。如迈恩和苏非（Mian 和 Sufi，2014）[1]
以及迈恩、拉奥和苏非（Mian，Rao 和 Sufi，2013）[2]的实证工作显示，2008
年国际金融危机中，最早受到金融困境影响的是那些高杠杆家庭和高杠杆
银行。金融危机之前，伴随房价急剧上涨，家庭和银行部门的杠杆率大幅
上升。其中，家庭杠杆主要以抵押贷款债务的形式出现，而投资银行和商
业银行则主要通过短期债务为抵押贷款提供资金。对短期债务的依赖使
银行系统容易遭受挤兑。伴随房价下跌，这些部门的财务状况遭遇恶化。

金融部门和家庭部门的高杠杆现象促使理论学者将注意力转移到金
融和家庭部门，如格特勒和清泷（Gertler 和 Kiyotaki，2010[3]，以下简称
GK）、何和克里斯纳姆塞（He 和 Krishnamurthy，2013）[4]、布伦纳梅尔和桑
尼科夫（Brunnermeier 和 Sannikov，2014）[5]在模型中纳入银行部门的资产
负债表约束，艾格特森和克鲁格曼（Eggertsson 和 Krugman，2012）[6]、贾斯
汀亚诺等（Justiniano 等，2010）[7]、圭列里和洛伦佐尼（Guerrieri 和
Lorenzoni，2017）[8]在模型中纳入家庭的资产负债表约束。这些研究中，
金融加速器机制仍然有效，但危机通过金融部门或家庭部门传播，而不再
是非金融类企业。

其中，GK 模型延续了 BGG 的主张，认为信贷摩擦会放大外生冲击对

① Mian, Atif R., and Amir Sufi, "What Explains the 2007–2009 Drop in Employment", *Econometrica*, Vol.82, No.6, 2014, pp.2197–2223.

② Mian, Atif R., Kamalesh Rao, and Amir Sufi, "Household Balance Sheets, Consumption, and the Economic Slump", *Quarterly Journal of Economics*, Vol.128, No.4, 2013, pp.1687–1726.

③ Gertler, Mark L., and Nobuhiro Kiyotaki, "Financial Intermediation and Credit Policy in Business Cycle Analysis", *Handbook of Monetary Economics*, Vol.3, 2010, pp.547–599.

④ He, Zhiguo, and Arvind Krishnamurthy, "Intermediary Asset Pricing", *American Economic Review*, Vol.103, No.2, 2013, pp.732–770.

⑤ Brunnermeier, Markus K., and Yuliy Sannikov, "A Macroeconomic Model with a Financial Sector", *American Economic Review*, Vol.104, No.2, 2014, pp.379–421.

⑥ Eggertsson, Gauti Berg, and Paul R. Krugman, "Debt, Deleveraging, and Liquidity Trap: A Fisher-Minsky-Koo Approach", *Quarterly Journal of Economics*, Vol.127, No.3, 2012, pp.1469–1513.

⑦ Justiniano, Alejandro, Giorgio E. Primiceri, and Andrea Tambalotti, "Investment Shocks and the Business Cycle", *Journal of Monetary Economics*, Vol.57, No.2, 2010, pp.132–145.

⑧ Guerrieri, Veronica, and Guido Lorenzoni, "Credit Crises, Precautionary Saving and the Liquidity Trap", *Quarterly Journal of Economics*, Vol.132, No.3, 2017, pp.1427–1467.

实体经济的影响。但他们认为 BGG 框架中只有实体企业存在信贷约束，不能捕获银行系统自身所面对的融资约束，且 BGG 模型只关注技术冲击，没有研究金融市场冲击会如何影响实体部门，而金融市场冲击显然是近年来（尤其是 2008 年国际金融危机以来）实体经济受挫的主要原因之一。与早期 BGG 模型不同，GK 认为银行不良贷款率的上升、信用风险的增加等可能降低银行的资本质量，为此该文引入银行资本质量冲击。为考察银行系统状况变化对实体企业的影响，GK 假设金融中介和家庭储蓄者之间存在代理问题，因而限制了金融中介从储蓄者处获得资金的能力，使银行面临内生性资产负债表约束，并在存、贷款利率之间形成利差。这一问题在国际金融危机期间尤其严重，降低了金融机构的资源配置效率。

GK 进一步讨论了量化宽松货币政策如何缓解金融市场资金配置效率的降低，这些非常规货币政策包括危机初期允许贴现窗口向私人信贷担保的银行提供贷款、雷曼违约后美联储直接在相对高信用等级的信贷市场上放贷（包括商业票据、机构债务和抵押贷款支持证券等），以及为大型金融机构提供直接援助〔如问题资产救助计划（Troubled Asset Relief Program，TARP）下的股权注入和债务担保、向摩根大通（接管了贝尔斯登）和美国国际集团提供紧急贷款〕。

二、金融冲击、资本结构和宏观经济波动

"金融加速器"文献强调了银行等金融中介机构以及金融要素（如抵押品价值、债券发行、股票发行等）对宏观经济波动的重要性，但却不认为金融系统是实体经济波动的源泉。2008 年国际金融危机让学术界开始思考，金融系统的不稳定是否也可能成为经济体波动的源泉，造成实体经济不稳定。基于长时段历史数据的研究，舒拉瑞克和泰勒（Schularick 和 Taylor，2012）[①]发现金融系统自身的变化可能引发经济体的不稳定，尤其是当经济体经历一段较长时间的信用扩张之后。

---

① Schularick, Moritz, and Alan M.Taylor, "Credit Booms Gone Bust: Monetary Policy, Leverage Cycles, and Financial Crises, 1870 – 2008", *American Economic Review*, Vol. 102, No. 2, 2012, pp.1029–1061.

　　在实证发现的基础上，一系列理论文章在模型中直接引入金融市场冲击，让金融市场成为实体经济波动的源头，而不再仅仅是技术冲击或者货币政策冲击向实体经济传递的加速器。格特勒和吉尔克里斯特（Gertler 和 Gilchrist, 2018）[1]对这支文献做了综述，指出不包含融资约束的宏观经济模型既无助于预测危机，也无法分析信贷市场摩擦对宏观经济波动造成的损失。虽然这些文章提出的融资约束和工作机制都存在不同，但他们普遍认为，金融市场不稳定或是银行信用风险增加等会造成实体经济不稳定，货币政策需要考虑金融市场或银行系统冲击带来的宏观效应，而不是仅仅将金融市场或银行系统视作技术冲击或货币政策冲击向实体经济传递的加速器。这些文章中的金融冲击主要来自资本市场。金融冲击或者是因为企业净资本缩水，或者是因为违约导致企业清偿价值降低。

　　但既有文章仍然主要关注融资约束，而非企业资本结构的宏观作用。尽管关于公司金融的文献已经普遍注意到直接融资成本对企业层面投资的影响（Bolton 等, 2011[2]；Hennessy 等, 2007[3]），但宏观文献却对此鲜有关注。杰尔曼和卡德罗尼（Jermann 和 Quadrini, 2012[4]，以下简称 JQ）是为数不多的几篇认为资本结构会影响宏观经济波动的文章。JQ 模型注意到企业融资能力受限于企业市值。因为企业市值呈现顺周期性，故企业的借款能力也呈顺周期性。为平滑生产，企业会变换其融资方式（股票融资、债券融资）和融资规模；但因为股票发行和债券发行之间的变换需要支付额外成本，故外生金融冲击会影响实体生产和投资。JQ 的融资约束本质上与 KM、BGG 等相同，即资产价格波动会影响企业的借款能

---

①　Gertler, Mark L., and Simon G. Gilchrist, "What Happened: Financial Factors in the Great Recession", *Journal of Economic Perspectives*, Vol.32, No.3, 2018, pp.3-30.

②　Bolton, Patrick, Hui Chen, and Neng Wang, "A Unified Theory of Tobin's Q, Corporate Investment, Financing, and Risk Management", *Journal of Finance*, Vol.66, No.5, 2011, pp.1545-1578.

③　Hennessy, Christopher A., Amnon Levy, and Toni M. Whited, "Testing Q Theory with Financing Frictions", *Journal of Financial Economics*, Vol.83, No.3, 2007, pp.691-717.

④　Jermann, Urban, and Vincenzo Quadrini, "Macroeconomic Effects of Financial Shocks", *American Economic Review*, Vol.102, No.1, 2012, pp.238-271.

力。只是他们关注资本结构的宏观效应,而其他文献往往假设单一融资方式。

JQ 发现资本结构有助于降低金融冲击对企业生产的影响,但与其他研究金融摩擦的文献相同,JQ 不允许企业进出市场,故完全忽视了企业扩展边际的变化。

此外,还有部分文献在"金融加速器"机制中,额外引入资产价格反馈渠道(风险溢价推动资产估值),如布伦纳梅尔和桑尼科夫(2014)、何和克里斯纳姆塞(2019)[①]等。

三、金融危机的非线性影响

2008 年国际金融危机的爆发使学术界意识到金融危机是具有高度非线性特征的事件(Krishnamurthy 等,2014)[②]。金融危机通常表现为信贷利差急剧上升,资产价格和产出急剧收缩。然而,繁荣期间,这些变量并不会经历反方向的对称运动。此外,金融危机期间经济的急剧收缩,并不是因为对经济造成重大影响的非金融类冲击,而是源自金融冲击。

但早期的金融加速器模型在确定性稳态附近进行对数线性近似,并不能捕捉经济体的非线性动态。最新文献通过在模型中引入不对称性,旨在解释 2008—2009 年经济衰退期间,房价下跌大幅削弱家庭资产负债表,导致家庭消费对房价下跌的反应比对房价上涨的反应更为强烈。如门多萨(Mendoza,2010)[③]允许资产负债表约束仅存在于经济衰退时期,而非繁荣时期,以此在模型中引入非线性。这些模型中,繁荣时期的经济在很大程度上近似为无金融市场摩擦,然而不利冲击可能会使经济体进入约束区域,放大冲击对经济衰退的影响。布伦纳梅尔和桑尼科夫(2014)通过构造模型显示,借款人会因为预防动机,当资产负债表收缩

---

①　He, Zhiguo, and Arvind Krishnamurthy, "A Macroeconomic Framework for Quantifying Systemic Risk", *American Economic Journal: Macroeconomics*, Vol.11, No.4, 2019, pp.1–37.

②　Krishnamurthy, Arvind, Stefan Nagel, and Dmitry Orlov, "Sizing up Repo", *Journal of Finance*, Vol.69, No.6, 2014, pp.2381–2417.

③　Mendoza, Enrique Gabriel, "Sudden Stops, Financial Crises, and Leverage", *American Economic Review*, Vol.100, No.5, 2010, pp.1941–1966.

时大幅减少支出,而当资产负债表放松时,却不会增加相同额度的支出。格特勒、清泷和普雷斯蒂皮诺(Gertler、Kiyotaki 和 Prestipino,2017)①则构造模型,指出银行挤兑是经济体非线性反应的关键来源,因为只有在非正常时期金融机构才面临无法顺利展期短期贷款的压力。

还有大量文章关注货币政策约束的重要影响。金融危机的严重程度在很大程度上取决于货币政策的行为:当央行可以自由应对时,它可以通过降低利率来部分抵消危机对信贷成本的影响;相反,当央行被束缚时,危机则有可能失控。2008 年国际金融危机期间,货币政策的制约因素主要体现为名义利率的零下限。为此,各国央行都推出了各种非常规货币政策,如大规模资产购买("量化宽松"),以规避零下限的限制。文献研究显示,这些非常规货币政策干预措施有助于缓解金融危机的严重性(Gertler 和 Karadi,2011)②。

四、国内相关研究

与国外学术前沿一致,大量国内文献关注融资约束对中国宏观经济波动的影响。但鉴于银行业在中国金融系统中的主导角色,这些文章多侧重于研究银行信贷在货币政策传导机制中的作用,较少关注其他融资方式对我国宏观经济波动的影响。这反映了一直以来银行信贷在中国实体经济融资中的重要性。

从实证角度来看,这些文章发现,银行信贷既是中国实体经济波动的重要驱动因素之一,也是中国货币政策向实体经济传递的重要途径,但可能受制于一些因素的影响,如银行竞争程度等。文献中主要使用的研究方法包括,构建向量自回归(Vector Auto-regression,VAR)等实证模型,如结构向量自回归(Structural Vector Auto-regression,SVAR)模型

---

① Gertler,Mark L.,Nobuhiro Kiyotaki,and Andrea Prestipino,"A Macroeconomic Model with Financial Panics",*Review of Economic Studies*,Vol.87,No.1,2017,pp.240−288.

② Gertler,Mark L.,and Peterc Karadi,"A Model of Unconventional Monetary Policy",*Journal of Monetary Economics*,Vol.58,No.1,2011,pp.17−34.

（潘敏和缪海斌，2010）[1]、时变参数向量自回归（Time-Varying Parameter Vector Auto-regression，TVP—VAR）模型（邓创等，2019）[2]、IS—LMCC 模型（战明华等，2018）[3]、或者使用门限回归模型（李志波，2021[4]；刘晓星和李琳璐，2019[5]）、面板数据模型（王义中等，2015）[6]等。

从理论角度，既有文献多采用带有"金融加速器"的 DSGE 模型，探讨银行信贷与经济波动的内在联系，定量考察信贷市场摩擦下各类冲击对中国宏观经济波动的影响。如许伟和陈斌开（2009）[7]建立了包含银行部门的动态随机一般均衡模型，研究显示引入银行贷款渠道和价格黏性的经济周期模型对中国经济波动有很好的解释力，而其中技术冲击主要解释了实体经济变量（如产出、投资、长期消费等）的波动，信贷冲击主要解释了短期消费、贷款、货币余额的波动，货币政策冲击则主要解释了通货膨胀的波动。针对近年来中国影子银行的发展，卢盛荣等（2019）[8]研究发现，影子银行有助于缓解民营企业融资受阻所伴随的信贷资源错配，但也可能加剧宏观经济不稳定性，削弱货币政策的执行效果。梅冬州等（2021）[9]、梅冬州和温兴春（2020）[10]则从地方政府债务视角探讨中国宏

---

① 潘敏、缪海斌：《银行信贷与宏观经济波动：2003—2009》，《财贸研究》2010 年第 4 期。

② 邓创、付蓉、赵珂：《中国货币政策波动会影响宏观经济调控效果吗？》，《金融经济学研究》2019 年第 5 期。

③ 战明华、张成瑞、沈娟：《互联网金融发展与货币政策的银行信贷渠道传导》，《经济研究》2018 年第 4 期。

④ 李志波：《信贷波动对实体经济的非对称效应研究——基于流动性视角》，《华北金融》2021 年第 11 期。

⑤ 刘晓星、李琳璐：《货币流动性与经济增长：时变影响及门限效应》，《现代经济探讨》2019 年第 8 期。

⑥ 王义中、陈丽芳、宋敏：《中国信贷供给周期的实际效果：基于公司层面的经验证据》，《经济研究》2015 年第 1 期。

⑦ 许伟、陈斌开：《银行信贷与中国经济波动：1993—2005》，《经济学（季刊）》2009 年第 3 期。

⑧ 卢盛荣、郭学能、游云星：《影子银行、信贷资源错配与中国经济波动》，《国际金融研究》2019 年第 4 期。

⑨ 梅冬州、温兴春、王思卿：《房价调控、地方政府债务与宏观经济波动》，《金融研究》2021 年第 1 期。

⑩ 梅冬州、温兴春：《外部冲击、土地财政与宏观政策困境》，《经济研究》2020 年第 5 期。

观经济波动因素。前者指出房价调控政策对实体经济的刺激作用取决于地价下降是否降低了地方政府从金融部门获得的抵押融资额，后者发现地方政府的土地财政行为使地价与国内生产总值高度联动，在放大外部冲击对经济的不利影响时，导致政策在"资本账户开放"和"保增长"之间两难。其他相关研究包括杜清源和龚六堂（2005）①、王国静和田国强（2014）②、周炎和陈昆亭（2012）③、顾研和周强龙（2018）④、仝冰（2017）⑤。

如今，学术界逐渐达成共识，融资约束不仅会放大外生冲击向实体经济的传递、导致实体经济波动增大，来自金融市场的波动也可能成为实体经济波动的源泉，且其影响可能不亚于技术冲击。正如杰尔曼和卡德罗尼（2012）所指出，只有将金融部门纳入宏观经济学模型中，我们才能更好地理解实际经济周期。

第三节　市场进入、企业融资与宏观经济波动

虽然企业动态和"金融加速器"两类文献在宏观经济学界都有重要影响，但却鲜有交叉。关注经济周期波动和企业动态的文献很少关注金融市场摩擦是否影响企业进出市场的决策，而关注金融要素和经济周期波动的文献则很少关注企业扩展边际是否提供了金融要素影响实体经济的其他渠道。企业动态文献普遍假设企业在完全金融市场环境下决定市场进、出和生产决策；而"金融加速器"文献则强调金融市场摩擦对企业生产决策的影响，完全忽视融资环境变化对企业数量的影响以及这一影响的宏观效应。

---

① 杜清源、龚六堂：《带"金融加速器"的 RBC 模型》，《金融研究》2005 年第 4 期。

② 王国静、田国强：《金融冲击和中国经济波动》，《经济研究》2014 年第 3 期。

③ 周炎、陈昆亭：《利差、准备金率与货币增速——量化货币政策效率的均衡分析》，《经济研究》2012 年第 7 期。

④ 顾研、周强龙：《宏观经济不确定性、融资环境预期与企业杠杆》，《金融评论》2018 年第 1 期。

⑤ 仝冰：《混频数据、投资冲击与中国宏观经济波动》，《经济研究》2017 年第 6 期。

经典的 BGM 模型对金融市场做了极其简化的处理，假设不存在金融中介和金融摩擦，新企业通过发行股票来支付沉没进入成本。但 2008 年国际金融危机以来的经历显示了银行金融系统的重要性，以及银行市场特征变化对生产者进入和退出动态的影响（Cetorelli 和 Strahan，2006）[1]。如同吉罗尼（2018）[2]所述，从这些金融特征中抽象出来的模型可能产生难以忽视的后果。埃特罗（Etro，2014）[3]对内生市场进入的相关文献进行回顾，也指出可以在模型中引入不完善的信贷市场，以考虑企业获得信贷以创造业务的机会。大量金融发展和经济增长领域的文献也指出资本市场可能更有能力选择和资助最有前途的企业家，形成经济体在创业精神和生产率增长方面的跨国差异，如格林伍德和约万诺维奇（Greenwood 和 Jovanovic，1990）[4]、莱文（Levine，1997）[5]、贝克等（Beck 等，2000）[6]所述。

最近的一系列研究论文指出，银行等金融中介机构放松了企业家在净财富上的财务限制，为推动新公司的诞生发挥了关键作用。如拉克罗齐和罗西（La Croce 和 Rossi，2015）[7]构造了一个具有内生进入、灵活价格、垄断竞争银行和黏性利率的模型，用来研究宏观审慎政策规则。模型引入银行与企业动态之间的相互作用，指出模型中实际变量和金融变量的波动性都高于包含固定数量企业的模型。模型中，现有企业面临工资

①　Cetorelli，Nicola，and Philip E.Strahan，"Finance as a Barrier to Entry：Bank Competition and Industry Structure in Local U.S. Markets"，*Journal of Finance*，Vol.61，No.1，2006，pp.437-461.

②　Ghironi，Fabio Pietro，"Macro Needs Micro"，*Oxford Review of Economic Policy*，Vol.34，No.1-2，2018，pp.195-218.

③　Etro，Federico，"The Theory of Endogenous Market Structures"，*Journal of Economic Surveys*，Vol.28，No.5，2014，pp.804-830.

④　Greenwood，Jeremy，and Boyan Jovanovic，"Financial Development，Growth，and the Distribution of Income"，*Journal of Political Economy*，Vol.98，No.5，1990，pp.1076-1107.

⑤　Levine，Ross L.，"Financial Development and Economic Growth：Views and Agenda"，*Journal of economic literature*，Vol.35，No.2，1997，pp.688-726.

⑥　Beck，Thorsten，Ross L. Levine，and Norman V. Loayza，"Finance and the Sources of Growth"，*Journal of Financial Economics*，Vol.58，No.1，2000，pp.261-300.

⑦　La Croce，Carla，and Lorenza Rossi，"Firms' Endogenous Entry and Monopolistic Banking in A DSGE Model"，*Macroeconomic Dynamics*，Vol.22，No.1，2015，pp.153-171.

账单提前支付的约束,模型中金融摩擦放大了外生冲击的影响。普蒂诺和维尔蒙德(Poutineau 和 Vermandel,2015)①在比尔比耶、吉罗尼和梅利茨(2007)模型中引入金融部门,旨在理解与银行系统或股票交易相关的金融冲击如何影响集约边际和扩展边际向产出波动的传递。模型假设乐观企业家倾向于高估投资项目的盈利能力,进而开发新产品,而银行系统对企业家运营公司和设立新企业至关重要,由此引入一种新的冲击传播和放大机制。模型还引入与价格、工资和贷款利率相关的三种刚性。针对贷款利率刚性,模型假设银行吸纳存款,并贷款给企业家,以此决定企业家的贷款利率,但银行在调整贷款利率时存在罗特博格(Rotemberg,1982)②类型的刚性,由此形成政策利率向贷款利率的不完美传递。

此外,贝金等(2018)③结合 BGM 模型和 JQ 模型,将企业资本结构引入宏观经济模型中,研究资本结构和企业动态之间的相互作用,如何影响外生金融冲击向企业生产、融资或贸易决策的传递。模型中,企业可以通过债务和股权组合为初始进入成本进行融资,因此金融冲击可以直接影响企业进入市场的初始投资成本。该文发现新企业进入市场,限制了现有企业通过内生资本重组应对不利金融冲击的能力,而不利金融冲击发生之后所伴随的企业数量下降则为宏观经济调整提供了有用的维度,减少了金融冲击对总产出的总体影响,因为生存下来的在位企业在财务上变得更加强大,更有能力抵御金融冲击。

中国特色社会主义市场经济的建设过程,伴随着大量市场主体的不断进入、退出与成长。微观企业的动态演进过程对宏观经济波动、经济增长具有重要影响。大量学术研究指出,一方面,微观企业的融资状况可能

① Poutineau, Jean Christophe, and Gauthier Vermandel, "Cross-border Banking Flows Spillovers in The Eurozone:Evidence from an Estimated DSGE Model", *Journal of Economic Dynamics and Control*, Vol.51,2015,pp.378-403.

② Rotemberg,Julio J., "Sticky Prices in the United States", *Journal of Political Economy*, Vol. 90, No.6,1982,pp.1187-1211.

③ Bergin,Paul R., Ling Feng, and Chingyi Lin, "Financial Frictions and Trade Dynamics", *IMF Economic Review*, Vol.66,2018,pp.480-526.

通过放大或延长外生冲击的作用,对宏观经济波动形成深远影响。另一方面,企业进入与退出市场的动态,可能拉长和放大外生冲击(如技术冲击、货币政策冲击、金融冲击等)向实体经济的传递。这些文献指出,包含扩展边际或融资约束的模型能够更好地捕捉数据中的宏观经济波动。

通过对现有文献进行梳理可以发现,融资、企业动态和宏观经济之间存在互动作用,但这一领域仍然还有很多未解的问题。比如,生产者异质性和金融摩擦如何共存?金融中介怎样影响垄断生产者之间的资源错配?如何将金融摩擦和金融中介嵌入到动态国际宏观经济学模型中?学术研究亟须一个共识框架,进一步挖掘这一领域,解决更多有趣的问题,比如借款人异质性、生产者异质性、信息不对称的影响等。

第四章　融资和出口贸易

　　随着世界经济深度衰退,经济全球化遭遇逆流,世界正在经历百年未有之大变局。这一背景下,中央政府指出实行高水平对外开放、增强金融服务实体经济能力是当前我国经济工作的关键任务,对推动我国经济在"十四五"时期的高质量发展至关重要。而针对目前我国经济所存在的高度开放、企业融资约束明显的特征事实,我们有必要及早厘清金融和出口之间的关系,以通过金融资源的最优配置,推动实际资源更加有效地利用。

　　那么,企业融资和贸易开放之间存在怎样的理论作用机制?经验数据中,二者如何相互作用?贸易政策和金融政策如何协同作用,才能更好地解决芬斯阙曾经指出的我国出口企业长期存在融资约束严重这一现象(Feenstra 等,2014)[1]?针对这些问题,本章将探讨融资和出口贸易之间的理论互动机制,综述相关经验证据。为清楚梳理出口贸易中的金融因素作用机制和影响,本章首先梳理了融资和贸易参与的理论互动机制,重点讨论了金融发展比较优势机制、融资约束机制,以及融资结构和出口决策之间的互动机制,之后总结经验证据,发现融资和贸易之间存在相互因果关系,这一现象存在于中国和各国数据中。

---

　　[1]　Feenstra, Robert C., Zhiyuan Li, and Miaojie Yu, "Exports and Credit Constraints under Incomplete Information: Theory and Evidence From China", *Review of Economics and Statistics*, Vol.96, No.4, 2014, pp.729-744.

第一节　国际贸易与公司金融

金融因素对企业出口至关重要。2008 年国际金融危机期间的"贸易大崩溃"现象,尤其凸显了融资约束对企业出口决策异乎于本土生产的影响[1]。但经典贸易理论完全无视融资摩擦因素的存在。从比较优势、要素禀赋,到产品异质性和规模经济,再到企业异质性,贸易理论对哪些国家、行业或企业会选择出口,出口何种产品,以及贸易如何造福一国民众做了不断探讨,并在假设固定成本和进入成本的前提下,就出口贸易中的扩展边际和集约边际提出新的见解,指出这些边际对贸易和资源分配所带来的福利收益存在不同影响。这里,扩展边际表示企业或产品种类的变化,集约边际表示现有企业或产品的贸易价值的变化。这些经典贸易理论的共同特征是假设企业在为生产成本(固定成本、市场进入成本、可变成本等)进行融资时,不存在任何限制,企业具有非常活跃的内部资本市场。对金融因素的忽视同样存在于大量贸易实证文献中。相关讨论可见于鞠和魏(Ju 和 Wei,2011)[2]。

另外,公司金融文献如莫迪利亚尼—米勒定理(Modigliani 和 Miller,1958)[3]指出,只有在完美金融市场且不存在公司所得税时,企业市值、生产投资等才与公司融资没有关系,此时内部资金和外部资金完全替代,不存在融资成本差异。但当金融市场不完美或存在公司税时,这一结论不再成立。如存在公司税时,由于负债利息为免税支出,故债务存在税盾效应,负

---

[1]　这一背景下,大量研究聚焦于融资约束和企业出口之间的因果关系。如阿米蒂和韦恩斯坦(Amiti and Weinstein,2011)利用 20 世纪 90 年代日本上市公司与其主要银行之间的匹配数据库,指出银行健康状况恶化导致了日本企业出口份额的下降。芬斯阙等(2014)认为,与纯国内企业相比,出口企业面临更大的营运资本和风险,导致出口企业受到更严格的信贷约束,且发现金融危机导致中国出口规模大幅下降。虽然比之本土生产,金融因素对国际贸易往来更为重要。

[2]　Ju, Jiandong, and Shangjin Wei, "When is Quality of Financial System a Source of Comparative Advantage?", *Journal of International Economics*, Vol.84, No.2, 2011, pp.178–187.

[3]　Modigliani, Franco, and Merton H.Miller, "The Cost of Capital, Corporation Finance and the Theory of Investment", *The American Economic Review*, Vol.48, No.3, 1958, pp.261–297.

债越多，税盾效应越明显，公司价值越大（Modigliani 和 Miller，1963）①。再比如梅叶斯和梅吉拉夫、詹森和麦克林等（Myers 和 Majluf，1984②；Jensen 和 Meckling，1976③）指出，当存在信息不对称或者道德风险时，公司管理者与潜在投资者利益不再完全一致，这会影响管理者从潜在投资者那里获得资金的能力，导致公司外部融资成本高昂。法扎里、阿尔梅达等（Fazzari 等，1988④；Almeida 等，2004⑤）教授进一步指出，这种情况下，部分企业将难以获得外部融资，形成企业融资约束，限制企业生产和投资。

虽然传统公司金融文献普遍不会区别讨论融资因素对企业出口和本土生产的不同影响，即便使用跨国数据，譬如拉詹和津格勒斯（Rajan 和 Zingales，1998⑥、2003⑦）、波塔（Porta 等，1998）⑧等，但这支文献为思考融资因素如何影响企业出口决策提供了思考框架。譬如，当信贷市场存在道德风险或不对称信息时，各国可能面临着完全不同的国际借贷利率或配额信贷。此时，如克莱策和巴德汉（Kletzer 和 Bardhan，1987）⑨所指出，一国的金融发展水平就可能成为该国出口贸易的比较优势，尤其是在需

① Modigliani，Franco，and Merton H.Miller，"Corporate Income Taxes and the Cost of Capital：A Correction"，*The American Economic Review*，Vol.53，No.3，1963，pp.433-443.

② Myers，Stewart C.，and Nicolás S.Majluf，"Corporate Financing and Investment Decisions when Firms have Information that Investors Do not Have"，*Journal of Financial Economics*，Vol.13，No.2，1984，pp.187-221.

③ Jensen，Michael C.，and William H.Meckling，"Theory of the Firm：Managerial Behavior，Agency Costs and Ownership Structure"，*Journal of Financial Economics*，Vol.3，No.4，1976，pp.305-360.

④ Fazzari，Steven M.，Hubbard R.Glenn，and Bruce C.Peterson，"Financing Constraints and Corporate Investment"，*Brookings Papers on Economic Activity*，1988，Vol.1，pp.141-206.

⑤ Almeida，Heitor，Murillo Campello，and Michael S.Weisbach，"The Cash Flow Sensitivity of Cash"，*Journal of Finance*，Vol.59，No.4，2004，pp.1777-1804.

⑥ Rajan，Raghuram G.，and Luigi Zingales，"Financial Development and Growth"，*American Economic Review*，Vol.88，No.3，1998，pp.559-586.

⑦ Rajan，Raghuram G.，and Luigi Zingales，"The Great Reversals：The Politics of Financial Development in the Twentieth Century"，*Journal of financial economics*，Vol.69，No.1，2003，pp.5-50.

⑧ La，Porta Rafael，Florencio Lopez-de-Silanes，and Andrei Shleifer，"Law and Finance"，*Journal of Political Economy*，Vol.106，No.6，1998，pp.1113-1155.

⑨ Kletzer，Kenneth，and Pranab Bardhan，"Credit Markets and Patterns of International Trade"，*Journal of Development Economics*，Vol.27，No.1，1987，pp.57-70.

要营运资金或贸易融资、营销成本高的制造业产品生产中。

此外,2008 年国际金融危机之后,大量贸易文献也注意到,企业出口往往面临着比国内销售更高的营运资金融资需求。这些需求可能来自:(1)出口所伴随的大额固定成本和初始投资成本(如产品设计、营销和海外分销网络的建立等),以及比国内销售更高的可变成本(如由于不熟悉国外市场、海外售后服务能力有限等所引发的运输成本和外来者劣势等)。相关讨论可见于达斯(Das 等,2007)[1]、亚历山德里亚和崔(Alessandria 和 Choi,2007)[2]、孔祥贞等(2013)[3]、弗利和马诺瓦(Foley 和 Manova,2015)[4]等文;(2)跨国交易的处理时间平均比国内销售长 30 天至 90 天。相关讨论见于詹科夫(Djankov 等,2010)[5]、阿米蒂和韦恩斯坦(Amiti 和 Weinstein,2011)[6]、芬斯阙(Feenstra 等,2014);马诺瓦等(2015)[7]等文;(3)跨国合同难以执行,导致银行收取更高的借贷成本。见安(Ahn,2021)[8]的讨论。更高的营运资金融资需求,意味着只有拥有足够流动性的企业才能支付这些成本,也才有机会出口,见钱尼(Chaney,2016)[9]的讨论。

① Das Sanghamitra, Mark J. Roberts, and James R., Tybout, "Market Entry Costs, Producer Heterogeneity, and Export Dynamics", *Econometrica*, Vol.75, No.3, 2007, pp.837–873.

② Alessandria, George, and Horag Choi, "Do Sunk Costs of Exporting Matter For Net Export Dynamics?", *Quarterly Journal of Economics*, Vol.122, No.1, 2007, pp.289–336.

③ 孔祥贞、刘海洋、徐大伟:《出口固定成本、融资约束与中国企业出口参与》,《世界经济研究》2013 年第 4 期。

④ Foley, C. Fritz, and Kalina Manova, "International Trade, Multinational Activity, and Corporate Finance", *Economics*, Vol.7, No.1, 2015, pp.119–146.

⑤ Djankov, Simoon, Caroline L. Freund, and Cong S. Pham, "Trading on Time", *The Review of Economics and Statistics*, Vol.92, No.1, 2010, pp.166–173.

⑥ Amiti, Mary, and David E. Weinstein, "Exports and Financial Shocks", *Quarterly Journal of Economics*, Vol.126, No.4, 2011, pp.1841–1877.

⑦ Manova, Kalina, and Zhihong Yu, "Firm Exports and Multinational Activity under Credit Constraints", *Review of Economics and Statistics*, Vol.97, No.3, 2015, pp.574–588.

⑧ Ahn, Jae Bin, "Trade Finance and Payment Methods In International Trade", *Oxford Research Encyclopedia of Economics and Finance*, 2021.

⑨ Chaney, Thomas, "Liquidity Constrained Exporters", *Journal of Economic Dynamics and Control*, Vol.72, 2016, pp.141–154.

第二节　理论机制

一、金融发展比较优势机制

经典贸易理论认为比较优势决定了国家之间的贸易模式。如李嘉图比较优势理论指出,当劳动力是唯一生产要素时,劳动生产率的跨行业跨国差异(比较优势)决定了国际贸易范式。而 H—O(赫克歇尔—俄林)贸易模型则指出一国比较优势源自资源要素禀赋,如资本充裕的国家在资本密集型产品的生产上具有比较优势,而劳动力充裕的国家则在劳动密集型产品上具有比较优势,故一国会出口那些密集使用该国相对充裕和便宜的生产要素的产品,而进口密集使用该国相对缺乏和昂贵的生产要素的商品。

经典贸易理论普遍忽视金融因素在国际贸易中的价值,直至克莱策和巴德汉(1987)在赫克歇尔—俄林贸易模型中引入金融部门,指出发达的金融部门可以为依赖外部融资的行业带来比较优势。该文指出,即使各国技术或要素禀赋相同,当国际信贷市场中存在主权风险所引发的道德风险,或是不完全信息下各国国内信贷合同执行存在差异时,法律制度框架也会成为一国贸易的比较优势来源。此时,投资者保护较弱的国家往往承受更为严重的信贷配额约束,或是面对更高的国际信贷利率,故只能尽量发展外部融资依赖相对较低的行业。

鲍德温(Baldwin,1989)[1]、贝克(Beck, 2002)[2]、松山(Matsuyama, 2005)、鞠和魏(2011)、科伊施尼格和科格勒(Keuschnigg 和 Kogler,2022)[3]

---

[1]　Baldwin, Richard E., "Exporting the Capital Markets: Comparative Advantage and Capital Market Imperfections", *The Convergence of International and Domestic Markets*, North-Holland, Amsterdam, 1989.

[2]　Beck, Thorsten, "Financial Development and International Trade: Is there a Link?", *Journal of International Economics*, Vol.57, No.1, 2002, pp.107–131.

[3]　Keuschnigg, Christian, and Michael Kogler, "Trade and Credit Reallocation: How Banks Help Shape Comparative Advantage", *Review of International Economics*, Vol. 30, No. 1, 2022, pp.282–305.

等同样指出,金融体系相对发达的国家,在外部融资依赖程度高的行业具有比较优势。其中,贝克(2002)强调信息不对称和搜索成本导致企业家只能在生产中使用部分储蓄资本,而金融发达经济体的搜索成本和信息不对称性相对较低,故该国企业能够以相对较低的外部融资成本获得相对较多的外部融资,在具有规模经济特征的行业中获得比较优势。此外,鞠和魏(2011)指出,金融体系所带来的比较优势存在阈值效应,取决于一国的制度质量(金融中介成本、公司治理质量、产权保护水平):只有当制度质量相对较低时,金融体系才成为一国比较优势的来源,而单纯的要素禀赋扩张则无法拉动经济和贸易增长;在制度质量相对较高的经济体,金融不是比较优势的来源,而是实体经济发展的结果,故金融体系质量的提高并不会改变一国生产和贸易模式。科伊施尼格和科格勒(2022)则指出一国的银行系统会影响该国在创新部门中的比较优势,进而影响该国的资源分配、专业分工和贸易模式。

二、融资约束机制

有关金融发展比较优势的机制讨论往往以赫克歇尔—俄林要素禀赋贸易模型作为基础,模型中不存在贸易成本或企业异质性,故某个行业中的企业或者全部出口,或者均不出口。显然,这一机制既无法解释某一行业中同时存在出口和非出口企业的现象,也无法解释2008年国际金融危机期间的"贸易大崩溃"现象——金融危机对出口市场的冲击远远超过本土市场。为了解释国际贸易所引发的行业内不同企业间的资源重新分配现象,梅利茨(Melitz,2003)[1]构造异质性生产率企业贸易模型,指出贸易敞口增加会使得资源更多配置到高生产率企业中:生产率足够高的企业进入出口市场,生产率最低的企业退出生产,而介于中间的企业只为国内市场生产。

在梅利茨(2003)异质性企业贸易模型基础上,大量文章引入融资约

---

① Melitz, Marc J., "The Impact of Trade on Intra-industry Reallocations and Aggregate Industry Productivity", *Econometrica*, Vol.71, No.6, 2003, pp.1695–1725.

束,探讨融资因素影响企业层面出口决策的微观理论机制,为理解 2008 年"贸易大崩溃"现象提供理论基础。如马诺瓦(2013)[①]和钱尼(2016)指出 2008 年"贸易大崩溃"源自贸易融资枯竭,因为与贸易相关的融资需求会影响企业参与到国际贸易市场上的决策。

其中,马诺瓦(2013)将梅利茨(2003)模型拓展为多国多部门模型,并引入信贷约束:企业可以依赖外部融资来支付出口成本,而外部融资规模则取决于其可抵押的资产规模。模型显示,金融摩擦与企业异质性之间相互作用,阻碍潜在盈利企业进入出口市场,限制出口企业的海外销售额,扰乱一国贸易总量。模型假设信贷市场上不存在信息不对称性,但国家金融机构的质量决定了贷款合同执行的概率。模型中,生产率水平高的企业,出口销售额大,故能够为贷款方提供高回报,因而获得更多资金;如果企业需要外部融资来支付固定贸易成本,则信贷配给限制将会提高出口生产率临界值(扩展边际),而如果企业同时需要外部融资来支付可变贸易费用,则信贷约束会进一步降低企业的海外销售额(集约边际)。金融发展会缓解这些信贷扭曲,尤其对金融脆弱部门的影响更大。故金融发达国家会在金融脆弱行业中具有比较优势,出口总量更大,出口企业占比(扩展边际)以及单个企业的出口额(集约边际)更高。

与马诺瓦(2013)不同,钱尼(2016)假设企业异质性不仅来自生产率,还来自流动性禀赋:本土部分的生产和销售不存在融资约束,但国内市场销售利润和流动性禀赋决定了企业是否有能力支付出口固定成本。钱尼(2016)认为,即使企业具有高生产率,且出口有利可图,企业也不一定选择出口,因为企业可能缺乏流动性,无法支付进入海外市场的初始投资。因此,那些从国内销售中获取大量流动性的高生产率企业,或者那些拥有大量流动性禀赋的富裕公司(即使生产率水平较低),会更有可能选择出口;而那些生产率水平尚可,但流动性禀赋欠缺的企业则可能无法出口。不仅如此,可用流动性越稀缺,企业之间流动性分配越不平等,一国

---

① Manova, Kalina, "Credit Constraints, Heterogeneous Firms, and International Trade", *Review of Economic Studies*, Vol.80, No.2, 2013, pp.711-744.

的出口总量就越低。

鉴于出口销售所得往往滞后生产很久,芬斯阙等(Feenstra 等,2014)还在梅利茨模型中引入贸易成本融资以及贸易销售所得的滞后性特征,指出由于银行无法观测企业生产率,且无法得知贷款是用于出口还是本国生产,故出口企业面临更为严重的融资约束。

还有一些文章专注于融资约束对出口企业成长动态的影响。最新贸易文献研究成果显示,新出口企业具有不同于老出口企业的动态表现,比如:新企业出口少、成长慢,在最初几年里退出出口市场的概率高。文献因此认为,基于初始投资沉没成本假设的经典贸易模型难以解释这些事实,因为这些模型里新企业成长迅速、生存时间长,见鲁尔和威利斯(Ruhl 和 Willis,2017)[1]的讨论。

基于这些出口动态事实,科恩等(Kohn 等,2016)[2]认为融资约束可能成为阻碍潜在企业进入出口市场的壁垒。该文在梅利茨模型中引入营运资本外部融资约束:企业资本积累可能来自内部现金流,也可能来自外部金融市场借贷,但外部借贷受限于企业的资本抵押品价值(企业净值)。基于数据观察,该文假设外部借贷在营运资本融资中起着重要作用,且出口比国内销售更需要外部融资,故借贷约束通过两条渠道影响企业出口决策:(1)低净值出口企业只能在次优水平上生产和出口,故企业净值增长缓慢;(2)高生产率但低净值的企业无法出口,因为无法获得足够的外部融资,而高净值低生产率的企业却可能出口。模型中,融资约束对出口企业成长动态的影响如下:由于大多数新出口企业的生产率相对较低,且企业净值有限,故比在位出口企业受到更加严重的融资约束,但随着这些新企业逐渐积累内部资金,融资约束得到缓解,其出口规模、生存概率也会逐渐增加。因此,科恩认为企业出口动态反映了出口贸易背后的融资约束因素,且即使没有出口初始投资沉没成本,融资约束也可能

①　Ruhl, Kim J., and Jonathan L. Willis, "New Exporter Dynamics", *International Economic Review*, Vol.58, No.3, 2017, pp.703-726.

②　Kohn, David, Fernando Leibovici, and Michal Szkup, "Financial Frictions and New Exporter Dynamics", *International Economic Review*, Vol.57, No.2, 2016, pp.453-486.

形成出口回滞效应(hysteresis effect),因为出口企业所积累的资产可以让这些企业相对持久地保持出口状态。

三、融资结构和出口决策互动机制

有关融资约束机制的讨论往往以梅利茨异质性企业贸易模型框架作为基础,假设工作资本(尤其是跟出口生产相关的工作资本)存在外部融资约束。模型中不存在融资方式多样性,既没有短期借贷和长期借贷之间的权衡,也没有债务融资和股权融资之间的考量。模型关注融资约束如何影响出口决策,但缺乏出口决策如何影响融资约束、融资结构的探讨。这一机制显然无法解释数据中出口企业资本结构不同于非出口企业的典型性事实。贝金等(2018、2021)对此进行补充。

贝金等(2018)构造动态随机一般均衡(DSGE)模型,探讨出口决策和企业融资决策之间的互动机制。模型中,企业存在两类债务:短期债务用来满足工作资本需求,长期债务用以平滑生产,抵御外来冲击,此外企业还可以发行股权融资。公司所得税的存在使长期债务具有税盾效应,故相对股权融资便宜。由于企业存在股权融资和债务融资等多种融资方式,故面对不利冲击,企业会在不同融资方式之间进行调整。这一内生资本结构的调整有利于企业平滑生产,对抗外生冲击,但会抑制潜在企业进入出口市场的决策:当企业被迫从相对便宜的融资方式转向相对昂贵的融资方式时,进入海外市场的初始投资的有效融资成本上升,导致潜在企业难以进入出口市场。而当初始投资中使用大量进口商品时,出口企业动态和融资结构之间进一步形成一种恶性循环:随着出口企业数量减少,初始投资产品的生产难度增加,初始投资品价格上涨,进一步增加潜在企业进入出口市场的初始投资成本,导致出口企业数量进一步减少……

贝金等(2021)[①]则在梅利茨异质性企业贸易模型中引入融资结构,探讨出口企业为何具有不同于非出口企业的杠杆率结构。该文在美国上

---

① Bergin, Paul R., Ling Feng, and Ching-Yi Lin, "Trade and Firm Financing", *Journal of International Economics*, Vol.131, 2021, p.103461.

市企业（COMPUSTAT）数据中发现，出口企业具有更高的长期杠杆率。基于贝金等（2018）的工作机制，该文认为杠杆率中的这一出口溢价现象源自规模经济效应：固定生产成本的存在，意味着企业工作资本的增长小于企业销售额增长，故随着企业生产率水平提高或者规模增加，企业短期外部融资需求增长相对慢于企业价值增长。由于企业通过股权质押为短期工作资本进行融资，而股权价值增长又快于短期融资需求增长，故企业可以适当增加长期债务发行——这虽然会减少企业股权价值，但也因此节省了企业长期融资成本——由此形成大企业具有更高长期杠杆率的结果。而根据梅利茨（2003），只有生产率足够高的企业才能够成为出口企业，故出口企业的长期杠杆率高于非出口企业，由此形成杠杆率中的出口溢价。但对于给定的出口企业而言，额外的出口融资需求会要求企业提供更高价值的股权抵押品，由此降低企业长期杠杆率。

总体而言，有关融资结构和出口决策之间互动机制的研究依然相对匮乏，很多问题亟待解决。如贝金等（2018）虽然探讨了融资结构同企业出口之间的互动机制和动态影响，但模型基于代表性经纪人框架，无法讨论不同生产率企业的融资结构选择和出口决策。贝金等（2021）虽然探讨了不同生产率企业的融资选择和出口决策，却是在一个比较静态模型框架中，无法探讨企业融资决策和出口决策的动态交互影响和宏观经济效应。

第三节　经验证据

伴随融资与贸易理论的发展，经验证据也得到极大丰富。早期文献主要关注国家层面金融发展和行业出口之间的因果关系。随着近年来企业层面出口数据的增加，大量研究为企业财务状况影响出口市场参与、出口规模提供了证据，指出融资约束不利于出口，金融发展能够缓解融资约束带来的抑制效应，而危机期间融资约束的影响尤其加剧，且民营企业、中小企业往往受到更为严重的冲击。也有研究指出，出口可以改善企业的融资状况。不同方向的研究证据显示，企业融资和出口动态之间可能互为因果。

一、融资促进贸易

一系列经验研究分析了融资对贸易的影响,指出这种影响可能源自一国的金融发展水平、股票市场发展水平,通过银行信贷,或是信用证供给、贸易信贷、货款支付的提前或推后安排等非银行信贷方式,在出口集约边际和扩展边际形成影响。

有关金融发展水平、股票市场发展水平对贸易的影响主要集中于早期文献中。如贝克(2002)基于克莱策和巴德汉(1987)的金融比较优势理论,利用65个国家1966—1995年制造业面板数据,研究发现金融发展水平高(银行信贷/GDP,间接融资指标)的国家在(利用外部资金较多的)制造业出口中具有比较优势,出口份额(制造业出口额/总出口)和贸易余额占比(制造业贸易余额/GDP)都较高,但进口份额(制造业进口额/总进口)却较低。贝克(2003)则基于1980—1989年56国数据,研究发现除了金融发展水平外,股票市场发展水平(股市市值/GDP,直接融资指标)以及金融体系水平(银行信贷/GDP+股市市值/GDP)都与行业出口显著正相关,尤其是在外部融资依赖程度高的行业中。其中,外部融资依赖程度采用拉詹和津格勒斯(1998)指标(资本支出−营运现金流)/资本支出,或者行业固定成本来衡量。贝克等(2003)[1]基于1970—1998年170多个国家的年度双边贸易数据,研究指出发达的金融体系(高质量的会计体系)会促进出口,特别是在出口固定成本高的行业中。其中,出口固定成本的衡量指标包括产品出口额的标准差、出口国和进口国之间的距离、共同边界、共同语言等。该文使用OLS(普通最小二乘回归)后发现,由会计质量代理的金融发展促进了出口,且当前期成本较高时,这种效应更为强大。

近期也有部分文献强调银行系统对出口部门的影响。如克莱森斯和霍伦(Claessens和Horen,2021)[2]对1995—2007年的跨国数据进行分析,

---

[1] Beck, Thorsten, "Financial Dependence and International Trade", *Review of International Economics*, Vol.11, No.2, 2003, pp.296–316.

[2] Claessens, Stijn, and Horen N., Van, "Foreign Banks and Trade", *Journal of Financial Intermediation*, Vol.45, 2021, p.100856.

研究发现外国银行会增加本国出口,而外国银行的进入则促进了本国对该银行母国的出口。米内蒂等(Minetti 等,2021)[1]利用 1997—2014 年的国家面板数据,研究发现,虽然低收入国家的银行倾向于减缓出口企业进入和退出海外市场,降低出口部门活力,但总体而言以银行为导向的金融体系增加了出口企业数量。米内蒂等(2021)研究结果表明,在法制规范相对欠缺的发展中国家,本土银行、国有银行等倾向于保护本国在位出口企业。

随着异质性贸易模型的发展,近年来,文献逐渐强调金融市场发展指标对行业出口影响的异质性特征。如马诺瓦(2008)[2]考察了 1980—1997 年股票市场自由化对 91 个国家 27 个行业的出口行为的影响,发现股票市场自由化会明显增加更需要外部融资或抵押资产较少的金融脆弱部门的出口,因为随着股票市场自由化允许外国投资者进入本国股票市场,本国企业可以获得的外部资金增加。该文发现,股票市场自由化的前三年里,高外部融资依赖性行业(如纺织业)的出口比低外部融资依赖性行业(如矿产品行业)的出口增加了 13%,低抵押品行业(其他化学品行业)的出口比高抵押品行业(木制品行业)增长了 17%,且这些现象尤其凸显于那些股票市场欠发达的国家,说明外国股权资本流入可能是本国低质量金融系统的替代品。

马诺瓦(2013)基于 1985—1995 年 107 个国家 27 个行业的数据,利用各国金融发展水平差异和部门间金融脆弱性差异,发现信贷约束对贸易的影响中约有 20%—25% 源自总产出减少,剩余的则为贸易特定影响,而贸易特定影响中的 1/3 是因为融资约束限制了企业进入出口市场,2/3 则是因为融资约束削减了企业的出口销售规模。此外,该文发现,金融发达经济体在金融脆弱部门中的出口更多,因为这些国家的

---

① Minetti, Raoul, Alen Mulabdic, Michele Ruta, and Susan Chun Zhu, "Financial Structures, Banking Regulations, and Export Dynamics", *Journal of Banking and Finance*, Vol. 124, 2021, p.106056.

② Manova, Kalina, "Credit Constraints, Equity Market Liberalizations and International Trade", *Journal of International Economics*, Vol.76, No.1, 2008, pp.33-47.

企业可以进入更多海外市场，向每个目的地出售更多种类的本国产品，且每种产品的销售更多。贾德（Jaud，2022）利用 81 个国家 1299 种产品的出口数据，发现当金融自由化允许外国投资者进入本国股票市场时，不符合比较优势的产品留在该国出口组合中的概率降低，故本国的出口组合会更接近其所拥有的比较优势，相应地，这些国家的总体出口业绩也有所改善。

与此同时，随着微观企业层面数据的可得，大量文献着重探讨金融市场不完善与企业出口集约边际和扩展边际之间的联系。但就影响结果而言，学术界观点并不一致。如穆尔斯（Muûls，2015）[1]基于比利时制造业企业 1999—2007 年数据，利用信用保险公司构建的信用度评分来衡量企业的融资约束程度，发现信用评级好（信贷约束和破产风险低）的企业，出口与进口的扩展边际和集约边际都会增加，因为融资受限的企业，无法为出口融资资本或是进入出口市场时必须支付的固定沉没成本进行融资，因此出口额度受限，进入出口市场的难度增加。米内蒂和朱（Minetti 和 Zhu，2011）[2]利用意大利制造业企业数据，基于企业调查反馈，采用了一种具体的企业信贷配给衡量方法，发现受信贷配给影响的企业出口可能性较小，信贷配给对出口商对外销售力度的减少大于其对国内销售的影响，尤其是对于那些与债权人之间存在较短债务关系的企业，债权人少的企业，以及在外部融资依赖度高的行业经营的企业。纳加拉杰（Nagaraj，2014）[3]使用多种估计方法，发现融资约束（企业的流动性和杠杆率）与印度制造业企业出口市场进入决策有很强的相关性，而如果企业所面临的资金紧张状况得到缓解，扩展边际可以增加。

但也有文章指出，融资约束对贸易集约边际和扩展边际存在不同影

---

① Muûls, Mirabelle, "Exporters, Importers and Credit Constraints", *Journal of International Economics*, Vol.95, No.2, 2015, pp.333–343.

② Minetti, Raoul, and Susan Chun Zhu, "Credit Constraints and Firm Export: Microeconomic Evidence from Italy", *Journal of International Economics*, Vol.83, No.2, 2011, pp.109–125.

③ Nagaraj, Priya, "Financial Constraints and Export Participation in India", *International Economics*, Vol.140, 2014, pp.19–35.

响。如帕拉维西尼（Paravisini，2015）①认为信贷短缺会提高可变生产成本，但不会增加初始投资的沉没成本，故只会影响集约边际而非扩展边际。与这一预期一致，该文利用匹配后的秘鲁海关数据和银行信贷数据来估计出口的信贷弹性，发现信贷冲击减少了对特定产品和目的地市场的持续出口（集约边际），但对企业进入或退出新产品的出口或是新市场的出口（扩展边际），都没有显著影响。贝尔曼和赫里科特（Berman 和 Héricourt，2010）②的研究则涵盖了发展中国家和新兴经济体的企业，发现较低的融资约束对企业出口参与度（扩展边际）有积极影响，但更好的财务状况既不会增加企业进入后继续出口的可能性，也不会改变出口规模（集约边际）。贝塞代什等（Besedeš 等，2014）③则指出融资约束对出口的影响是动态变化的。利用对 12 个欧盟成员国和美国出口的产品层面数据，该文发现信贷约束在出口的初始阶段起着关键作用，但在后期则没有影响，故随着出口企业年龄的增加，信贷约束对出口增长的影响逐渐减弱。

针对外部融资来源，部分文章强调银行对企业出口行为的重要影响。如博诺和福尔马依（Buono 和 Formai，2018）④使用匹配后的意大利银企数据，分析了银行信贷对国内外销售的影响，发现银行信贷供应的不利冲击会导致出口商减少其出口贸易流，而不会影响其国内销售。类似地，斯帕塔雷努等（Spatareanu 等，2018）⑤表明，国际金融危机造成的严重银行

---

①　Paravisini，Daniel，Veronica Rappoport，Philipp Schnabl，and Daniel Wolfenzon，"Dissecting the Effect of Credit Supply on Trade：Evidence from Matched Credit-export Data"，*The Review of Economic Studies*，Vol.82，No.1，2015，pp.333-359

②　Berman，Nicolas，and Jérôme Héricourt，"Financial Factors and the Margins of Trade：Evidence from Cross-country Firm-level Data"，*Journal of Development Economics*，Vol.93，No.2，2010，pp.206-217.

③　Besedeš，Tibor，Byung-Cheol Kim，and Volodymyr Lugovskyy，"Export Growth and Credit Constraints"，*European Economic Review*，Vol.70，2014，pp.350-370.

④　Buono，Ines，and Sara Formai，"The Heterogeneous Response of Domestic Sales and Exports to Bank Credit Shocks"，*Journal of International Economics*，Vol.113，2018，pp.55-73.

⑤　Spatareanu，Mariana，Vlad Manole，and Ali Kabiri，"Exports and Bank Shocks：Evidence from Matched Firm-bank Data"，*Structural Change and Economic Dynamics*，Vol.47，2018，pp.46-56.

危机立即对英国企业的出口产生了显著的负面影响，并且私营企业和更依赖外部融资的行业中的企业受到的冲击最大，而上市企业受银行困境的影响较小。格尔克和斯帕利亚拉（Görg 和 Spaliara, 2018）[①]也发现，在2007—2009 年危机期间，严重依赖外部融资的行业中的企业面临更高的退出出口市场的风险。乔和马诺瓦（Chor 和 Manova, 2012）[②]利用美国月度进口数据发现，在危机高峰期，信贷市场收紧的国家对美国的出口减少，这在需要大量外部融资、获得贸易信贷机会有限或可抵押资产很少的行业中尤为明显。亚科沃内等（Iacovone 等, 2019）[③]利用 160 个发达国家和发展中国家 1970—2012 年的数据，分析了 147 起银行危机事件，发现在银行危机期间，更依赖银行融资的部门，其出口增长明显低于其他部门。

部分文献则关注贸易信贷的重要影响。如阿米蒂和韦恩斯坦（Amiti 和 Weinstein, 2011）研究发现，日本银行机构的健康状况是日本企业出口销售额的重要决定因素，表明日本银行在 1990—2010 年的系统性危机中将金融冲击传递给出口商，而银行健康之所以关系到企业出口表现，是因为危机期间银行认为出口企业的违约风险增加，故愿意提供给出口企业的贸易信贷减少。尼普曼和艾森洛尔（Niepmann 和 Eisenlohr, 2017）[④]也发现，当某国的信用证供给受到一个标准差的负面冲击时，美国对该国的出口会减少 1.5%，这种影响凸显于银行不倾向提供信用证的国家，且在国际金融危机期间尤其显著。芬斯阙等（2014）同样发现贸易信贷会放松出口企业的融资约束。而多恩等（Doan 等, 2020）[⑤]利用 2006—2010 年

①　Görg, Holger, and Marina Eliza Spaliara, "Export Market Exit and Financial Health in Crises Periods", *Journal of Banking and Finance*, Vol.87, 2018, pp.150-163.

②　Chor, Davin, and Kalina Manova, "Off the Cliff and Back? Credit Conditions and International Trade during the Global Financial Crisis", *Journal of International Economics*, Vol.87, No.1, 2012, pp.117-133.

③　Iacovone, Leonardo, Esteban Ferro, and Mariana Pereira-López, et al., "Banking Crises and Exports: Lessons from the Past", *Journal of Development Economics*, Vol.138, 2019, pp.192-204.

④　Niepmann, Friederike, and Tim Schmidt-Eisenlohr, "No Guarantees, No Trade: How Banks Affect Export Patterns", *Journal of International Economics*, Vol.108, 2017, pp.338-350.

⑤　Doan, Ngoc Thang, Thi Kim Chi Vu, and Nguyen Kieu Trang, et al., "Cash-in-advance, Export Decision and Financial Constraints: Evidence from Cross-country Firm-level Data", *International Review of Economics and Finance*, Vol.69, 2020, pp.75-92.

56 个国家的企业层面数据,发现预付货款会放松国内市场的中小企业所面临的信贷约束,提高中小企业的出口份额。

二、贸易改善融资

虽然大量文章关注融资对企业出口的鼓励作用,也有文章指出国际贸易中的比较优势可能影响一国的金融发展水平,改善出口企业的融资条件。如多和列夫钦科(Do 和 Levchenko,2007)[①]表明,在生产资本密集型产品方面具有比较优势的国家,往往对外部融资的需求更高,因此会要求本国有更高的金融发展水平,而那些主要出口外部资金需求较低的商品的国家,金融发展水平则相对较低。

随着企业异质性贸易模型的发展和企业层面数据的丰富,更多文章着重研究出口如何影响一国企业的财务状况。如坎帕和谢尔弗(Campa 和 Shaver,2002)发现,西班牙制造业出口商的现金流和资本投资相较于非出口商更稳定,而且出口可以帮助企业降低其财务约束,因为与从不出口的企业相比,总是出口企业的投资对现金流的敏感性较低。该文认为,这一发现源自风险分散机制,因为通过出口,企业在经济周期不完全相关的市场上销售,故可以预期拥有更稳定的现金流。由此,出口向外部投资者发出了一个信号,即出口企业的生产率更高,具有竞争优势,企业将有能力偿还债务。格里纳韦等(Greenaway 等,2007)[②]通过分析英国制造业企业 1993—2003 年的面板数据,表明出口企业的财务状况比非出口企业好,这一结果是由持续经营的出口商推动的,而不是通常表现出低流动性和高杠杆率的初创者,这可能是由于进入出口市场需要支付的沉没成本所致。该文认为,参与出口市场可以改善企业的财务状况,但约束较小的企业并不一定自行选择出口。布里奇斯和瓜里格利亚(Bridges 和

[①] Do,Quy Toan, and Andrei A. Levchenko, "Comparative Advantage, Demand for External Finance, and Financial Development", *Journal of Financial Economics*, Vol. 86, No. 3, 2007, pp.796-834.

[②] Greenaway David, Alessandra Guariglia, and Richard Anthony Kneller, "Financial Factors and Exporting Decisions", *Journal of International Economics*, Vol.73, No.2, 2007, pp.377-395.

Guariglia,2008)①利用 1997—2002 年的英国企业面板数据发现,较低的抵押品价值和较高的杠杆率确实会导致较高的企业失败率,但仅限于纯粹的非出口企业,而在全球运营的公司面临融资约束的可能性较小。

还有部分文献认为贸易会影响一国企业的资本结构,但这些文章主要关注进口贸易而非出口贸易。如徐(Xu,2012)②利用 1989—2004 年美国制造业企业数据,研究发现,进口关税和汇率变动所带来的进口竞争加剧,会降低企业预期利润,增加企业违约风险,从而降低美国企业的杠杆率。徐认为,这一研究发现与经典权衡理论一致,即账面杠杆率与预期利润之间存在正相关关系,而跟企业已实现的利润之间并不存在显著关系。巴格斯和布兰德(Baggs 和 Brander,2006)③的研究发现与徐(2012)相反。巴格斯等研究了 1989 年美国与加拿大签订自由贸易协定(FTA)对加拿大企业杠杆率的影响,发现加拿大进口关税下降伴随着加拿大国内企业杠杆率的上升,而出口关税下降则伴随着杠杆率的下降。该文认为其结果更支持企业融资的啄序理论,而非经典权衡理论。

三、中国证据

中国在 2001 年加入世界贸易组织之后,贸易大幅增长。这为研究融资约束和贸易之间的关系提供了合适数据。基于中国企业层面数据,大量文章发现融资状况的改善不仅能提高企业出口的概率(扩展边际),而且对其出口规模(集约边际)也有重要影响(阳佳余,2012)④,且外商投资企业、国企往往具有较小的信贷约束。其中,针对外企信贷优势,马诺瓦等

---

① Bridges, Sarah, and Alessandra Guariglia, "Financial Constraints, Global Engagement, and Firm Survival in the United Kingdom: Evidence From Micro Data", *Scottish Journal of Political Economy*, Vol.55, No.4, 2008, pp.444–464.

② Xu, Jin, "Profitability And Capital Structure: Evidence from Import Penetration", *Journal of Financial Economics*, Vol.106, No.2, 2012, pp.427–446.

③ Baggs, Jennifer, and James A. Brander, "Trade Liberalization, Profitability, and Financial Leverage", *Journal of International Business Studies*, Vol.37, No.2, 2006, pp.196–211.

④ 阳佳余:《融资约束与企业出口行为:基于工业企业数据的经验研究》,《经济学(季刊)》2012 年第 4 期。

（2015）利用2005年中国制造业企业数据，发现中国民企融资约束显著高于合资企业和外企，这使得外企和合资企业在外部融资依赖性高的行业中具有比较优势，这尤其表现在出口目的地贸易成本较高的部门里。针对国企信贷优势，孙灵燕和李荣林（2011）[1]利用世界银行投资环境调查数据发现，外源融资约束是限制企业出口参与的重要因素，但仅限于民营企业以及企业的初始出口。

就影响渠道而言，融资约束会抑制出口企业的生产率、出口产品质量、研发创新和生产组织形式。如徐榕和赵勇（2015）[2]对中国工业企业数据进行分析，发现降低企业融资约束不但能够直接提高企业进入出口市场的可能性，还会通过放大企业的"自选择效应"，间接提高企业生产率对出口市场进入的促进作用。该影响存在异质性，与企业所处外部融资环境、企业所有制性质有关。孔祥贞等（2020）[3]基于中国大样本制造业企业面板数据，发现融资约束会限制中间品进口，显著降低企业出口产品质量。程栋等（Cheng等，2021）[4]探讨了信贷配给对中国中小企业出口绩效的影响，发现信贷配给下，中小企业出口的可能性较小，已出口企业的出口量也会低于获得信贷的企业，且对于流动性不足、生产销售多种产品的企业来说，信贷配给对出口参与（扩展边际）的影响更为显著。魏浩和张宇鹏（2020）[5]则进一步指出，企业融资约束加剧会削减企业的中间投入规模和研发投入费用，调整出口产品结构，显著降低企业核心产品在出口总额中的比重。此外，金融市场不完善还会影响企业和国家间的生产组织形式以及在全球供应链中的地位，马诺瓦和于（Manova和Yu，2016）[6]研究

① 孙灵燕、李荣林：《融资约束限制中国企业出口参与吗？》，《经济学》2011年第1期。

② 徐榕、赵勇：《融资约束如何影响企业的出口决策？》，《经济评论》2015年第3期。

③ 孔祥贞、覃彬雍、刘梓轩：《融资约束与中国制造业企业出口产品质量升级》，《世界经济研究》2020年第4期。

④ Cheng, Dong, Yong Tan, and Jian Yu, "Credit Rationing and Firm Exports: Microeconomic Evidence from Small and Medium-sized Enterprises In China", *The World Economy*, Vol.44, No.1, 2021, pp.286–311.

⑤ 魏浩、张宇鹏：《融资约束与中国企业出口产品结构调整》，《世界经济》2020年第6期。

⑥ Manova, Kalina, and Zhihong Yu, "How Firms Export: Processing vs. Ordinary Trade with Financial Frictions", *Journal of International Economics*, Vol.100, 2016, pp.120–137.

表明,信贷约束促使中国企业进行更多的加工贸易,特别是装配业务,并阻止中国企业从事附加值更高、利润更多的活动。

文献还指出,外部金融市场的发展有助于拓宽企业的融资渠道,缓解企业面临的融资约束,进而刺激出口。吴嵩博和崔凡(2020)①以企业进入开发区这一事件作为准自然实验,检验了融资约束对中国企业出口目标市场选择与偏好的影响效果,结果表明中国企业的出口市场存在啄序,且企业在融资约束缓解后倾向于向市场潜力较高的经济体出口。钟结枝等(2021)②利用中国 2007—2018 年上市 A 股企业的数据,发现通过股权融资渠道获取资金更有利于促进企业出口。此外,税收优惠政策也可以通过提高企业融资能力和降低融资成本等缓解企业外源性融资约束,从扩展边际和集约边际两个渠道显著促进了企业出口(符大海等,2021)③。

另外,国内研究也普遍发现出口有助于缓解企业的融资约束。如周世民等(2013)④基于中国 2002—2007 年工业企业数据,发现出口明显缓解了中大型民营企业(特别是中西部地区)的融资约束。罗长远和李姝醒(2014)⑤利用世界银行 2005 年企业调查数据,研究发现私企投资对现金流表现出显著的正相关,但出口有助于降低这一相关性。该文认为出口可能通过提高获取流动性的便利性、规避国内营商环境的不确定性、分散市场的风险性以及发送企业资质"信号"等渠道,对企业融资产生积极影响。杨晶晶等(2018)⑥利用 2001—2007 年中国工业企业数据,表明出口能有效缓解企业的融资约束,且缓解效应具有明显的滞后性和持续性,

---

① 吴嵩博、崔凡:《融资约束与中国企业出口市场偏好——基于开发区准自然实验的实证分析》,《国际贸易问题》2020 年第 2 期。

② 钟结枝、陆宇海、陈见标:《融资渠道与企业出口关系分析——基于我国 A 股上市企业数据的经验检验》,《商业经济研究》2021 年第 2 期。

③ 符大海、鲁成浩、秦伊伦:《国内税收优惠促进企业出口了吗?——基于"准自然实验"的经验证据》,《中央财经大学学报》2021 年第 2 期。

④ 周世民、王书飞、陈勇兵:《出口能缓解民营企业融资约束吗?——基于匹配的倍差法之经验分析》,《南开经济研究》2013 年第 3 期。

⑤ 罗长远、李姝醒:《出口是否有助于缓解企业的融资约束?——基于世界银行中国企业调查数据的实证研究》,《金融研究》2014 年第 9 期。

⑥ 杨晶晶、应姣姣、周定根:《出口能否缓解异质性企业的融资约束——基于中国工业企业的经验研究》,《财贸研究》2018 年第 2 期。

不同融资方式对出口的敏感性决定了企业融资约束的缓解效果,具体而言,出口对东部地区企业、小型企业、外资企业和民营企业的缓解作用更加明显。徐丽鹤等(2019)①基于世界银行 2012 年中国企业调查截面数据,发现相比内销而言,出口企业可获得更高的信用评级,从而更容易进入信贷市场,但出口仅有助于企业获得银行贷款,或者供应链信用融资,并用于实际运营,对投资性融资无影响。

针对企业融资多样性,蒋灵多等(2019)②利用 1998—2007 年工业企业数据与世界贸易组织关税的合并数据,研究发现进口关税下降会显著降低国有企业杠杆率,因为进口关税下降会助推高杠杆的国有企业退出市场,从而提高在位国有企业的利润,减少企业的外部融资需求,因此杠杆率下降。但这一论述与钟宁桦等(2016)③所记录的国有大型上市企业总体杠杆率上升这一事实不完全相符,且关注进口企业而非出口企业。

显然,对经验证据的归纳总结显示,企业融资和出口贸易之间存在互为因果的关系。这意味着不管是在研究融资约束抑制出口贸易,或是研究出口贸易改善企业财务状况时,都需要谨慎控制其中自变量的内生性。此外,现有研究有关融资约束的衡量标准和外部融资来源也并不统一,既需要谨慎区分直接融资和间接融资,也需要谨慎区分间接融资中的银行信贷、贸易信贷等不同形式,以及公司债务融资中的期限结构等。

为推动我国建设更高水平开放型经济新体制,有必要更进一步推动金融资源的最优配置,以实现实际资源更加有效的利用。为此,本章围绕融资和出口贸易这一主题展开综述和展望,首先梳理了融资和贸易参与的理论互动机制,重点讨论了金融发展比较优势机制、融资约束机制以及融资结构和出口决策之间的互动机制,之后总结经验证据,发现融资和贸

---

① 徐丽鹤、李青、周璐:《中国出口企业更容易获得融资吗》,《国际经贸探索》2019 年第 11 期。
② 蒋灵多、陆毅、纪珽:《贸易自由化是否助力国有企业去杠杆》,《世界经济》2019 年第 9 期。
③ 钟宁桦、刘志阔、何嘉鑫、苏楚林:《我国企业债务的结构性问题》,《经济研究》2016 年第 7 期。

易之间存在相互因果关系，这一现象存在于中国和各国数据中。

通过回顾相关文献，本章得出以下结论：第一，金融体系的发展可以成为一国比较优势的潜在来源，尤其是在需要外部融资的行业中，而金融体系的发展可以通过多种渠道（银行等间接融资渠道、股市和债市等直接融资渠道）转化为比较优势。但金融发展比较优势机制无法解释行业中同时存在出口和非出口企业的现象。第二，金融市场不完善会抑制企业出口表现，这种影响可能源自一国的金融发展水平、股票市场发展水平，通过银行信贷，或是信用证供给、贸易信贷、货款支付的提前或推后安排、股权或债务融资等非银行信贷方式，在出口集约边际和扩展边际产生作用。但融资约束机制无法解释企业资本结构中的出口溢价现象。第三，企业融资和出口贸易之间互为因果。直接或间接等融资方式的发展能够缓解融资约束对出口贸易的抑制效应，鼓励企业出口；出口贸易本身也可以改善企业的融资状况，推动一国金融系统水平的发展。但现有理论文章普遍关注融资约束机制，较少提供贸易改善融资的理论机制。第四，融资结构与企业出口之间存在互动作用。不利金融冲击下，企业被迫从相对便宜的融资方式转向其他融资方式以规避冲击，这使潜在企业的融资成本增加，难以进入出口市场。而出口企业所面临的额外工资资本，也会引发企业调整债务期限结构，以及股权融资和债务融资的分配。但鲜有理论在统一框架下讨论时间维度上的动态性与横截面维度上的异质性。第五，中国加入世界贸易组织之后的贸易增长为研究融资约束和出口贸易之间的相关性提供了理想情境，显示企业融资和出口贸易之间互为因果，融资约束会抑制中国出口企业的生产率、产品质量、研发创新和生产组织形式等，外部金融市场发展有助于减轻融资约束，同时，出口也有助于缓解中国企业的融资约束。但鲜有文章在统一框架中思考中国企业融资和出口之间的相互作用。

第 三 篇

企业融资、进入市场动态和
宏观经济波动

第五章 资本结构、企业动态与宏观经济[①]

　　2008 年国际金融危机在美国率先爆发,之后席卷欧美等发达国家。这一危机激发了学术界和政策界对金融部门作为商业周期波动来源的思考。众所周知,如果公司生产成本依靠外部融资,那么当企业外部融资能力受到不利冲击时,企业生产会因此波动,因为融资约束增加了企业生产成本的外部融资难度。

　　在 2008 年国际金融危机期间,经济体除了生产下降,还呈现出一个新的特点:新企业数量及其增长率都急剧下降。根据美国劳工统计局(US Bureau of Labor Statistics,BLS)公布的商业就业动态报告,2007 年 6 月,美国新企业数量的季度增长率为 22.5%,并于 2009 年 6 月降至最低点。

　　为何不利金融冲击同时伴随着经济体生产下降和创业现象减少呢?对这一问题的背后机制,学术界并不清晰。虽然大量文献关注创业现象可能伴随的宏观经济效应,认为企业动态是理解商业周期波动的重要机制,但这些研究主要围绕生产力、货币政策等外生冲击向实体经济的传递过程和传导效应,普遍倾向于剥离企业融资问题来研究企业进入市场动态。如吉罗尼和梅利茨(Ghironi 和 Melitz,2005)[②]、比尔比耶等(Bilbiie等,2012)[③]、贝金和柯塞蒂(Bergin 和 Corsetti,2008)等普遍假设新企业

　　① 本章改写自 Bergin, Paul R., Ling Feng, and Chingyi Lin, "Firm Entry and Financial Shocks", *The Economic Journal*, Vol.128, No.609, 2018, pp.510-540.

　　② Ghironi, Fabio, and Marc J.Melitz, "International Trade and Macroeconomic Dynamics with Heterogeneous Firms", *The Quarterly Journal of Economics*, Vol.120, No.3, 2005, pp.865-915.

　　③ Bilbiie, Florin O., Fabio Ghironi, and Marc J.Melitz, "Endogenous Entry, Product Variety, and Business Cycles", *Journal of Political Economy*, Vol.120, No.2, 2012, pp.304-345.

的创业资金完全来自股权融资，或是不明确企业融资方式。

美国经济学家莫迪利亚尼和米勒（Modigliani 和 Miller, 1958），1958年在《美国经济评论》上发表的"资本结构、公司财务与资本"一文中，对莫迪利亚尼—米勒（Modigliani-Miller）理论①给予了非常详细的阐述。然而，公司金融领域的大量经验研究表明，企业往往通过多种融资方式（如发行股权、企业债券或借款等），为生产成本或是创业的初始投资进行融资。如斯特雷布拉耶夫和怀特德（Strebulaev 和 Whited, 2012）②在回顾了之前 20 年里动态资本结构方面的研究论文之后指出，莫迪利亚尼—米勒理论并不成立，企业资本结构调整关系到企业融资约束程度、投资最优水平、杠杆向目标水平的调整速度等，故企业在债券和股权融资结构上的调整具有微观经济含义。针对公司会周期性调整其债务和股权的融资组合，杰尔曼和卡德罗尼（Jermann 和 Quadrini, 2012）也提供了经验证据支持。

与公司金融领域里的主要研究发现一致，本章假设莫迪利亚尼—米勒理论并不成立，认为企业资本结构调整会对实体经济产生影响。但与文献不同的是，本章关注资本结构调整如何影响创业以及所伴随的宏观经济影响。

第一节　经验分析

本节利用向量自回归模型估计不利金融冲击发生时，新企业与股票

---

① 莫迪利亚尼—米勒理论的基本思想在于：当不考虑公司所得税，且企业经营风险相同时，公司资本结构与公司市场价值和资本成本均无关，即企业不存在最佳资本结构。莫迪利亚尼—米勒理论的前提假设是完善的资本市场、自由流动的资本、无公司所得税和个人所得税等摩擦。考虑到公司所得税的存在，1963 年莫迪利亚尼和米勒再次在《美国经济评论》上发文，提出修正后的"MM 理论"，指出负债利息为免税支出，故债务存在税盾效应，负债越多，税盾效应越明显，公司价值越大。鉴于修正后的莫迪利亚尼—米勒理论存在一定的不合理性，学者们逐渐将市场均衡理论、个人所得税、代理成本、财务拮据成本（因偿债能力不足而导致的直接损失和间接损失）等因素，引入资本结构研究，进一步完善资本结构理论。

② Strebulaev, Ilya A., and Toni M. Whited, "Dynamic Models and Structural Estimation in Corporate Finance", *Foundations and Trends in Finance*, Vol. 6, No. 1, 2012, pp. 1-163.

市值的动态关系。向量自回归模型基于季度数据构建,包含六个变量。
变量顺序如下:工业总产值(Industrial Production)对数、消费者物价指数
(CPI)对数、非借款准备金率(non-borrowed reserves ratio)、3月期银行同
业拆借利率(3-month interbank lending rate)、新企业数量对数、标准普尔
500指数(S&P 500 index)对数。

其中,新企业数量指标由邓百氏(Dun & Bradstreet)公司编制的新企
业数量衡量,该数据来源于Economagic数据库。此外,还采用美国现代
商业调查(Survey of Current Business)中的企业净增指标来检验结果稳健
性。遗憾的是,有关新企业数量的数据只更新到1996年第三季度,而企
业净增指标的数据则只更新到1994年第四季度。

鉴于标准普尔500指数涵盖美国股市75%的股票,股票市值指标由
标准普尔500指数衡量。鉴于银行同业拆借利率被广泛用于衡量经济体
的总体金融流动性,借鉴乔和马诺瓦(2012),本节使用该变量来衡量金
融市场状况。外生金融冲击为该借款利率变动。

同时控制其他宏观经济变量的同期变动,以确保外生金融冲击与其
他宏观变量之间存在正交关系。如模型中控制非借款准备金率,用来剔
除货币政策对贷款利率的影响,确保贷款利率变动源自外生金融冲击,而
非货币政策。

此外,参照伯南克和米霍夫(Bernanke 和 Mihov,1998)[1],假设货币
政策的制定会考虑产出和消费者价格,故反过来两者不受同期货币政策
冲击的影响。因此,向量自回归模型中非借款准备金率排在工业总产值
和消费者物价指数之后。为了讨论新企业是否会对外生金融冲击作出反
应,以及这种反应是否存在滞后性,模型将新企业放在外生金融冲击变量
(3月期银行同业拆借利率)之后。类似排序见于贝金和柯塞蒂(2008)。

最后,鉴于股市价值这一金融变量会对市场信息作出迅速反应,向量
自回归模型将标准普尔500指数置于最后。此外,为方便识别脉冲效应

---

① Bernanke,Ben S.,and Ilian Mihov,"Measuring Monetary Policy",*The Quarterly Journal of Economics*,Vol.113,No.3,1998,pp.869-902.

数值,图 5-1 和图 5-2 中所有脉冲响应均乘以 100。

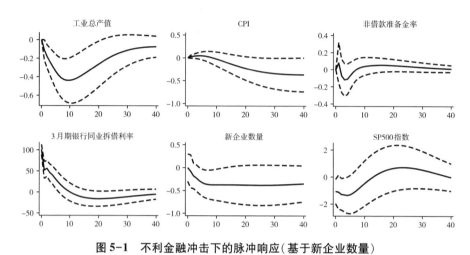

图 5-1　不利金融冲击下的脉冲响应(基于新企业数量)

注:(1)横轴代表冲击之后的季度数,纵轴为脉冲响应偏离放大 100 倍,即百分比,后文各章节相同解释。(2)非借款准备金率和 3 月期银行同业拆借利率为水平值,其他变量取对数。

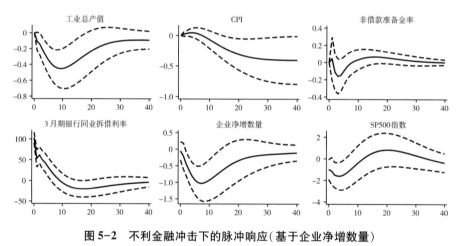

图 5-2　不利金融冲击下的脉冲响应(基于企业净增数量)

注:(1)横轴时间频率为季度,纵轴为脉冲响应放大 100 倍。(2)非借款准备金率和 3 月期银行同业拆借利率为水平值,其他变量取对数。

图 5-1 报告了基于新企业数量的向量自回归模型的脉冲响应结果,样本区间为 1963 年第一季度—1996 年第三季度,其置信区间为正负两个标准差。从中可以看出,受信贷紧缩冲击的影响,新企业数量会持续下降长达 12 个季度。且可以看出,企业数量下降存在滞后性,在金融冲击

发生的第六个季度后才出现显著性,底谷则出现在冲击后的第八个季度。而股市价值对信贷紧缩冲击的反应则是瞬间实现的,持续下降达 4 个季度。针对其他变量,不利金融冲击发生后,工业产出立即下降并呈现持续下降趋势,而消费者物价指数和非借贷准备金率的反应则并不显著。

图 5-2 则报告了基于企业净增数量的向量自回归模型的脉冲响应结果,样本区间为 1963 年第一季度—1994 年第四季度。其结果与基于新企业数量的向量自回归模型一致。其中,股票市值下滑瞬时实现,持续达 4 个季度左右;企业净增数量的减少则在 5 个季度左右变得显著,之后持续显著下降直到第 15 个季度。

由以上分析可见,不利金融冲击会造成经济衰退,对创业决策和股票市值均产生不利影响。其中,对新企业数量的影响呈驼峰型,而对股票价格的影响则是瞬时的。更为有趣的是,一旦新企业显著下降,股票市值则呈现反弹。故此可以认为,新企业动态是金融冲击向实体经济传递的一个重要渠道。

为解释不利金融冲击与新企业和股票市值之间的动态关系,下文将构建动态随机一般均衡模型,探讨新企业、股权价值、企业产出之间的互动机制,为实证发现提供理论解释。

第二节　理论模型构造

本节将构建一个包含内生创业决策和资本结构决策的动态随机一般均衡模型。模型中,企业可以通过发行公司债券或者股票进行融资。校准结果表明,新企业减少有助于缓冲幸存企业的股本价值,加强幸存企业的财务状况,故新企业减少可以缓解不利金融冲击对总产出的影响。

模型包含四类经济主体:(1)最终产品部门:企业之间完全竞争,并采用 CES 生产函数(固定替代弹性生产函数),以整合所有中间产品;(2)中间产品部门:企业之间垄断竞争,潜在企业决定是否进入市场,所有企业均面临短期营运资金的外部融资约束;(3)代表性投资者:购买企业股权,为新成立和既有中间品生产厂商提供股权融资;(4)代表性劳动者:为中间品生产厂商提供劳动力,并购买中间品厂商发行的公司债券,为企业提供外部债务融资。

投资者和劳动者均消费最终商品。模型假设投资者相较于劳动者缺乏耐心,故贴现因子偏小,要求更高回报。由此可知,稳态下,企业必然发行公司债券,以向劳动者借入相对便宜的外部资金。就收入而言,投资者收入仅来自对中间品生产企业的股权投资回报,而劳动者的收入则包括两个方面:工资收入、购买公司债券的投资回报。

就中间品生产部门而言,厂商处在垄断竞争的市场环境中,通过雇佣劳动力来生产差异化产品,并通过发行跨期公司债和股票,分别向劳动者和投资者进行融资。此外,企业还需要借入期内贷款,以获得短期生产成本的营运资金。鉴于期内贷款可能存在违约风险,企业因此面临短期营运资本的融资约束。

潜在企业可以自由进入中间品市场,但必须支付具有沉没性质的一次性初始投资。与在位企业一样,新企业可以发行股票和跨期公司债,为初始投资、企业生产进行外部融资。与比尔比耶等(2012)文献不同,模型允许企业在创业阶段即开始生产。这意味着所有企业(包括既有企业和新进入企业)面临相同的营运资本融资约束,故而会选择相同的资本结构决策。这一假设赋予企业同质性,有利于降低模型的技术分析难度。

一、最终产品部门

最终产品部门是一个完全竞争的市场。最终产品(Y_t)生产商采用固定替代弹性生产函数,对 t 期期初市场上的 $\tilde{n}_t$ 种中间商品($y_{i,t}$)进行加总,即 $Y_t = N_t \left(\int_o^{\tilde{n}_t} y_{i,t}^{\frac{\sigma-1}{\sigma}} d_i \right)^{\frac{\sigma}{\sigma-1}}$。其中,$N_t$ 为效益指数,定义为 $N_t \equiv \tilde{n}_t^{\gamma-\frac{\sigma}{\sigma-1}}$,以反映产品多样性对最终品生产的影响。给定最终产品(Y_t)产量,效益指数 N_t 越高,意味着对中间品生产($\int_o^{\tilde{n}_t} y_{i,t} d_i$)的需求量越小。

与贝纳西（Benassy,1996）[1]的设置相同，σ 表示不同产品之间的期内替代弹性，γ 表示商品多样性的偏好程度。当 γ 被限制为 $\gamma = \sigma/(\sigma - 1)$ 时，最终商品的生产函数与迪克西特和斯蒂格利茨（Dixit 和 Stiglitz,1977）[2]中的标准生产函数一致。后文的稳健性检验将会探讨模型结果对 γ 的敏感性。

市场对单个产品的需求，以及消费者价格指数的表达式如下：

$$y_{i,t} = N_t^{\sigma-1} \left(\frac{p_{i,t}}{P_t}\right)^{-\sigma} Y_t = \widetilde{n}_t^{-\gamma} Y_t \tag{5-1}$$

$$P_t = \frac{1}{N_t} \left(\int_0^{\widetilde{n}_t} p_{i,t}^{1-\sigma} di\right)^{\frac{1}{1-\sigma}} = \widetilde{n}_t^{1-\gamma} p_{it} \tag{5-2}$$

其中，式（5-1）和式（5-2）中的第二个等式来自对称均衡假设。需要指出的是，模型之所以存在对称均衡，是因为经济冲击发生在宏观层面，故所有企业面临相同冲击，因此决策相同。此外，最终品的固定替代弹性生产函数形式意味着，当产品品种增加时，家庭获得相同效用所需支出下降（反之亦然），此时消费者价格指数（P_t）下降，单个商品的相对价格（p_{it}/P_t）上升。

二、中间产品部门

参考杰尔曼和卡德罗尼（2012），模型假设企业通过发行股票和跨期公司债两种方式为生产进行融资。但企业更偏好公司债融资，因为比之出借人（劳动者），借款人（企业所有者）更注重当下收益，对未来折现更多，故 $\beta_I < \beta$，其中 β_I 和 β 分别表示投资者（企业所有者）和劳动者的贴现因子。当出借人（劳动者）更为耐心时，企业的外部融资成本（通过发行公司债券，记为 b_t）将小于内部资本成本（通过发行权益股，记为 s_t），故股权融资成本高于公司债务融资成本。

---

① Benassy,Jean Pascal,"Taste For Variety and Optimum Production Patterns in Monopolistic Competition",*Economics Letters*,Vol.52,No.6,1996,pp.41-47.

② Dixit,Avinash K.,and Joseph E.Stiglitz,"Monopolistic Competition and Optimum Product Diversity",*American Economic Review*,Vol.67,No.3,1977,pp.297-308.

（一）时间线

表5-1展示了模型中的时间线。每一期期初，经济体存在两个状态变量：技术冲击（A_t）、金融冲击（ξ_t）。市场由 n_{t-1} 个在位中间品生产企业构成，每个企业均面临到期债务支出 b_{t-1}。同时，ne_t 个新企业进行创业。这些新企业没有任何需要偿付的债务。最终品生产企业将整合所有 $ne_t + n_{t-1}$ 种中间产品，由此定义 $\tilde{n}_t = ne_t + n_{t-1}$。

表5-1 模型时间线

t 期期初	破产冲击前	破产冲击	$t+1$ 期期初
（1）外部冲击：A_t 和 ξ_t	n_{t-1} 家企业：（1）期内贷款用于支付工资；（2）融资决策（发行债券或股票）并实现收入	$1-\lambda$ 比例的既有企业（n_{t-1}）和进入企业（ne_t）可以存活	状态变量：n_t、b_t、A_{t+1} 和 ξ_{t+1} $n_t = (1-\lambda)(ne_t + n_{t-1})$
（2）n_{t-1} 家生产企业	ne_t 家进入企业：（1）发行债券和股票为创业融资；（2）生产并将利润分配给投资者		
（3）五个状态变量：n_{t-1}、s_{t-1}、b_{t-1}、A_t 和 ξ_t	劳动者：消费并投资债券；投资者：消费并投资股权		

注：（1）破产冲击发生在每期期末。（2）经济体中的时间线假设与文献中的标准设置相同，如 Bilbiie, Florin O., Fabio Ghironi, and Marc J.Melitz, "Endogenous Entry, Product Variety, and Business Cycles", *Journal of Political Economy*, Vol.120, No.2, 2012, pp.304-345。

接下来，既有企业和新企业雇佣劳动力进行生产，并发行公司债券和股票进行生产融资。另外，劳动家庭提供劳动力，消费最终品，并购买债券基金（由 $\tilde{n}_t$ 种债券组合而成）进行金融投资。与此同时，投资者购买最终商品用于消费，并购买股权基金（由 $\tilde{n}_t$ 种股票组合而成）进行金融投资。

最后，产品市场和劳动力市场出清。出清后，所有企业（包括既有企业和新企业）将面临破产冲击。其中，λ 比例的企业将面临破产，退出市场。故在期末仅有 n_t 家企业存活，见式（5-3）：

$$n_t = (1 - \lambda)(n_{t-1} + ne_t) \qquad (5\text{-}3)$$

（二）融资约束

每期期初,企业需要向劳动者支付报酬。故除发行债券 b_t 外,企业还需要借入期内贷款,以支付劳动报酬 $w_t l_{i,t}$。其中,w_t 为工资报酬率,$l_{i,t}$ 为企业 i 的劳动投入。每期期末,企业偿还期内贷款,故无须支付利息。

对于资金出借人而言,企业借款可能存在违约风险,因此要求企业提供抵押品。为此,企业可以质押股权,以获得期内贷款,满足短期生产需求。由于每期股利从当期股权市值中剥离,故企业股权市值(q_t)不包含股利。

又由于企业股权市值(q_t)是 t 期之后企业未来股利的期望现值,可见股权市值(q_t)等于期末企业价值[$E_t(m_{t+1} V_{i,t+1})$],即除息后公司市值。保持其他条件不变,企业债券的发行将减少股东的未来收入,由此降低企业价值。因为投资者通过股权投资成为企业所有者,故这里的贴现因子定义为 $m_{t+1} = \beta_t(1 - \lambda) U_{CI,t+1} / U_{CI,t}$。

以上分析可见,企业借贷能力所受到的融资约束限制如式(5-4)所示:

$$\xi_t E_t(m_{t+1} V_{i,t+1}) \geqslant w_t l_{i,t} \qquad (5\text{-}4)$$

该式表明,如果债务违约,出借人将获得期末企业价值 $E_t(m_{t+1} V_{i,t+1})$,同时承担清算损失 $\xi_t < 1$。该式同样表明,只有当企业违约的清算价值足以支付贷款金额时,贷款人才愿意借出款项。这里,ξ_t 代表随机金融冲击。该变量捕捉了企业资产在市场上的流动性:当市场信贷条件恶化(ξ_t 降低)时,一旦借款人违约,贷款人将很难找到买家以出售抵押资产;或者,即便找到买家,在清算企业资产时,贷款人也只有较弱的议价能力。因此,当市场信贷状况恶化,或者企业资产流动性较差时,出借人将对企业借贷施加更为严格的限制。

（三）企业生产和定价

企业生产异质性产品,唯一所需的生产要素为劳动力:

$$y_{i,t} = A_t l_{i,t} \qquad (5\text{-}5)$$

其中，A_t 为所有企业的总生产率，$l_{i,t}$ 为企业 i 的劳动投入。

企业股利表示为：

$$d_{i,t} = \pi_{i,t} - \left(b_{it-1} - \frac{b_{it}}{R_t} \right) \tag{5-6}$$

其中，$\pi_{i,t} = \dfrac{p_{i,t} \, y_{i,t}}{P_t} - \omega_t l_{i,t}$ 定义为企业生产的营业利润。

企业将选择最优商品价格（$p_{i,t}$）、股利支付水平（$d_{i,t}$）以及债券发行（$b_{i,t}$），以实现累积股利市值 [$V_{i,t}(b_{i,t-1})$] 的最大化，即实现期初企业价值的最大化：

$$V_{i,t}(b_{i,t-1}) = \max_{p_{i,t}, d_{i,t}, b_{it}} \{ d_{i,t} + E_t [m_{t+1} \, V_{i,t+1}(b_{i,t})] \} \tag{5-7}$$

其约束条件包括股利式（5-6）、融资约束式（5-4）、单个产品需求函数式（5-1）以及生产技术式（5-5）。

求解以上最优问题，可得企业定价规则和融资约束乘子为：

$$\frac{p_{i,t}}{P_t} = \frac{\sigma}{\sigma - 1} \frac{w_t}{A_t} (1 + \mu_t) \tag{5-8}$$

$$\mu_t = \frac{\dfrac{1}{R_t} - E_t \, m_{t+1}}{\xi_t \, E_t \, m_{t+1}} \tag{5-9}$$

其中，μ_t 为融资约束的拉格朗日乘子，它是企业期内贷款的影子价格，衡量了融资约束企业的债券融资（R_t）相对股权融资（$\dfrac{1}{E_t \, m_{t+1}}$）的成本。由式（5-9）可见，$\mu_t$ 随着金融市场条件的改变（ξ_t）而调整。保持其他条件不变的情况下，较差的金融市场条件（ξ_t 下降）下，企业融资约束将收紧（μ_t 上升）。

式（5-9）总结了公司债发行的收益和成本。就收益而言，根据式（5-6）和式（5-7），企业多增发一单位债券，当期股利会增加 $\dfrac{1}{R_t}$ 单位。此时，如果保持企业期末股权资产价值不变，期初企业价值也将随之增加 $\dfrac{1}{R_t}$ 单位。

但是,公司债发行会通过直接成本和间接成本效应,影响期末企业价值。就直接成本而言,企业本期每多发行 1 单位债券,这意味着下一期需要额外偿付 1 单位债务,故下一期的企业价值将减少 1 单位。给定投资者的折现因子 m_{t+1},期末企业价值的现值将预期减少 $E_t m_{t+1}$。即当期债务每增加 1 单位,期末企业价值较预期减少 $E_t m_{t+1}$。

而就间接成本来说,由于融资约束收紧,企业股权资产价值每缩水 $E_t m_{t+1}$,抵押资产价值将减少 $\xi_t E_t m_{t+1}$。这会导致本期的期内贷款等额下降,生产规模缩小,企业价值随之下降 $\mu_t \xi_t E_t m_{t+1}$。可见,融资约束收紧所带来的企业价值的具体下降幅度依赖于金融市场条件(ξ_t)和抵押资产的影子价格(μ_t)。

式(5-9)还说明,在股权投资者相对缺乏耐心的模型设定下,股权融资成本会高于债务融资。这会导致企业更倾向于通过发行公司债进行融资,故稳态时 $\mu > 0$,而这也意味着面临融资约束的企业,会尽可能借到最大限额。

当保持其他条件不变时,不利金融冲击(ξ_t 下降)会增加企业融资约束(μ_t 上升)。为避免融资约束收紧,企业会减少公司债借款,以提升股权资产价值,增加企业抵押品价值,从而减少生产成本的下降幅度,达到平滑企业实际产出的目的。减少债券发行虽然会降低企业当期股利,但随着未来需要偿还的债务减少,期末企业价值(即股权资产价值)的下降幅度将减少。

通过对式(5-9)的分析可见,不利金融冲击发生后,企业会从相对便宜的债券融资转向相对昂贵的股权融资,以此减少股权抵押资产价值的下降幅度,放松不利金融冲击所带来的企业融资约束紧张。

式(5-8)体现了模型中的信贷渠道。当保持其他条件不变时,融资约束收紧(μ_t 上升)会提高商品价格,这意味着金融冲击将首先影响企业劳动力需求。机制在于,当存在融资约束时,企业边际生产成本包含两块:标准的劳动力成本($\dfrac{w_t}{A_t}$),以及融资约束条件所伴随的拉格朗日乘子

（ $1 + \mu_t$ ），即 $\left(\dfrac{w_t}{A_t}\right)(1 + \mu_t)$ 。不利金融冲击发生后，融资约束收紧，此时 μ_t 增加。相应地，企业边际生产成本随之扩大。作为结果，企业对劳动力的需求下降，并进一步导致企业实际产出下降。

为降低实际产出的下降幅度，企业会选择从债务融资转向股权融资，以减少股权抵押资产的下降幅度。这会造成企业期初价值的下降，尤其会减少潜在企业可以获得的流动性，从而妨碍潜在企业的创业动机。故可见，不利金融冲击在提高企业资本结构调整成本的同时，也会通过创业决策的调整，进一步放大金融冲击对企业实际产出的影响。

（四）新企业进入市场的创业决策

潜在企业在创业前需要作出以下选择：是否创业？发行多少债券？股权如何定价？这些决策直接反映了市场的产出水平以及劳动力需求。注意，模型没有将企业进入市场决策置于融资决策之前，而是假设创业决策和融资决策同期进行，如表5-1所示。这一设置将有助于简化模型的技术分析。

模型参照阿雷利亚诺等（Arellano等，2012）[1]设置企业进入市场条件，假设企业在支付进入市场的初始投资成本的同时，决定公司债务的发行数量。故支付创业成本 K_t^E 是企业进行债务融资的一个目的。这里，初始投资成本 K_t^E 以最终商品定价。

新企业的总价值（ $V_{i,t}^{entry}$ ）的表达式为：

$$V_{i,t}^{entry} = \max_{p_{i,t}^{new}, b_{i,t}^{new}} \{ d_{i,t}^{new} + E_t [m_{t+1} V_{i,t+1}(b_{i,t}^{new})] \} \tag{5-10}$$

其中， $d_{i,t}^{new}$ 为新企业在初始阶段的保留收益，定义为 $d_{i,t}^{new} = \pi_{i,t}^{new} + \dfrac{b_{i,t}^{new}}{R_t} - K_t^E$ 。这里， $\pi_{i,t}^{new}$ 定义为营业收入，表达式如下： $\pi_{i,t}^{new} = \dfrac{p_{i,t}^{new} y_{i,t}^{new}}{P_t} - \omega_t l_{i,t}^{new}$ 。可见，其一，新企业在进入市场时并没有待偿付的债券（ $b_{i,t-1}^{new} = 0$ ）。这使得式（5-10）不同于式（5-7）中在位企业的价值表达式。其二，

---

① Arellano, Cristina, Yan Bai, and Zhang Jing, "Firm Dynamics and Financial Development", *Journal of Monetary Economics*, Vol.59, No.6, 2012, pp.533–549.

新企业进入市场之后,立即开始生产获得利润,并发行债券和支付初始投资成本 K_t^E 。这与在位企业相同。

将营业收入表达式代入式(5-10),可以得到新进入企业的总市场价值表达式: $V_{i,t}^{entry} = \pi_{i,t}^{new} + \dfrac{b_{i,t}^{new}}{R_t} + E_t[m_{t+1} V_{i,t+1}(b_{i,t}^{new})] - K_t^E$ 。假设新企业在进入阶段即开始生产,这一设定与梅利茨(2003)相同。故模型中 $V_{i,t}^{entry}$ 与梅利茨所定义的"净进入价值"相同,均为剔除进入成本之后的新企业价值。

与梅利茨(2003)模型设置相同,只要"净进入利润"为正,新企业就会选择进入市场,由此可得新企业进入市场的条件为:

$$\frac{b_{i,t}^{new}}{R_t} + E_t[m_{t+1} V_{i,t+1}(b_{i,t}^{new})] + \pi_{i,t}^{new} = K_t^E \tag{5-11}$$

根据式(5-11),债券和权益股的发行与初始投资成本的支付同时发生。这意味着,新企业初始投资成本的融资来自以下三个方面:(1)债务融资($b_{i,t}^{new}$),其成本为未来需要支付的利息(R_t);(2)股权融资(q_t 或者 $E_t[m_{t+1} V_{i,t+1}(b_{i,t}^{new})]$),其成本为未来需要支付的股利,其中股利等于利润加上新发行的债券但减去需要偿还的债务,即 $d_{i,t+k} = \pi_{i,t+k} + \dfrac{b_{it+k}}{R_{t+k}} - b_{it-1+k}$;(3)当期营业收入所得($\pi_{i,t}^{new}$)。

为清楚展示新企业的市场进入决策,这里采用两种不同方式来衡量企业价值。首先,定义企业金融资产价值 $V_{i,t}^a$ 为债务价值和股权价值总和,即 $V_{i,t}^a = \left(\dfrac{b_{i,t}^{new}}{R_t}\right) + E_t[m_{t+1} V_{i,t+1}(b_{i,t}^{new})]$ 。根据进入条件式(5-11), $V_{i,t}^a$ 表示新企业通过发行金融资产所获得的流动性,包括股权价值($E_t[m_{t+1} V_{i,t+1}(b_{i,t}^{new})]$)和债务价值($b_{i,t}^{new}$),两者均可用于支付企业初始投资成本。

其次,定义企业初始资产价值为: $V_{i,t}^{new} = V_{i,t}^a + \pi_{i,t}^{new}$ 。 $V_{i,t}^{new}$ 考虑了新企业在创业时即开始生产,具有经营性现金流这一特征,认为新企业初始资产包括两部分:企业金融资产价值($V_{i,t}^a$)、经营性现金流($\pi_{i,t}^{new}$)。变量

$V_{i,t}^{new}$ 可以更好地解释新企业的决策：当新企业初始资产价值（ $V_{i,t}^{new}$ ）小于创业沉没投资成本时（ K_t^E ），企业将放弃创业，而只有当企业筹集足以支付创业的初始投资成本时，才会选择创业。

式（5-11）中的新企业进入市场条件与相关文献的实证研究结果具有一致性。针对新企业的外部融资状况，大量文献研究表明，其一，新企业有多种外部融资途径为进入市场的初始投资成本进行融资，如营业收入、股权融资、债务融资等；其二，在进入阶段，债务融资往往更为重要。此外，在公司金融理论和宏观金融文献中，包含债务融资的市场进入条件也并不鲜见（Cooley 和 Quadrini，2001）[1]。

接下来，本节将进一步分析新企业的融资决策、定价决策和生产决策。与既有在位企业一样，新企业根据留存收益等式（5-6）、融资约束式（5-4）和市场对单个产品的需求式（5-1）来最大化期初企业价值。但新企业与既有企业存在两点不同：其一，新企业没有需要偿付的到期债务（ $b_{i,t-1}^{new} = 0$ ）；其二，新企业必须支付进入成本。

由于融资约束不受初始债务的影响，故新企业的一阶条件和既有企业完全相同，如式（5-8）和式（5-9）所示。同时，新企业的选择变量和既有企业也相同，故： $b_{i,t}^{new} = b_{i,t}$ ， $p_{i,t}^{new} = p_{i,t}$ 。根据式（5-1）、式（5-5）和式（5-6），可以进一步得到： $y_{i,t}^{new} = y_{i,t}$ ， $l_{i,t}^{new} = l_{i,t}$ 和 $\pi_{i,t}^{new} = \pi_{i,t}$ 。这进一步说明新进入企业和既有企业的金融资产价值相同，故表达式 $V_{i,t}^a = \left(\dfrac{b_{i,t}}{R_t} \right) + E_t [m_{t+1} V_{i,t+1}(b_{i,t})]$ 同时适用于既有企业和新企业。

以上可见，新企业和既有企业对不利金融冲击的反应相同。即当不利金融冲击发生后，新企业会减少债务发行，以实现期末股权价值的相对小幅滑落，从而缓解营运资本所面对的外部融资约束收紧。根据进入条件式（5-11），当新企业的融资方式从相对便宜的债务融资转为相对昂贵的股权融资时，新企业债务融资水平 $\left(\dfrac{b_{i,t}^{new}}{R_t} \right)$ 将降低。此时，控制其他变

---

① Cooley, Thomas F., and Vincenzo Quadrini, "Financial Markets and Firm Dynamics", *American Economic Review*, Vol.91, No.5, 2001, pp.1286-1310.

量,股权资产价值(即期末企业价值, $E_t[m_{t+1} V_{i,t+1}(b_{i,t}^{new})]$)将上升。

但由于股权投资者相对债券投资者(工人家庭)更缺乏耐心,故当融资方式从债务发行转向股权发行时,这一资本结构调整事实上增加了新企业的难度。原因在于:其一, $b_{i,t}^{new}$ 每下降1个单位,就成本而言,当下股利支付将减少 $\frac{1}{R_t}$ 单位;其二,就收益而言,未来应付利息将下降1个单位,相应地未来股利将上升1个单位。

后者意味着股利贴现后的企业现值将上升 $E_t[m_{t+1}]$ 单位。由于股权投资者相对债券投资者缺乏耐心,故 $E_t[m_{t+1}] < \frac{1}{R_t}$ 。这意味着相较于减少的债务价值,未来股利增加带来的期末企业价值 $E_t[m_{t+1} V_{i,t+1}(b_{i,t}^{new})]$ 的增加额数值将较小。可见,融资方式的转变导致企业可以获得的外部流动性下降。

由于金融资产价值 $V_{i,t}^a$ 满足: $V_{i,t}^a = \left(\frac{b_{i,t}^{new}}{R_t}\right) + E_t[m_{t+1} V_{i,t+1}(b_{i,t}^{new})]$,故融资方式的转变会导致企业金融资产价值下降。这意味着新企业的实际初始投资成本可能高于新企业的期望价值,导致部分潜在企业不会选择创业。

随着新企业数量的减少,经济体中企业总数下降,这使得每个生存企业能够获得的市场利润份额增加,期望股利提高。相应地,期望股利的现值(即 $E_t[m_{t+1} V_{i,t+1}(b_{i,t}^{new})]$)随之增加。随着企业金融资产价值($V_{i,t}^a$)的反弹,新企业进入市场的条件[式(5-11)]得以恢复,经济体重新进入均衡状态。

(五)初始投资沉没成本

模型假设新企业的初始投资成本(K_t^E)与经济体中新企业数量的增长呈正相关:

$$K_t^E = \bar{K}^E \left(\frac{ne_t}{ne_{t-1}}\right)^\tau \tag{5-12}$$

其中, $\bar{K}^E$ 是初始投资成本的稳态值, ne_t 为市场中相互竞争的新企业的数量。这里，进入成本的函数表达式与企业动态随机一般均衡模型文献的普遍设置相同，类似于实物资产投资所通常假设的二次调整成本。

式(5-12)中的参数 τ 捕捉了创业市场上的拥挤外部性。如果 $\tau = 0$，则创业市场不存在拥挤外部性。但如果 $\tau > 0$，则新企业越多，新企业进入市场时所需要支付的初始投资成本就越高，此时，潜在企业的创业难度将增加；而如果新企业数量减少，则初始投资成本将下降，此时，创业难度减小，潜在企业仍有动机选择进入市场。

式(5-12)中的拥挤效应（$\tau > 0$）还刻画了市场上新企业的动态创业行为。即新冲击发生后，潜在企业们不会立刻蜂拥而入，而是选择逐渐进入，因为一旦蜂拥而入，拥挤效应将大幅提高进入市场的初始投资成本，不利于企业的创业行为。故此，这一拥挤反应将有助于模型生成数据中所呈现的驼峰形脉冲响应。

进入成本函数的设置源自创业时所需要的特定要素（如劳动力）存在不完全弹性供给这一特性。莫滕森和皮萨里德斯认为这一假设也符合劳动力市场上的匹配模型：随着更多新企业提供空缺职位，某一空缺职位能够匹配到合适劳动力的耗时将会更长，因而降低空缺职位—劳动力成功匹配的概率，增加新公司或新职位的成立成本（Mortensen 和 Pissarides，1994）[1]。关于包含拥挤外部性的进入成本函数形式，可以参见贝金和林（Bergin 和 Lin，2012）[2]、刘易斯（Lewis，2009）[3]的相关讨论。本函数设置更接近于刘易斯（2009），其中进入成本为新企业数量的函数，而贝金和林（2012）则将进入成本假设为企业总数的函数。

---

① Mortensen, Dale T., and Christopher A. Pissarides, "Job Creation and Job Destruction in the Theory of Unemployment", *Review of Economic Studies*, Vol.61, No.3, 1994, pp.397-415.

② Bergin, Paul R., and Chingyi Lin, "The Dynamics Effects of Currency Union on Trade", *Journal of International Economics*, Vol.87, No.2, 2012, pp.191-204.

③ Lewis, Vivien, "Business Cycle Evidence on Firm Entry", *Macroeconomic Dynamics*, Vol.13, No.5, 2009, pp.605-624.

三、劳动者偏好和优化问题

代表性劳动者消费篮子商品（$C_{\omega,t}$）获得效用，并提供劳动力（L_t）获得劳动报酬。其优化问题如下：

$$\max E_0 \sum_{t=0}^{\infty} \beta^t U(C_{w,t}, L_t) \tag{5-13}$$

$$U(C_{w,t}, L_t) = \frac{C_{\omega,t}^{1-\rho}}{1-\rho} - \kappa \frac{L_t^{1+\psi}}{1+\psi} \tag{5-14}$$

其中，$\rho > 0$ 是劳动者的风险厌恶程度，$\beta \in (0,1)$ 是主观贴现因子，k、$\psi > 0$ 分别是效用函数中的劳动力相对权重、劳动力供给逆弗里希（Frisch）弹性。

劳动者根据实际工资率（w_t）提供劳动（L_t），以获得劳动收入，并从持有 n_{t-1} 家企业债券（b_{t-1}）中获得金融资产收入，同时消费篮子商品（$C_{w,t}$），并在价格 $\frac{1}{R_t}$ 下重新投资 $n_{t-1} + ne_t$ 家企业债券（b_t）。因此，劳动者的预算约束为：

$$C_{w,t} + \frac{(n_{t-1} + ne_t) b_t}{R_t} \leq w_t L_t + n_{t-1} b_{t-1} \tag{5-15}$$

可以看出，劳动者购买的企业债券既包括前一期破产冲击后的所有存活企业（n_{t-1}）所发行的，也包含本期新进入市场的新企业（ne_t）所发行的，但能为劳动者带来金融收入的则仅为本期期初就已经存在于市场里的 n_{t-1} 家在位企业。

劳动者根据预算约束最大化，得到一阶条件式（5-16）—式（5-17）：

$$U_{C_{w,t}} w_t + U_{L,t} = 0 \tag{5-16}$$

$$\beta(1-\lambda) E_t(U_{C_{w,t+1}} R_t) = U_{C_{w,t}} \tag{5-17}$$

四、投资者偏好和优化问题

投资者通过消费（$C_{I,t}$）篮子商品获得效用。其目标函数为：

$$\max E_0 \sum_{t=0}^{\infty} \beta_I^t U(C_{I,t}) \tag{5-18}$$

$$U(C_{I,t}) = \frac{C_{I,t}^{1-\rho_I}}{1-\rho_I} \qquad (5-19)$$

其中，$\rho_I > 0$ 是投资者风险厌恶程度，$\beta_I \in (0,1)$ 是投资者的主观贴现因子。

代表性投资者不提供劳动，而是通过获得股利以及出售既有企业的权益股来获得金融类收入。除了消费支出，投资者还会购买在位企业和新企业的公司股权。其预算约束见式（5-20）：

$$C_{I,t} + (n_{t-1} + ne_t) q_t s_t \leqslant n_{t-1} s_{t-1} (q_t + d_t) \qquad (5-20)$$

其中，q_t 为以最终商品标价的股票价格，s_t 为投资者在 t 期所购买的中间产品厂商的股权份额。从式（5-20）可以看出，新企业和既有企业的股权出售价格（即期末股权价值）相同，这一设定源自模型假设企业具有同质性。

投资者的一阶条件见式（5-21）：

$$\beta_I(1-\lambda) E_t [U_{C_{I,t+1}}(q_{t+1} + d_{t+1})] = U_{C_{I,t}} q_t \qquad (5-21)$$

该式为投资者持有企业权益股的欧拉方程。

五、经济体均衡

所有中间品生产企业面临完全相同的宏观经济冲击，故这些企业的选择完全相同，经济体体现为对称均衡，即任一内生变量 z 均独立于企业 i，满足 $z_t(i) = z_t$。此外，由于中间品厂商均为投资者所有，故任意一期的股权份额均为 1（$s_t = 1$）。

由于既有企业和新企业雇佣相同数量的劳动力进行生产，故市场出清条件见式（5-22）：

$$L_t = (n_{t-1} + ne_t) l_t \qquad (5-22)$$

此外，因为最终商品用于投资者（$C_{I,t}$）和劳动者（$C_{w,t}$）的生活消费，且可由新企业用于支付进入市场的初始投资成本（K_t^E），故最终商品的出清条件见式（5-23）：

$$Y_t = C_{w,t} + C_{I,t} + ne_t K_t^E \qquad (5-23)$$

技术冲击和金融冲击的对数形式服从一阶自回归过程 [$AR(1)$]，

满足正态分布,见式(5-24)—式(5-25):

$$\log A_t - \log \bar{A} = \rho_A (\log A_{t-1} - \log \bar{A}) + \varepsilon_{A,t} \tag{5-24}$$

$$\log \xi_t - \log \bar{\xi} = \rho_\xi (\log \xi_{t-1} - \log \bar{\xi}) + \varepsilon_{\xi,t} \tag{5-25}$$

其中,$\varepsilon_{A,t}$ 和 $\varepsilon_{\xi,t}$ 分别为技术信息和金融信息,均为具备同方差、独立同分布(i.i.d)的随机变量。

经济体均衡由以下 18 个内生变量所捕捉:

$C_{w,t}$、w_t、L_t、R_t、y_t、p_t / P_t、ne_t、d_t、q_t、V_t、b_t、l_t、μ_t、V_t^{new}、n_t、$C_{l,t}$、Y_t、K_t^E

对应的 18 个均衡条件包括:

(1)价格指数和单个产品的需求函数[式(5-1)和式(5-2)];

(2)中间产品厂商均衡条件,包括:其一,企业数量变化演进规则[式(5-3)]。其二,既有在位企业的均衡条件,包括:融资约束[式(5-4)]、产出方程、企业利润和价值方程以及相应的一阶条件[式(5-5)至式(5-9)]。其三,新企业的均衡条件,包括新企业总价值[式(5-10)]、市场进入条件[式(5-11)]、进入成本函数[式(5-12)]。

(3)劳动者和投资者优化问题的均衡条件,包括劳动和消费的权衡规则[式(5-16)]、债券持有的欧拉方程[式(5-17)]、投资者预算约束条件[式(5-20)]、权益股持有的欧拉方程[式(5-21)]。

(4)市场出清条件,包括劳动力市场出清条件[式(5-22)]、最终产品出清条件[式(5-23)]。

六、基于企业进入条件的经济直觉分析

本小节将对新企业的创业决策、股票价格和企业资本结构之间的联动行为,提供经济直觉解释。

对称均衡中,新企业和既有企业的选择将完全相同,故新企业条件式(5-11)可以简化为:

$$q_t + \frac{b_t}{R_t} + \pi_t = \bar{K}^E \left(\frac{ne_t}{ne_{t-1}} \right)^\tau \tag{5-26}$$

其中,式(5-26)右边为新企业进入市场时,必须支付的初始沉没投

资成本,式(5-26)左边则是潜在企业支付初始投资成本的资金来源。

为方便比较,本小节将引入一系列限制条件,以确保模型中的进入条件和企业动态文献中的标准进入条件相同。为此,所假设的限制条件包括:其一,企业不能通过发行债券来进行初始融资(即 $b_t = 0$;此时,债券发行的一阶条件式(5-9)不存在,故融资约束的拉格朗日乘子无明确定义式)。其二,新企业在进入市场后的下一期开始生产,故进入阶段不产生利润($\pi_t = 0$)。其三,进入市场的初始投资成本不存在拥挤外部性限制($\tau = 0$)。

在这些假设约束下,新企业的市场进入条件简化为 $q_t = \bar{K}^E$ 。可见,如果企业动态文献中的市场进入成本也采用最终产品衡量时,本模型中简化后的市场进入条件将与企业动态文献中的标准市场进入条件完全相同。

此时,新企业的初始投资成本为固定常量。相应地,企业股权价值也为常量。显然,这一设置并不能解释股价数据中所呈现的周期性波动特征。[①] 模型中,股票价格作为未来股利的折现值,这一定理始终成立。但由于股利是内生的,其会根据均衡条件进行调整,从而使得股权价值始终等于外生给定的初始投资成本常量。

与常量初始投资成本不同,式(5-26)表明,模型所包含的一些特征可能会更好地解释股票价格、创业决策和企业融资结构之间的复杂关系。首先,创业阶段所存在的拥挤外部性,允许股票价格随着创业阶段的竞争水平而发生变动。当新企业数量增加(ne_t),导致市场进入阶段的竞争水平上升时,初始投资成本提高。此时,控制其他条件不变,根据进入均衡条件式(5-26),股票价格必然上升。因为当市场竞争激烈时,只有股权价值足够高的企业才能够支付更加昂贵的市场进入成本。

其次,如果企业减少债券发行,其股权价值也会上升。需要注意的

---

① 值得一提的是,文献除了使用最终品来计价初始投资成本,也会使用有效劳动力进行衡量(比尔比耶、吉罗尼和梅利茨,2012)。此时,由于初始投资成本同时取决于工资水平,故初始投资成本和股权价值都可能是变量。但众所周知,工资波动程度远远小于股价波幅。

是,企业股票价格依赖于股利支付,而不是营业利润。对具有内生资本结构的模型来说,这一区别非常重要,因为每一期的股利支付水平不同于企业营业利润。

最后,因为模型假设新企业在创业的同时便开始生产,故市场进入条件也包含当期营业利润,这再次允许股价可以出现波动。

后文的数值模拟分析将进一步表明,前两个特征对解释数据中的创业行为和股票价格之间的动态关系十分重要。第三项特征则无关紧要,主要是为了确保模型中的企业为同质企业,以简化模型计算。

第三节　理论模型的数值分析

为分析新企业、股票价格和其他主要宏观经济变量在金融冲击下的完整响应路径,本节将在稳态值附近,对18个系统均衡条件进行对数线性化,同时校准参数,并使用广义舒尔(Schur)分解法来求解对数线性模型。

一、参数设定

借鉴杰尔曼和卡德罗尼(Jermann 和 Quadrini,2012),本章为金融冲击和技术冲击的参数选择以下取值。模型中,一期对应一个季度。金融冲击的黏滞性设置为 $\rho_\xi = 0.97$,其标准差设置为 $\sigma_\xi = 0.0098$。技术冲击的黏滞性设置为 $\sigma_\xi = 0.0098$,其标准差设置为 $\sigma_A = 0.0045$。根据现有文献中的一般性取值原则,令技术冲击均值为 $A = 1$。根据杰尔曼和卡德罗尼(2012),将金融冲击的均值取值为 $\xi = 0.16$。

劳动者和投资者效用函数中的相关参数设置如下:其一,参考亚科维耶洛(Iacoviello,2005)[1],将劳动者贴现因子设置为 $\beta = 0.995$,投资者贴现因子设置为 $\beta_I = 0.0045$。二者分别对应债券2%的年化收益率和股票6%的年化收益率。其二,令劳动者效用函数中劳动力的相对权重为 $\kappa =$

---

[1]　Iacoviello, Matteo, " House Prices, Borrowing Constraints, and Monetary Policy in the Business Cycle", *American Economic Review*, Vol.95, No.3, 2005, pp.739–764.

1。虽然 κ 的设定会影响各变量的稳态值，但不会影响变量的相对大小和定量结果。其三，根据霍尔（Hall，2009）[1]，将劳动力供给弹性设置为 $1/\psi = 1.9$。其四，考虑到投资者比劳动者更愿意承担风险，根据宏观经济理论模型的一般设定，将劳动者和投资者的风险厌恶系数分别设置为 $\rho = 2$ 和 $\rho_I = 1$（Iacoviello，2005）。模拟结果显示，投资者和劳动者风险厌恶的差异对本章的核心结论没有明显影响。

不同产品间的替代弹性设置为 $\sigma = 6$，以此生成罗特博格和伍德福德所记录的 20% 的价格加成数据（Rotemberg 和 Woodford，1992）[2]。参考贝金和柯塞蒂（2008），将产品多样性偏好设置为 $\gamma = \dfrac{\sigma}{(\sigma - 1)}$。令外生破产冲击概率为 $\lambda = 0.01$，以匹配美国制造业数据中 6% 的年化企业退出率，该数值记录在李和向山（Lee 和 Mukoyama，2015）[3]中。初始投资沉没成本的稳态值不会影响脉冲响应，故令 $\bar{K}^E = 1$。

表 5-2 列出了基准模型的参数值。其中，用于捕捉创业市场上拥挤效应的企业调整成本 τ 被校准为 2.42，目的在于使模型中新企业数量的标准偏差与经验数据相匹配（见表 5-3）。

表 5-2　参数校准情况

描述	
根据文献赋值：劳动者、投资者和企业	
劳动者相对风险厌恶程度	$\rho = 2$
投资者相对风险厌恶程度	$\rho_I = 1$

①　Hall, Robert E., "By How Much Does GDP Rise if the Government Buys more Output", *Brookings Papers on Economic Activity*, 2009, pp.183−231.

②　Rotemberg, Julio J., and Michael Woodford, "Oligopolistic Pricing and the Effects of Aggregate Demand on Economic Activity", *Journal of Political Economy*, Vol.100, No.6, 1992, pp.1153−1207.

③　Lee, Yoonsoo, and Toshihiko Mukoyama, "Entry and Exit of Manufacturing Plants over The Business Cycle", *European Economic Review*, Vol.77, 2015, pp.20−27.

续表

描述	
根据文献赋值：劳动者、投资者和企业	
劳动者折现因子	$\beta = 0.995$
投资者折现因子	$\beta_I = 0.985$
不同产品间替代弹性	$\sigma = 6$
破产冲击的概率	$\lambda = 0.015$
进入成本	$\bar{K}^E = 1$
效用函数中劳动相对权重	$\kappa = 1$
劳动力供给逆弹性	$\psi = 0.5256$
产品多样性偏好	$\gamma = \sigma/(\sigma - 1)$
根据文献赋值：外生冲击	
技术冲击的稳态值	$\bar{A} = 1$
金融冲击的稳态值	$\bar{\xi} = 0.16$
标准差：技术冲击	$\sigma_A = 0.0045$
标准差：金融冲击	$\sigma_\xi = 0.0098$
黏滞性：技术冲击	$\rho_A = 0.95$
黏滞性：金融冲击	$\rho_\xi = 0.97$
校准参数	
新企业的拥挤外部性	$\tau = 2.42$

表 5-3　两种模型设置下，τ 的校准和相关变量的标准差

变量	基准模型（标准差：%）		"纯股权"经济体（标准差：%）	
	$\tau = 0$	$\tau = 2.42$	$\tau = 0$	$\tau = 1.85$
新企业数量（ne）	5.69	2.20	6.95	2.20
股权价值（q）	0.54	3.37	0.14	1.08
实际国民生产总值（Y）	0.85	1.49	0.43	0.36

二、基准模拟结果

图5-3 中的实线报告了基准参数设置下,不利金融冲击发生后经济体的脉冲响应。其中,横轴时间频率为季度。金融冲击定义为金融新息 ε_ξ 下降1个标准差单位(即 $\sigma_\xi = 0.0098$)。与经济分析部分处理方式类似,图5-3 至图5-5 中所有脉冲响应均乘以100,以便识别脉冲效应数值。

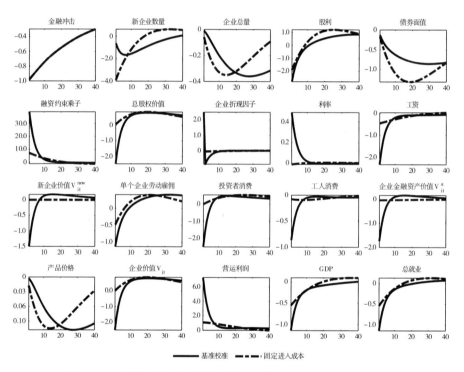

图5-3 不利金融冲击下的脉冲响应:基准校准 vs 固定进入成本

注:横轴时间频率为季度,纵轴为各变量相对稳态者的偏离幅度放大100倍。

不利金融冲击发生后,新企业数量持续下降5个季度,直至谷底 1.67%。虽然冲击发生时刻新企业的数量就开始减少,似乎与图5-1 和图5-2 中所汇报的经验数据有所不同,但新企业数量响应中所呈现的驼峰形状,则与经验分析中的脉冲响应关键特征相匹配。新企业数量的逐渐减少,意味着企业总数也将缓慢并持久下降。

后文的数值模拟分析将进一步表明,新企业数量的下降主要取决于企业融资结构的变化。由图可见,不利金融冲击下,企业融资方式发生了改变。其中,企业会推迟股利发放,以减少债券发行,但股利在初始阶段下降后,则逐渐上升。

图5-3还报告了不同衡量方式下公司价值的动态变化。其一,股权价值 $\{q_{i,t} = E_t[m_{t=1} V_{i,t+1}(b_{i,t})]\}$ 对应经验数据中标准普尔500的价格指数,故股权价值是对比上文经验结果的主要变量。其二,企业金融资产价值($V_{i,t}^a$)包括期末股权价值和债务价值两块,是新企业通过外部融资可以获得的流动性。其三,新企业总资产($V_{i,t}^{new}$)是在企业金融资产价值($V_{i,t}^a$)基础上,加入新企业进入当期的经营现金流。根据式(5-11),只有当新企业的初始总资产至少等于初始投资的沉没成本(K_t^E)时,企业才会选择创业,故这一指标是理解潜在企业创业决策的关键变量。

图5-3结果表明,受不利金融冲击影响,企业股权价值瞬时下跌,但随着时间推移,股权价值将逐渐改善。这与经验分析中的脉冲响应特征相吻合。由于股权价值是未来股利贴现值的总和,故股权价值的下跌意味着,股利长期下跌或者是公司贴现因子下降。

其中,公司贴现因子变化的机制如下。为了应对不利金融冲击,企业会推迟当期股利发放,并将其用于偿还债务,以此实现从债务融资向股权融资的资本结构调整。由于股利构成了投资者的收入所得,故当期股利的减少降低了投资者的当期消费,使得投资者储蓄意愿降低,从而降低了投资者的折现因子。图5-3脉冲响应结果清晰地展示了这些结果。其中,股利、投资者消费和折现因子均出现下降。[①]

图5-3还表明不利金融冲击发生后,企业金融资产价值($V_{i,t}^a$)和新企业总资产价值($V_{i,t}^{new}$)的响应与股权价值的响应存在相似性,即初期瞬时下降,之后逐渐上升。与股权价值相比,企业金融资产价值($V_{i,t}^a$)对金

---

① 模拟结果还显示,当折现因子不变时[定价核 $m_{t+1} = \beta_t(1 - \lambda)$],外生冲击不会影响股票价格,因此也就不存在金融冲击后股价下跌的现象。这表明贴现因子对股权价值的动态变化起关键作用。

融冲击的响应程度略有减弱,而新企业总资产价值($V_{i,t}^{new}$)的响应程度则减弱程度更大。虽然这些公司价值衡量指标包括股票价格以外的其他因素,但可见金融冲击对公司价值影响的走势和程度与企业股权价值的变动非常相似。这一现象也说明了股权价值变动对塑造企业价值走势的重要性,且可能进一步影响潜在企业的创业决策。由此可见,有必要充分认识企业股权价值的决定机制。

有关企业股权价值的决定机制,首先需要注意的是,尽管股权价值必须等于未来股利的现值总和,但股利本身是内生的。将生产函数方程式(5-5)、常数替代弹性(Constant Elasticity of Substitution,CES)需求方程式(5-1)、价格指数方程式(5-2)和最优定价规则方程式(5-8),代入企业股利定义的方程式(5-6)中,可得股利表达式如下:

$$d_{i,t} = \left(\frac{1 + \sigma\mu_t}{\sigma - 1} \frac{w_t}{A_t} \right) \widetilde{n}_t^{-\gamma} Y_t - \left(b_{i,t-1} - \frac{b_{i,t}}{R_t} \right) \tag{5-27}$$

由式(5-27)可见,股利确定存在几种渠道。其中,第一项表示每单位商品的边际利润$\left(\left[\frac{(1 + \sigma\mu)}{(\sigma - 1)} \right] \left(\frac{w_t}{A_t} \right) \right)$乘以每个企业的产出水平($\widetilde{n}_t^{-\gamma} Y_t$)。

这里,Y_t为总需求水平,$\widetilde{n}_t^{-\gamma}$为分配给单个企业的总需求份额。而最后一项($b_{i,t-1} - \frac{b_{i,t}}{R_t}$)则表示资本结构调整对股利延期支付的影响。

该表达式中,三个变量的脉冲响应趋势会降低股利。其一,总需求(Y_t)的下降。当不利金融冲击收紧融资约束时,劳动力需求和产出下降,造成每家企业所面对的市场需求降低,从而导致股利下降。其二,工资下降。由等式(5-27)中的股利表达可知,随着劳动力需求下降所带来的工资回落,产品定价也随之下降,造成每单位商品的边际利润$\left(\left[\frac{(1 + \sigma\mu)}{(\sigma - 1)} \right] (w_t / A_t) \right)$下降,进而造成企业股利下降。其三,债券发行减少。面对不利金融冲击,企业会减少债券发行,以此降低未来的债务负担。这一资本结构调整意味着股利支付的时间路径也将发生改变。具体而言,起初,债务发行减少会导致企业不得不推迟当期股利发放,形成初期阶段较大规模的股利下降。但随着未来偿债压力的减少,股利在后续阶段中的下降幅度则会逐渐缩小。

与此同时,存在两种渠道可以缓解股利下跌。一是 μ_t 上升。即融资约束收紧,将有助于提高股价。原因在于,融资约束收紧会提高企业边际生成成本,引导企业抬高产品价格,使每单位商品所获得的边际利润随之提高。

二是企业数量($\tilde{n}_t$)下降。这意味着每个生存公司能够获得的市场份额($\tilde{n}_t^{-\gamma}$)相对增加,从而增加企业股利。当参数 γ 等于 1 时,这一效应可以通过总需求除以企业数量 $\left(\dfrac{Y_t}{\tilde{n}_t} \right)$ 来反映。

由于 γ 表示最终品部门对产品多样化的偏好,即 $\gamma = \sigma/(\sigma - 1)$,其值可能大于 1。这说明最终品部门对投入要素多样化的偏好,可以进一步增强企业数量减少所带来的股利增加效应。

进一步地,将每种产品的市场需求分解为: $y_t \equiv \tilde{n}_t^{1-\gamma} \left(\dfrac{Y_t}{\tilde{n}_t} \right)$ 。可见,当 $\gamma = 1$ 时,产品多样化效应($\tilde{n}_t^{1-\gamma}$)将消失。但当 $\gamma > 1$ 时,产品多样化效应将在总需求指数(Y_t)和单个企业产品需求总额($\tilde{n}_t y_t$)之间,形成一个差额($\tilde{n}_t^{1-\gamma}$)。此时,即使单个企业(或单个产品)的市场需求并没有下降,但如果产品种类下降,总需求指数也会下降。这有助于解释为何金融危机后,总需求下降并不必然严重损害市场对单个公司的产品需求。

脉冲响应结果与预期一致,不利金融冲击造成产出和就业下降,同时也降低了投资者以及劳动者的工资和消费。其中,劳动者收入降低是因为不利金融冲击直接限制了企业用以支付劳动力成本的期内贷款。投资者收入降低则是由于冲击后的资本结构调整,减少了投资者可以获得的股利收入。

由于新企业需要购买最终商品以支付进入市场的初始投资成本,故新企业数量的下降,也导致了市场对最终商品需求的下降,造成经济体总产出的进一步下降。

为了评价基准模型对现实数据的解释能力,表5-4报告了主要宏观经济变量的二阶矩,并将其与经验数据相比较。比尔比耶等(2012)指出,经验数据一般不考虑产品种类的变化,为将模型与数据进行比较,需要构建"数据一致型"模型变量,以消除产品种类变化带来的影响。具体而言,对于任意一个以篮子商品为衡量单位的变量 X_t ,其"数据一致型"变量定义为: $X_{d,t} \equiv X_t \left(\dfrac{p_t}{P_t} \right)$,其中 $\dfrac{p_t}{P_t}$ 是单个产品相对消费者价格水平的相对价格。

表5-4　数据和基准模型中的二阶矩及相关系数

变量(x)	$\sigma_x(\%)$		σ_x/σ_y		$corr(x,x_1)$		$corr(x,Y)$	
	数据	模型	数据	模型	数据	模型	数据	模型
总产出	1.63	1.50	1	1	0.87	0.60	1	1
总消费	1.33	1.33	0.82	0.89	0.87	0.58	0.87	0.99
总投资	5.05	4.26	3.10	2.84	0.90	0.67	0.93	0.97
总就业	1.02	1.34	0.63	0.89	0.91	0.59	0.83	0.92
新企业数量	2.2	2.20	1.35	1.47	0.57	0.93	0.53	0.41
股票价格	8.33	3.39	5.11	2.26	0.72	0.60	0.33	0.95

注:变量符号说明:总产出(Y)、总消费($C_W + C_I$)、总投资($ne \times q$)、总就业(L)、新企业数量(ne)、股票价格(q)。

根据表5-4,当在模型中同时引入金融冲击和技术冲击后,关键变量的拟合二阶矩与经验分析结果一致。例如,模型中国内生产总值的标准差为1.50%,接近于数据中的1.63%,模型与数据中的国内生产总值标准差之比为0.92。

此外,模型中总消费、总就业、新企业数量、总投资的波动情况也都较为合理。参照比尔比耶等(2012),表5-4将经济体中的投资定义为新企业数量与"数据一致型"公司股权价值的乘积。模型(数据)中,总消费、总投资、总就业和新企业数量的标准差相对国内生产总值标准差的比值分别为0.89(0.82)、2.84(3.10)、0.89(0.63)和1.47(1.35)。比较欠缺的是,模型无法生成足够的股价波动。股价和国内生产总值的相对标准差仅为 2.2,而数据中为 5.32。

图 5-4 报告了基准模型中"数据一致型"主要宏观经济变量与国内生产总值之间的引导与滞后关系。与标准 RBC(实际经济周期)模型相似,模型中,宏观经济总量具有很强的顺周期性。特别值得一提的是,模型可以较好地模拟新企业数量、股票价格、总投资和总消费的顺周期特性。

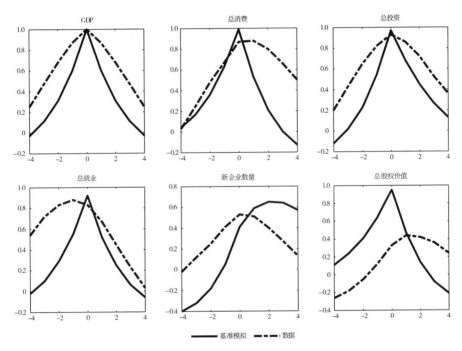

图 5-4　基准模拟中主要宏观经济变量与国内生产
总值之间的相关性:滞后性和领先性

注:(1)除总就业(L_t)和新企业数量(ne_t)不变外,其他宏观经济变量(包括国内生产总值)均为"数据一致型"变量。(2)X 变量与国内生产总值 Y 的相关性定义如下,$Corr(Y_t, X_{t+s})$,$s = -4-4$ 即 X 变量的滞后 4 期到未来 4 期与当下国内生产总值之间的相关性,其中 Y_t 为"数据一致型"国内生产总值。

综上所述,总体上,基准模型能够成功地模拟出经验向量自回归分析所呈现出来的典型性特征事实,包括新企业数量、总股权价值和总产出下降等关键结论。为更好地理解这些事实的形成机制，下文将对模型进行局部修改，以探讨初始投资成本中的拥挤外部性以及跨期公司债的作用机制。

三、初始投资成本中的拥挤外部性

进入市场上，初始投资成本所具有的凸性，可以解释不利金融冲击后，新企业数量所呈现的驼峰形反应。这可通过对比图 5-3 中的实线和虚线观察出来。如上文所述，实线为基准参数下的经济体反应（$\tau = 2.42$）。虚线则为参数值 $\tau = 0$ 时的脉冲响应，此时，新企业的初始投资成本保持不变。

相较于基准模型的设定（$\tau = 2.42$），当初始投资成本保持不变（$\tau = 0$）时，新企业数量下降更多，初期下降幅度尤其大。这是因为基准模型设定下（$\tau = 2.42$），新企业数量的减少，意味着进入市场上的拥挤程度下降，初始投资成本随之下降。相应地，潜在企业进入市场的创业愿望不会受到严重打击，新企业数量也就不会瞬时大幅下降。但当初始投资成本保持不变（$\tau = 0$）时，潜在企业进入市场的难度增加，故出现大幅瞬时下降。

基准模型设定下（$\tau = 2.42$），虽然新企业数量的减少带来初始投资成本的下降，但随着外部融资难度的增加，新企业数量依然在逐渐减少，由此产生与经验数据一致的驼峰形反应。这里，初始投资成本的函数形式以及工作机制，类似于文献通常所假设的凸性投资调整成本，对于生成模型中新企业数量的驼峰形反应至关重要。

就股权价值而言，当初始成本固定不变时（$\tau = 0$），股权价值出现上涨而非下跌。这显然与经验数据和基准模型都不一致。当初始投资成本固定时，股利在初始阶段跌幅减少。这是因为，昂贵不变的初始投资成本造成新企业数量大幅减少，每个企业因此能够获得更多市场份额，其销售额和利润也相应得到提高。

可见，合理地模拟新企业数量所呈现的驼峰形反应，对理解金融冲击如何影响股票价格至关重要。

此外，新企业动态对金融冲击向宏观实体经济的传导也具有重大影响。从图 5-3 可以看出,当初始成本固定不变时($\tau = 0$),不利金融冲击所造成的产出(GDP)瞬时跌落,只有基准模型($\tau = 2.42$)中的一半左右。而根据表 5-3,产出的总体标准差只有基准模型中的 57%。说明产出下降与新企业数量的大幅下降紧密相关,而新企业数量的大幅下降也近乎完全抵消了总股权价值的下跌。

初始成本固定不变时($\tau = 0$),融资约束的拉格朗日乘数的增长幅度只有基准情况($\tau = 2.42$)下的 1/6。这说明,不利金融冲击下,如果新企业数量大幅减少,则股票价格的下跌得到缓冲。而更高的股票价格将放松不利金融冲击所带来的融资约束收紧。可见,当公司数量减少时,总利润水平会在较少的企业之间进行分配,从而提高单个企业的股权价值,这使存活公司的财务状况相对较好,融资约束受到的不利冲击相对较小。

此时,企业营运资本的借款能力受到的约束减少,因而能够支撑企业的劳动力需求,并进一步缓和产出和就业水平的下降。而随着产出下降幅度的缩小,消费水平也会下降更少。由于劳动力需求受到的不利冲击减少,融资约束导致的实际工资总量的下降幅度也随之减少。这里,实际工资总量为劳动者数量和劳动报酬的乘积。这些结果表明,新企业动态对理解金融冲击向实体经济总量的传递至关重要。

这里有关初始投资成本拥挤外部性的讨论,为理解企业破产政策提供新的视角。基准模型($\tau = 2.42$)的设定对应了企业破产保护政策。这一政策为企业运营提供保护,尽量减少企业的破产概率,试图以此来减轻经济衰退对总产出的影响。但这里的研究结论表明,这一保护政策存在局限性,经济总量下降幅度可能更大。

而初始投资成本固定($\tau = 0$)的设定则对应了允许企业自由破产的政策。此时,不利冲击后,随着大量企业选择退出或者不进入市场,存活企业数量减少,反倒更加有利于保护存活企业的财务状况,有利于缓解经济总产出的下降。这一价值尤其凸显于那些可能造成企业抵押品价值下降的外生冲击。但因为本章并未进行福利分析,故有关政策评估的影响可以留给未来的研究。

四、公司债融资的作用机制

公司债融资是金融冲击影响创业决策的另一个关键因素。这是因为债券发行是新企业的部分融资来源。为了进一步描绘内生债务融资对创业决策的重要性，这里将考虑两个经济体。其中，第一个经济体仅包含股权类金融资产（"纯股权"经济体）；第二个经济体虽然同时包含股票和债券两种金融资产，但债券融资额度固定（"固定债券"经济体）。两个经济体均不同于基准模型。

图 5-5 中实线表示"纯股权"经济体中的脉冲响应。此时，新企业通过发行股票和当期营业利润，为进入市场的初始投资成本进行融资。这

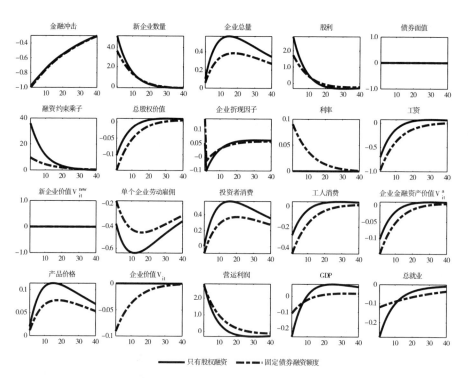

图 5-5　两种经济体比较：只有股权融资 vs 固定债券融资额度

注：（1）经济体"只有股权融资"中，股权为唯一金融资产，企业进入市场成本通过股权融资得到满
　　足。（2）经济体"固定债券融资额度"中，企业可以发行公司债、股权，但公司债融资额度固定。
　　（3）横轴时间频率为季度，纵轴为各变量相对稳态的偏离幅度放大 100 倍。

一经济体与基准模型的区别在于,股票是唯一可以交易的金融资产,企业不再发行或交易债券。故该模型中,与最优融资决策相关的债券发行式(5-9)、购买债券的欧拉方程式(5-17)都不复存在。此外,"纯股权"经济体中的参数 τ 重新校准为 1.85,以使新企业数量(ne)的标准差与数据保持一致(见表5-3)。根据图5-5,在纯股权融资经济体中,不利金融冲击仍然会降低经济总产出和就业水平,但却导致新企业数量的增加,而并非减少。

但图5-3中基准模型的研究结果表明,如果允许企业发行公司债来融资,模型能够生成数据所呈现的典型性事实,即新企业数量下降。这一发现正是本章的创新点所在。现有宏观理论文献极少探究新企业如何为进入市场的初始投资沉没成本进行融资,或者简单假设股权融资(Bergin和 Crosetti,2008;Bilbiie 等,2012)为唯一融资方式。基准模型中,企业可以自主选择融资方式,且融资方式的调整也是内生的,这使得模型能够模拟主要宏观和金融变量的动态变化结果,并与现实数据更加贴合。

为了理解债券融资是造成金融冲击后新企业数量下降的重要原因,需要理解企业融资决策和债券发行的内生性变化。模型中,股权质押是企业获得短期营运资本进行生产的资金来源。故当不利金融冲击发生后,公司会主动从相对便宜的债券融资方式转向相对昂贵的股权融资方式,以此放松不利金融冲击所造成的融资约束收紧。

这一资本结构调整过程中,随着本期债券发行的减少,本期股利支付随之减少,这会降低企业未来的债务压力,提高未来的股利支付,从而提升企业当下的股权资产价值。杰尔曼和卡德罗尼(2012)曾利用这一机制来解释不利金融冲击发生后经济体产山和就业水平的下降。

对于新进入市场的新企业而言,随着其资本结构从相对便宜的债务融资转向相对昂贵的股权融资,其进入市场的初始投资的有效融资成本增加,导致选择进入市场的新企业数量减少。可见,这一资本结构调整机制也是解释新企业对金融市场条件发生反应的有效机制。

"固定债券"经济体有助于进一步理解这一资本结构调整机制的解释能力。此时,企业可以发行和交易跨期公司债和股权,但债券发行额度为外生给定,限制在初始投资水平上。因此,即使存在债券发行和交易,债务融资也不是公司最优选择的结果。

"固定债券"经济体中,企业的利润最大化问题不再具有动态性,而是一个静态问题,如下所述:

$$\max_{p_{i,t}} d_{i,t} = \frac{p_{i,t}}{P_t} y_{i,t} - w_t l_{i,t} \tag{5-28}$$

$s.t.$

$$y_{i,t} = N_t^{\sigma-1} \left(\frac{p_{i,t}}{P_t}\right)^{-\sigma} Y_t = \widetilde{n}_t^{-\gamma} Y_t \tag{5-29}$$

$$y_{i,t} = A_t l_{i,t}, \xi_t q_{it} \geq w_t l_{i,t}, b_{i,t} = \bar{K}^E \tag{5-30}$$

此时,产品定价规则如下:

$$\frac{p_{i,t}}{P_t} = [\sigma/(\sigma - 1)] \left(\frac{w_t}{A_t}\right) (1 + \mu_t) \tag{5-31}$$

而定义融资约束拉格朗日乘子的一阶条件变成债券约束方程,即:

$$b_{i,t} = K_t^E \tag{5-32}$$

此外,这里固定新企业的初始投资成本($\tau = 0$),以保证债券发行数量不会发生改变,故债券约束可以进一步简化为: $b_{i,t} = \bar{K}^E$。

图5-5的虚线报告了"固定债券"经济体的脉冲响应。结果表明,不利金融冲击下,新企业数量增加,而并非如经验事实所记录的下降。原因在于,"固定债券"经济体中,工资的急剧下降,造成公司股利增加。可见,外生给定的债券融资消除了不利金融冲击对新企业的抑制作用。

鉴于2008年国际金融危机源自美国,本章对美国第二次世界大战后数据进行向量自回归(VAR)模型分析。经验分析结果表明,不利金融冲击会导致创业现象的减少,造成新企业数量呈驼峰状下降。不利金融冲击也会导致股价瞬时下跌。但随着新企业数量的显著下降,股价价格则呈现反弹。具体而言,其一,不利金融冲击会导致创业现象减少和股票价格下跌,但二者存在时滞差异。其中,新企业数量减少呈驼峰形反应,下降底谷出现在冲击发生若干季度之后,但股票价格下跌极值则瞬时实现。其二,更为有趣的是,一旦新企业数量显著下降,股票市值不再显著下降。这一点似乎显示,企业数量的下降一定程度上有助于缓解股票市值的下跌。

为了理解经验数据中,不利金融冲击后所伴随的创业现象减少、股价回落以及二者之间可能的互动关系,本章构建了一个包含创业决策和内生资本结构的动态随机一般均衡模型。模型假设企业(包括新企业)具有外部融资灵活性,允许企业在股权融资和债务融资之间进行调整,由此形成内生融资结构。模型还假设不同代理人存在异质性时间偏好。其中,劳动工人相对有耐心,会购买企业发行的公司债,投资者则相对缺乏耐心,会购买公司股权。由于投资者相对欠缺耐心,故股权融资成本高于公司债融资成本。异质性时间偏好的设定,使企业在债务和股权融资结构上的调整会对实体经济产生影响。

模型中,不利金融冲击会收紧企业融资约束,导致企业缩小生产规模。由于股权资产可以用作抵押品,为抵御实体生产所承受的打击,企业会减少债务融资,以增加股权资产价值,从而放松融资约束。这一资本结构调整并不利于潜在企业进入市场,因为随着企业从相对便宜的债务融资转向相对昂贵的股权融资,潜在企业有效融资成本上升。这导致许多潜在新企业无法支付初始投资成本,因而被拒于市场之外。可见,企业内生融资决策不仅会将不利金融冲击传递到企业的生产和利润水平上,也会对创业现象产生抑制影响。故此,本章模型为理解金融冲击下的经济调整提供新视角。

此外,本章发现扩展边际(企业数量)的调整会缓解不利金融冲击对集约边际(企业规模、利润等)的不利影响,减轻金融冲击对宏观经济总量的打击,从而有助于缓解整体经济的融资约束。原因在于,随着经济体中企业数量的减少,每个生存企业所能够获得的市场利润份额相对增加,因而生存企业的股权市值下降幅度得到缓冲,生存企业的融资能力也因此得到保护。可见,扩展边际(企业数量)的调整,缓解了不利金融冲击对国内生产总值的负面影响。模型结果因此指出,金融冲击向实体经济的传递,取决于冲击如何影响新企业的动态。

模型为理解企业破产政策提供了新的视角。企业破产保护政策虽然会减少企业的破产概率,但并不必然减轻经济衰退对总产出的影响,甚至可能造成经济总量更大幅度的下降。而允许企业自由破产的政策,虽然短时期内形成企业数量的大幅减少,但存活企业数目的减少反倒更加有利于保护这些存活企业的财务状况,从而缓解经济总产出的下降。

本章的经济价值和政策价值在于:第一,有助于解释实证部分所发现的股权价值和新企业创业现象之间的动态关系,即一旦新企业数量显著下降,企业股权价值开始反弹;第二,鉴于融资约束依赖于企业股权价值,企业数量下降有助于减轻外生金融冲击所带来的融资约束收紧;第三,企业破产保护政策虽然会减少企业的破产概率,但并不必然减轻经济衰退对总产出的影响,甚至可能造成经济总量更大幅度的下降。

第六章　银行信贷、企业动态和宏观经济波动[①]

第五章的研究指出,当企业存在股权融资和债务融资等多种融资方式时,面对不利金融冲击,企业会在不同融资方式之间进行调整。这一内生资本结构的调整具有丰富的经济含义。就在位企业而言,资本结构调整有利于这些企业对冲不利金融冲击,缓解实体生产下滑。就创业企业而言,资本结构调整会抑制潜在企业的创业决策,因为当企业被迫从相对便宜的融资方式转向相对昂贵的融资方式时,创业初始投资的有效融资成本上升。

当存在融资多样性时,资本结构调整的综合效果取决于政策对创业阶段的保护。当政策通过降低创业市场门槛来保护潜在企业的创业动机时,实体经济的低迷程度会加剧。原因在于,随着潜在企业进入市场的行为得到保护,市场竞争加剧。这使在位企业的市场销售、股权价值、金融状况等遭受不利冲击,从而加剧实体经济的低迷程度。

对中国而言,银行信贷依然是最重要的融资方式。实证方面,基于向量自回归方法,研究发现银行信贷通过借贷渠道影响实体经济,信贷渠道在中国货币政策传导机制中占主要地位(Breitenlechner 和 Nuutilaine,

---

[①]　本章改写自 Feng, Ling, Yizhong Guan, and Zhiyuan Li, "Bank Credit, Firm Entry and Exit, and Economic Fluctuations in China", *Frontiers of Economics in China*, Vol. 9, No. 14, 2014, pp.661-694。

2023)①。理论方面，基于 BGG(Bernanke 等,1999)框架的"金融加速器"模型,研究发现实体企业的融资约束会放大技术冲击向中国实体经济的传递(许伟和陈斌开,2009;梅冬州等,2018②)。

但银行信贷和创业行为之间存在怎样动态关系,其中传导机制如何,文献都不甚清晰。本章对此展开讨论。因为本章重点关注银行是否可能成为实体经济的风险源头,故采纳了格特勒和清泷(Gertler 和 Kiyotaki,2010)的模型,允许银行存在内生性的资产负债表约束。这一约束来自银行与储户之间的代理问题,即当储户预期银行可能侵蚀其部分存款时,储户会选择将资金存放于资本净值满足一定条件的银行。

第一节　经验证据

本节首先描述新进入市场的新企业数量与关键宏观变量(如信贷成本、信贷规模、实际总产出等)之间的无条件相关性。鉴于缺乏新企业数量数据,故这里使用净增企业数量代替。该数据为工业企业单位数,来源于国泰安数据库。

图 6-1 记录了中国每年净增企业数量以及关键宏观变量(如信贷成本、信贷规模、实际总产出等)的走势。从 1999 年第一季度至 2020 年第四季度的数据来看,中国每年净增企业数量与金融市场状况紧密相关。首先,可以发现,银行信贷规模与净增企业数量的变动大体一致,略为领先。其次,银行信贷成本与净增企业数量的变动相反。其中,信贷成本降低时,净增企业数量增加,信贷成本提高则会伴随着净增企业数量的减少。最后,净增企业数量也与实际的变动呈现出一定的同步性,但不如其与银行信贷规模变动的同步性明显。

---

① Breitenlechner, Max, and Riikka Nuutilaine, "China's Monetary Policy and the Loan Market:How Strong is the Credit Channel in China?", *Open Economies Review*,2023,pp.1-23.

② 梅冬州、崔小勇、吴娱:《房价变动、土地财政与中国经济波动》,《经济研究》2018 年第1 期。

　　表6-1汇报了关键变量之间的无条件相关系数。其中,中国每年净增企业数量同实际 GDP、信贷规模、信贷成本之间的相关系数分别为0.0318、0.1169、-0.2256,可见净增企业数量与银行信贷规模、信贷成本之间相关性较高。

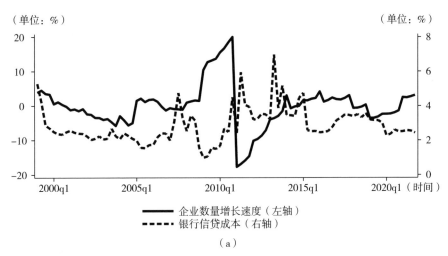

（a）

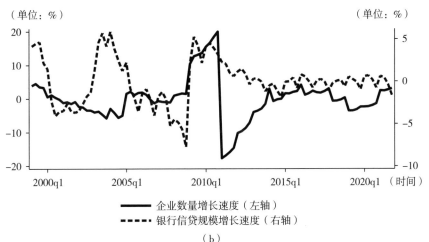

（b）

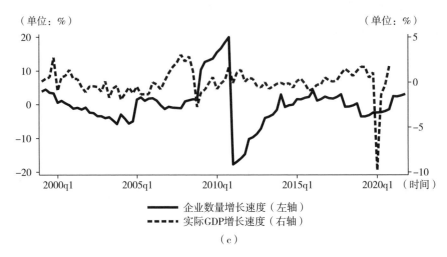

（单位：%） （单位：%）

企业数量增长速度（左轴）
实际GDP增长速度（右轴）

（c）

图6-1 净增企业数量与宏观经济变量波动

资料来源:(1)银行信贷规模为金融机构人民币各项贷款余额,信贷成本为银行间7天同业拆借利率,来源于中经网统计数据库;(2)企业数量为工业企业单位数,来源于国泰安数据库(CSMAR),其中个别缺失数据用线性插值补齐;(3)计算实际GDP所需的名义GDP数据来源于中经网统计数据库,GDP平减指数来源于CSMAR。除银行信贷成本变量使用水平值外,其余变量均进行对数化与HP滤波处理(取其中周期部分),实际GDP在此之前还进行了季节调整;(4)横轴时间频率为季度,纵轴为各变量的增长速度或水平值(如银行信贷成本)。

表6-1 企业数量与宏观经济变量之间的相关性

变量相关性	企业数量	信贷规模	实际 GDP	银行信贷成本
企业数量	1.0000			
信贷规模	0.1635	1.0000		
实际 GDP	0.0476	0.0463	1.0000	
银行信贷成本	−0.2679	0.0195	−0.0709	1.0000

资料来源:除实际GDP外,其他变量处理方式同图6-1。关于实际GDP,首先对其水平值采用ARIMA(1,1,1)进行平滑,之后对预测值取自然对数,并进行HP滤波处理。

　　显然,这种无条件相关性不足以捕捉银行信贷导致新企业数量变动的因果关系。譬如,为应对2008年国际金融危机,中国推出财政刺激政策和相对宽松的货币政策。这些政策拉动了中国同时期的银行信贷额度,降低了企业的信贷成本。而与此同时,投资机会的增加也推动创业现象的发生。可见,无论是信贷成本和创业现象之间的负相关性,或者是信贷额度和创业现象之间的正相关性,都无法回答银行信贷和创业行为之间的因果关系。

为了捕捉银行信贷对创业行为的因果影响,并控制银行信贷内生性带来的估计偏误,本章选择向量自回归模型(VAR)进行数据检验。向量自回归的优势在于:其一,不必依赖于某一特定理论,即可以估测创业行为对银行融资状况变化的平均反应;其二,不必担心银行信贷自身的内生性,可以通过观察脉冲响应函数,来研究银行信贷冲击造成的创业行为的动态变化。

参照贝金和柯塞蒂(2008),向量自回归模型中的变量依次为:产出、通货膨胀、银行信贷成本(或银行信贷规模)、新企业数量。其中,新企业数量体现为各月的净增企业数,来源于国泰安数据库(CSMAR)。由于该数据库目前没有对各行业企业的进入和退出进行分别统计,只是提供了各期的企业单位数,故各期的企业单位数实际上是上一期的企业数与本期企业净进入数量之和,因此本处以各期的企业单位数变动作为创业行为的替代。

由于数据可得性的限制,这里的企业为工业企业,具体包括采矿业(B)、制造业(C)以及电力、燃气及水的生产和供应业(D)3 个大类,共 39个子行业。这些工业行业的国内生产总值占所有行业国内生产总值的约38%(样本期间平均值)。对应原始数据为各月末企业单位数,代表了经济中真实存在的企业数量,因此不进行季节处理。该序列在每年一月存在缺失,故采用线性插值方法补齐。

银行信贷成本以银行间(7 天期)同业拆借利率为代理变量(数据来自中经网统计数据库)。银行信贷规模、通货膨胀和产出分别以金融机构各项贷款余额、消费者物价指数和工业增加值来表示,数据均来源于中经网统计数据库。囿于数据可得性,向量自回归模型所使用的各变量数据的时间区间为 1999 年 3 月至 2021 年 12 月,共计 274 个月度数据。为避免可能存在的季节性,均采取 dlog(0,12)的同比增速形式。处理后各变量的平稳性检验可见表 6-2。

表6-2 VAR 模型中各变量的单位根检验

VAR 变量	检验形式	ADF 统计量	P 值	检验结果
净增企业数量	0,0,1	−15.121	0.0000	平稳
银行信贷成本	C,0,0	−5.511	0.0000	平稳
银行信贷规模	C,0,5	−3.647	0.0049	平稳
通货膨胀	0,0,9	−5.122	0.0000	平稳
产出	C,0,0	−5.165	0.0000	平稳

注：单位根检验形式(C,T,P)表示是否包含常数项、时间趋势和滞后阶数，滞后阶数由 SIC 准则决定。

为使研究结果不依赖于向量自回归中各变量的排序先后，利用广义脉冲响应函数构建扰动变量的正交集。冲击大小等于对应方程的残差标准差。企业单位数序列为 I(1) 过程，故在向量自回归中采用自然对数的一阶差分作为研究对象，即企业净进入率。鉴于本章重点关注信贷冲击造成的企业创业行为的变动，故图 6-2 只汇报了信贷冲击下创业行为的脉冲响应，并同时汇报了脉冲响应加减 2 个标准差的置信区间。为从简约式向量自回归结果复原结构性脉冲反应，对简约式中的残差进行柯列斯基(Cholesky)分解。

接下来，采用向量自回归模型对数据进行估计，最优滞后长度由 AIC 信息准则确定。图 6-2 汇报了不同变量组合和排序下，净增企业数量对银行信贷成本/银行信贷规模冲击的广义脉冲响应函数。其中，图 6-2a 中的变量组合和排序为：产出、通货膨胀、银行信贷成本、企业净进入率；

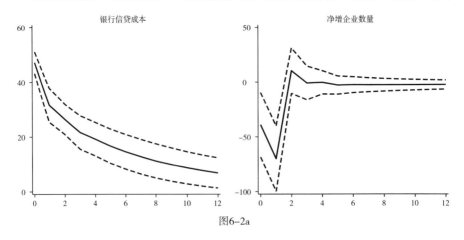

图6-2a

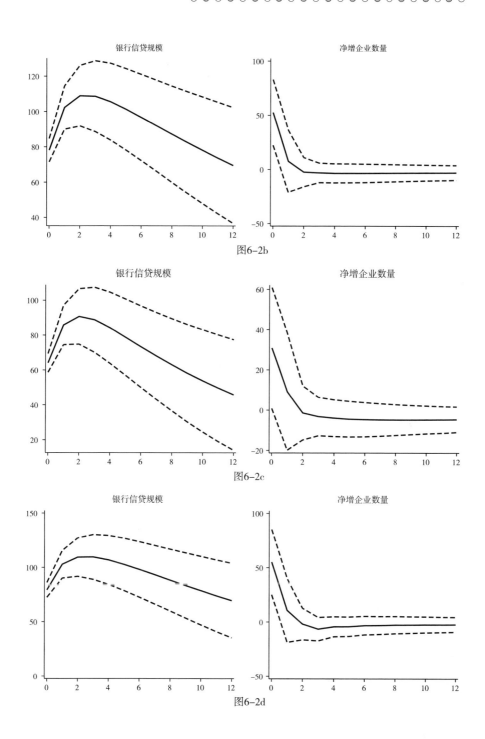

图6-2b

图6-2c

图6-2d

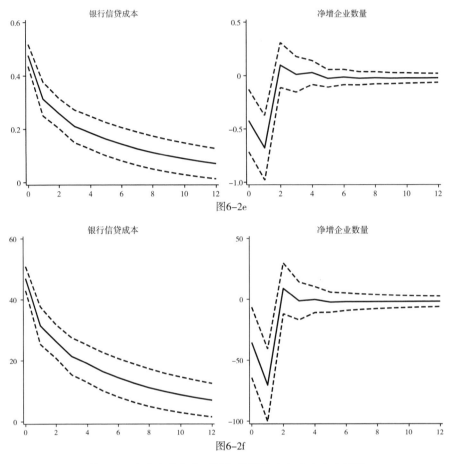

图6-2e

图6-2f

图6-2 企业净进入率对银行信贷的广义脉冲响应函数

注:图6-2中所有脉冲响应均放大100倍,横轴为冲击发生之后的月度数。

图6-2b中的变量组合和排序为:产出、通货膨胀、银行信贷规模、企业净进入率;图6-2c中的变量组合和排序为:产出、通货膨胀、货币政策、银行信贷规模、企业净进入率;图6-2d中的变量组合和排序为:产出、通货膨胀、财政政策、银行信贷规模、企业净进入率;图6-2e中的变量组合和排序为:产出、通货膨胀、货币政策、银行信贷成本、企业净进入率;图6-2f中的变量组合和排序为:产出、通货膨胀、财政政策、银行信贷成本、企业净进入率。为节省空间,图6-2各子图仅汇报净增企业数量、银行信贷成本/银行信贷规模两个变量的脉冲响应。

由图 6-2a 可见,当银行信贷成本增加 0.42% 时,净增企业数量显著下降,并在第三个月初达到谷底(-0.7%),之后反弹,至两个月后负效应不再显著。根据图 6-2b,当银行信贷规模增加 0.78% 时,净增企业数量瞬时显著增加,上涨幅度高达 0.53%。从图 6-2a 和图 6-2b 还可以发现,净增企业数量受银行信贷成本冲击的影响更大,1% 的信贷成本冲击将导致净增企业数量下降约 1.67%(0.78%/0.42%),相比之下,1% 的信贷规模冲击导致净增企业数量的增加幅度约为 0.68%。

宏观政策的变化可能导致银行信贷成本和新增企业数量同时发生变化。为保证研究结果的稳健性,图 6-2c 到图 6-2f 在 4 个变量模型基础上,分别引入两个宏观政策的衡量指标:货币供给量(M_2)和政府开支(G)。参考贝金和柯塞蒂(2008)的研究成果,新的变量顺序为产出、通货膨胀、货币政策/财政政策、银行信贷指标、企业净进入率。因为货币供给量(M_2)和财政支出(G)均为非平稳的 I(1)序列,同时为避免宏观数据中可能存在的季节性问题,此处采用同比增长率形式 dlog(0,12)。各向量自回归模型的最优滞后阶数同样由 AIC 信息准则确定。研究结果与前文同,分别汇报于图 6-2c 至图 6-2f 中。其中,图 6-2b、图 6-2c 和图 6-2d 使用银行信贷规模,并分别控制货币供给(见图 6-2c)、财政支出(见图 6-2d);图 6-2a、图 6-2e 和图 6-2f 使用银行信贷成本,同时分别控制货币供给(见图 6-2e)、财政支出(见图 6-2f)。

第二节 理论模型构造

为解释数据中银行信贷成本增加所带来的净增企业数量下降,并探讨这一影响的宏观经济效应,本小节在格特勒和清泷(2010)的"金融加速器"模型中,引入贝金和柯塞蒂(2008)一文中所使用的创业概念。因为模型旨在研究银行信贷约束对实体经济的影响,故只关注实体经济,忽略货币政策、价格黏性等名义变量。

模型为一个包含 6 个部门的经济体。就生产方而言,分别为:(1)完全竞争的最终产品部门。该部门使用固定替代弹性(CES)函数,将零售部门的产品转换成最终产品,用于满足家庭部门的消费、资本品生产商的投资及附带的调整成本,以及零售商每期必须支付的固定生产成本。(2)零售部门。该部门企业处于垄断竞争状态,必须支付初始固定成本方可进入生产,对中间产品进行包装,故中间品是其唯一的生产要素,产品出售给最终产品部门。(3)完全竞争的中间产品部门。该部门企业采用柯布·道格拉斯生产技术,从家庭雇佣劳动力,从资本品部门购买资本品进行生产,并将产品卖给零售部门。(4)资本品生产部门。该部门企业决定最优投资规模,并将所生产的资本品卖给中间产品部门。

就消费方而言,代表性家庭消费最终产品,提供劳动力给中间产品部门,并将储蓄存于银行部门。沿袭文献中的设定,家庭对各种企业拥有所有权,故各部门利润均归家庭所有。

就金融中介而言,该部门由一系列分布在[0,1]空间上的私有银行构成。银行吸引储蓄,并贷款给中间产品部门。下文将分别对各部分提供详细介绍。

一、生产方

(一)最终产品生产部门

最终产品 Y_t 由 n_t 个连续可微的零售产品 y_{rt} 通过固定替代弹性函数得到,形式如下:

$$Y_t = \left[\int_0^{n_t} y_{rt}(i)^{\frac{\varepsilon_r-1}{\varepsilon_r}} di \right]^{\frac{\varepsilon_r}{\varepsilon_r-1}} \tag{6-1}$$

最终产品的成本最小化意味着:

$$y_{rt}(i) = \left(\frac{P_{rt}}{P_t} \right)^{-\varepsilon_r} Y_t \tag{6-2}$$

$$P_t = \left(\int_0^{n_t} P_{rt}^{1-\varepsilon_r}(i) \, di \right)^{\frac{1}{1-\varepsilon_r}} \tag{6-3}$$

其中, P_t 为最终产品的价格, $P_{rt}(i)$ 为零售产品 i 的价格, ε_r 为固定替代弹性函数中不同零售产品种类间的替代弹性。最终产品用于消费、资本生产商的投资及所附带的调整成本、零售企业所支付的固定成本等。

另外,最终产品也承担度量单位的功能,故最终产品的价格被标准化为 1,即 $P_t = 1$。

(二)零售产品生产部门

零售部门由 n_t 个连续可微的垄断竞争生产商构成。零售企业将中间产品进行简单再包装后,销售给最终产品生产商,故中间产品是零售商的唯一生产要素:

$$y_{rt}(i) = y_{mt}(i) \tag{6-4}$$

其中, $y_{rt}(i)$ 和 $y_{mt}(i)$ 分别是零售商 i 的产出和投入。零售商通过选择价格 $P_{rt}(i)$ 来最大化利润:

$$\max_{P_{rt}(i)} \pi_{rt}(i) = p_{rt}(i) \, y_{rt}(i) - p_{mt}(i) \, y_{mt}(i) - fx \tag{6-5}$$

其中, $p_{mt}(i)$ 为中间产品的销售价格,以最终品计价。fx 为零售企业每期生产所需要支付的固定成本,以最终品计量。利润最大化意味着零售商 i 选择最优价格:

$$p_{rt}(i) = \frac{\varepsilon}{\varepsilon - 1} p_{mt} \tag{6-6}$$

允许零售企业自由创业和进入市场,意味着边际零售企业的利润将被驱至零:

$$\pi_{rt}(i) = 0 \tag{6-7}$$

(三)中间产品生产部门

中间产品部门由一系列完全竞争的同质企业构成,分布在 $[0,1]$ 的范围内。企业生产服从柯布·道格拉斯生产函数:

$$Y_{mt} = A_t \, K_t^{\alpha} \, L_t^{1-\alpha} \tag{6-8}$$

其中, Y_{mt} 是产出, K_t 、L_t 分别是资本和劳动投入, A_t 为总生产率, α 为生产函数中的资本要素比例。

企业利润最大化意味着劳动和资本的需求分别满足式(6-9)和式(6-10):

$$w_t = (1 - \alpha) \frac{Y_{mt}}{L_t} \tag{6-9}$$

$$Z_t = \frac{p_{mt} y_{mt} - w_t L_t}{K_t} = \alpha \frac{Y_{mt}}{K_t} \tag{6-10}$$

其中，w_t 为实际工资，Z_t 为单位资本投入所带来的利润回报。二者均以最终产品所度量。

中间品生产商每期必须购买下一期所需的全部资本品 K_{t+1}，其满足：$K_{t+1} = (1 - \delta) K_t + I_t$。其中，$I_t$ 表示中间产品生产商的本期投资规模，δ 是其资本的折旧率。给定资本价格 Q_t，这意味着中间品生产商本期所需要的外部融资为：$Q_t [(1 - \delta) K_t + I_t]$。

参照格特勒和清泷（2010），此处假设中间品生产商通过向金融中介发行证券融资，以购买下一期资本。将每一份证券标准化为对一个单位资本的未来利润的拥有权，可得证券价格等于资本价格 Q_t。中间品生产商以股价 Q_t（以最终产品为单位），向银行出售 S_t 个单位的股票，来满足资本积累的外部融资需求。

信贷市场的出清条件意味着：$(1 - \delta) K_t + I_t = S_t$，即中间产品生产商对资本的需求 $[(1 - \delta) K_t + I_t]$ 等同于金融中介的信贷供给（S_t）。

当不存在外生冲击时，企业资本的跨期演化满足以下等式：$K_{t+1} = S_t$，即所有银行贷款 S_t 均转变为企业下一期的资本 K_{t+1}。

但当银行信贷存在外生资本质量冲击 Ψ_{t+1}，譬如呆账、坏账或者银行工作效率变化等导致银行信贷下降，将只有 Ψ_{t+1} 部分的银行贷款（S_t）转变成为企业下一期的资本积累。这意味着，当存在银行信贷冲击（Ψ_{t+1}）时，企业下一期可以获得的资本额度将满足下式：

$$K_{t+1} = S_t \Psi_{t+1} \tag{6-11}$$

进一步分析可见单位资本品投入的市场回报包括两部分：其一，本期生产中的资本品所得 Z_t；其二，未折旧资本的市场价值 $(1 - \delta) Q_t$。故给定单位资本品投入的市场成本（Q_{t-1}），以及银行信贷质量冲击（Ψ_t，即每单位信贷的 Ψ_t 比例发展成为企业生产可用的资本），可得企业证券的回报率如下：

$$R_{kt} = \frac{Z_t + (1 - \delta) Q_t}{Q_{t-1}} \Psi_t \tag{6-12}$$

（四）资本品生产部门

资本品生产企业使用最终产品作为投入品，生产新资本品 I_t，并支付投资调整成本 $f\left(\dfrac{I_t}{I_{t-1}}\right) I_t$。该调整成本在稳态下满足 $f(1) = 0$ 和 $f'(1) = 0$。资本品生产企业将新生产出来的资本品，以价格 Q_t 卖给中间品生产商。

资本品企业选择最优资本品生产量 I_t，来实现利润最大化，即：

$$\max_{I_t} E_t \sum_{i=0}^{\infty} \Lambda_{t,t+i} \left\{ \begin{array}{c} Q_{t+i} I_{t+i} \\ - I_{t+i} \left[1 + f\left(\dfrac{I_{t+i}}{I_{t+i-1}}\right) \right] \end{array} \right\} \tag{6-13}$$

因为模型假设家庭是资本品生产企业的所有者，故 $\Lambda_{t,t+i}$ 为家庭的随机贴现因子。由一阶条件可以得到资本品的市场价格为：

$$Q_t = 1 + f\left(\dfrac{I_t}{I_{t-1}}\right) + \dfrac{I_t}{I_{t-1}} f'\left(\dfrac{I_t}{I_{t-1}}\right) - E_t \Lambda_{t,t+i} \left(\dfrac{I_{t+1}}{I_t}\right)^2 f'\left(\dfrac{I_{t+1}}{I_t}\right) \tag{6-14}$$

二、消费方——工人家庭

参照格特勒和清泷（2010），假设家庭部门是一个分布在 $[0,1]$ 空间上的代表性家庭。家庭内部有 $1-f$ 个劳动者和 f 个银行。每一期，$(1-\sigma) f$ 个银行随机退出，成为工人。同时，有同等数量的工人随机变为银行，以保证每一期工人和银行的相对规模不变。银行退出时会将留存收益转移给其所附属的家庭，而家庭会给新银行提供一定的启动资金。外生退出概率 $(1-\sigma)$ 的存在，意味着银行存在有限预期寿命。[①]

代表性家庭最大化其终身效用：

$$\max E_0 \sum_{t=0}^{\infty} \beta^t U(C_t, L_t), with\, U(C_t, L_t) = \ln(C_t - \gamma C_{t-1}) - \dfrac{\chi L_t^{1+\Psi}}{1+\Psi}$$

$$\tag{6-15}$$

其中，$U(C_t, L_t)$ 是 t 期的效用，C_t 和 L_t 分别是消费和劳动供给。参

---

① 银行家的每期生存概率为 σ，故可得到银行预期寿命为 $1 + \sigma + \sigma^2 + \sigma^3 + \cdots = \dfrac{1}{1-\sigma}$。

数 $\gamma \in (0,1)$ 捕获了消费者的消费习惯偏好，$\beta \in (0,1)$ 是时间贴现因子，χ、$\Psi > 0$ 分别是劳动的相对效用权重和弗里希劳动供给弹性的倒数。

每一期，家庭通过提供劳动力得到实际工资（w_t）。从第 $t-1$ 期到 t 期，家庭以实际毛利率 R_{t-1} 在金融中介处储蓄存款 D_{t-1}。此外，家庭还从其所拥有的非金融和金融企业处获得利润回报 Π_t（需要扣除期支付给新成立银行的启动资金），故家庭的约束条件为：

$$C_t = w_t L_t + \Pi_t + R_{t-1} D_{t-1} - D_t \tag{6-16}$$

家庭效用最优化给出如下一阶条件：

$$U_{lt} + U_{ct} w_t = 0 \tag{6-17}$$

$$E_t [\Lambda_{t,t+1} R_t] = 1 \tag{6-18}$$

$$U_{ct} = (C_t - \gamma C_{t-1})^{-1} - \beta \gamma E_t (C_{t+1} - \gamma C_t)^{-1} \tag{6-19}$$

$$\Lambda_{t,t+1} = \beta \frac{U_{ct+1}}{U_{ct}} \tag{6-20}$$

式（6-17）和式（6-18）分别是劳动供给和消费之间的权衡以及储蓄的定价方程。式（6-19）定义了消费的边际效用。由于存在消费习惯依赖（$\gamma > 0$），t 期消费的边际效用依赖于 t 期和 $t-1$ 期的消费水平。

三、金融中介部门

（一）资本负债表和银行资金约束

金融中介部门的设计参照格特勒和清泷（2010）。金融中介从家庭工人处吸收存款，将其贷给中间产品生产企业。定义 N_{jt} 为银行 j 在 t 期初的资产净值，D_{jt} 为家庭 j 在 t 期的储蓄，为银行 j 持有的中间产品生产企业发行的股票数量，那么银行 j 的资产负债表可以表示为：

$$Q_t S_{jt} = D_{jt} + N_{jt} \tag{6-21}$$

用 R_{kt} 表示银行贷出资产的回报，则银行 j 在 t 期初的资产净值为 $t-1$ 期的资产回报（$R_{kt} Q_{t-1} S_{jt-1}$）减去其在 $t-1$ 期负债的利息支出（$R_{t-1} D_{jt-1}$），如下式：

$$N_{jt} = R_{kt} Q_{t-1} S_{jt-1} - R_{t-1} D_{jt-1} = (R_{kt} - R_{t-1}) Q_{t-1} S_{jt-1} + R_{t-1} N_{jt-1} \tag{6-22}$$

其中, $R_{kt} - R_{t-1}$ 是银行资产收益的溢价。

已知每一期有 $(1 - \sigma) f$ 个银行随机退出并转成工人。假设银行只在退出时才会支付股利,那么银行会在每期最大化其未来资产净值的现值,由此得到银行的目标函数为:

$$V_{jt}(S_{jt}, D_{jt}) = E_t \Lambda_{t,t+1} \{(1 - \sigma) N_{jt+1} + \sigma \max_{S_{jt+1}, D_{jt+1}} V_{jt+1}(S_{jt+1}, D_{jt+1}) \}$$

$$= E_t \sum_{i=1}^{\infty} (1 - \sigma) \sigma^{i-1} \Lambda_{t,t+i} N_{jt+i} \tag{6-23}$$

其中,生存概率 σ 意味着银行的有限预期寿命,这将限制银行通过自身资本积累来克服融资约束的可能性。随机贴现因子 $\Lambda_{t,t+i}$ 源自银行所有权归属于工人家庭这一假设。

为限制银行无限度地从家庭借款,模型中引入代理人问题。具体而言,每期贷款前,银行会将 θ 比例的所筹资金(即 $\theta_t Q_t S_{jt}$)转移给其所在的家庭,但资金转移的成本是银行会被强制破产,丧失全部的资产净现值 $V_{jt}(S_{jt}, D_{jt})$ 。代理人问题的存在使存款人会选择满足激励约束的银行,即那些资金转移成本 $[V_{jt}(S_{jt}, D_{jt})]$ 不低于资金转移所得($\theta_t Q_t S_{jt}$)的银行:

$$V_{jt}(S_{jt}, D_{jt}) \geq \theta_t Q_t S_{jt} \tag{6-24}$$

(二)最优资产净现值

通过不确定系数法,可以求得银行 j 的资产净现值。具体步骤如下:

第一步,假设银行 j 在 t 期的资产净现值 $V_{jt}(S_{jt}, D_{jt})$ 可表示为其资产 $Q_t S_{jt}$ 和资本金 N_{jt} 的线性组合:

$$V_{jt}(S_{jt}, D_{jt}) = \mu_{jst} Q_t S_{jt} + \mu_{jnt} N_{jt} = (\mu_{jst} + \mu_{jnt}) Q_t S_{jt} - \mu_{jnt} D_{jt} \tag{6-25}$$

其中, μ_{jst} 和 μ_{jnt} 分别为银行的金融资产和资本金的影子价格。μ_{jst} 表示在给定资本金 N_{jt} 的情况下,银行资产增加所带来的边际回报;μ_{jnt} 是在保持银行资产 $Q_t S_{jt}$ 不变的情况下,银行资本金增加所带来的边际价值。

第二步,将式(6-25)代入式(6-24),可以发现银行 j 的总资产($Q_t S_{jt}$)受限于其所持有的权益资本(N_{jt})和杠杆倍数(φ_{jt} ,总资产与权益资本的比值)。该杠杆倍数在激励约束条件满足时达到最大值:

$$\frac{Q_t S_{jt}}{N_{jt}} = \frac{\mu_{jnt}}{\theta_t - \mu_{jst}} \equiv \varphi_{jt} \tag{6-26}$$

利用式(6-26)，式(6-22)定义的银行权益资本的演化可以重新表达为：

$$N_{jt} = [(R_{kt} - R_{t-1})\varphi_{jt} + R_{t-1}]N_{jt-1} \tag{6-27}$$

第三步，结合式(6-23)和式(6-24)，写出银行最优问题如下：

$$\max V_{jt}(S_{jt}, N_{jt})$$

$$= E_t \Lambda_{t,t+1}\{(1-\sigma)N_{jt+1} + \sigma \max_{S_{jt+1}} V_{jt+1}(S_{jt+1}, N_{jt+1})\} \tag{6-28}$$

$$s.t.\ V_{jt}(S_{jt}, D_{jt}) \geq \theta_t Q_t S_{jt}$$

并由此构建拉格朗日函数：

$$L_{jt} = V_{jt}(S_{jt}, N_{jt}) + \lambda_t[V_{jt}(S_{jt}, D_{jt}) - \theta_t Q_t S_{jt}] \tag{6-29}$$

通过对最优资产S_{jt}进行选择，得到一阶条件如下：

$$\mu_{jst} = \lambda_t(\theta_t - \mu_{jst}) \tag{6-30}$$

第四步，结合式(6-25)和式(6-26)，对式(6-23)进行重写：

$$V_{jt}(S_{jt}, D_{jt}) = E_t \Lambda_{t,t+1}\{(1-\sigma)N_{jt+1} + \sigma \max_{S_{jt+1}, D_{jt+1}} V_{jt+1}(S_{jt+1}, D_{jt+1})\}$$

$$= E_t \Lambda_{t,t+1}\{(1-\sigma)N_{jt+1} + \sigma(\mu_{jst+1}Q_{t+1}S_{jt+1} + \mu_{jnt+1}N_{jt+1})\}$$

$$= E_t \Lambda_{t,t+1}\{\Omega_{jt+1}N_{jt+1}\} \tag{6-31}$$

其中，Ω_{jt+1}定义为：

$$\Omega_{jt+1} = (1-\sigma) + \sigma(\mu_{jst+1}\varphi_{jt+1} + \mu_{j,nt+1}) \tag{6-32}$$

将式(6-26)代入，Ω_{jt+1}可重写为：

$$\Omega_{jt+1} = (1-\sigma) + \sigma\left(\mu_{jst+1}\frac{\mu_{jnt+1}}{\theta_{t+1} - \mu_{jst+1}} + \mu_{j,nt+1}\right)$$

$$= (1-\sigma) + \sigma\frac{\theta_{t+1}\mu_{jnt+1}}{\theta_{t+1} - \mu_{jst+1}} \tag{6-33}$$

第五步，将式(6-27)代入银行目标函数式(6-28)中，可得：

$$V_{jt}(S_{jt}, D_{jt}) = E_t \Lambda_{t,t+1}\{\Omega_{jt+1}[(R_{kt+1} - R_t)\varphi_{jt+1} + R_t]N_{jt}\}$$

$$= E_t \Lambda_{t,t+1}\{\Omega_{jt+1}[(R_{kt+1} - R_t)Q_t S_{jt} + R_t N_{jt}]\} \tag{6-34}$$

结合式(6-25)，可见：

$$\mu_{j,st} = E_t \Lambda_{t,t+1}\Omega_{t+1}(R_{kt+1} - R_{t+1})Q_t S_{jt} \tag{6-35}$$

$$\mu_{j,nt} = E_t \, \Lambda_{t,t+1} \, \Omega_{t+1} \, R_{t+1} \, N_{jt} \tag{6-36}$$

通过以上步骤,即可以求得银行 j 的资产净现值中的影子价格:$\mu_{j,st}$ 和 $\mu_{j,nt}$,进而可以得到银行的资产净现值表达式。

(三)金融部门总资产净值

鉴于银行部门是同质的,故此处只考虑银行部门的对称均衡,即:

$$\mu_{jst} = \mu_{st}, \mu_{jnt} = \mu_{nt}, \varphi_{jt} = \varphi_t, V_{jt} = V_t, \Omega_{jt} = \Omega_t \tag{6-37}$$

经济体的信贷供给总量为所有银行的总和。故对式(6-27)加总,可以得到整个金融部门的杠杆约束:

$$Q_t \, S_t = \varphi_t \, N_t \tag{6-38}$$

此外,因为每一期既有在位银行,也有新进入的银行,故整个银行部门的资产净值总额为在位银行的资产净值总额(N_{ot})加上新银行的资产净值总额(N_{yt}):

$$N_t = N_{ot} + N_{yt} \tag{6-39}$$

因为只有 σ 比例的在位银行可以幸存到下一期,故在位银行的权益资本 N_{ot} 为:

$$N_{ot} = \sigma \left[(R_{kt} - R_t) \, \varphi_{j,t} + R_t \right] N_{t-1} \tag{6-40}$$

新进入的银行从其附属家庭获得启动资金。假设家庭将退出银行资产总值 $\left[(1 - \sigma) \, R_{kt} \, Q_{t-1} \, S_{t-1} \right]$ 的 $\dfrac{\omega}{1 - \sigma}$ 分配给新银行,那么,新银行的资产净值为:

$$N_{yt} = \omega \, R_{kt} \, Q_{t-1} \, S_{t-1} \tag{6-41}$$

银行部门的总存款由单个银行的存款加总得到,故等于:

$$D_t - Q_t \, S_t - N_t \tag{6-42}$$

(四)市场出清以及经济体均衡

因为外生冲击不具有企业异质性,故经济体处于对称均衡中,即相同类型的企业面临冲击时反应相同。

为使得模型有解,产品市场和信贷市场必须出清。其中信贷市场上,来自金融中介的信贷供给总量(S_t)等于中间品生产商获得的总资本 $\left[(1 - \delta) \, K_t + I_t \right]$:

$$S_t = (1 - \delta) K_t + I_t \tag{6-43}$$

但由于呆账、坏账等因素，信贷供给在转化成为企业下一期资本总量时遭受信贷质量冲击，以至于 $K_{t+1} = S_t \Psi_{t+1}$［即前文式（6-11）］。

最终产品市场上，因为最终产品用于满足消费、资本品生产商的投资和附属调整成本，以及零售商需要支付的固定成本，故最终产品市场出清条件为：

$$Y_t = C_t + I_t \left[1 + f\left(\frac{I_t}{I_{t-1}}\right) \right] + f \tag{6-44}$$

其中，资本品调整成本满足如下表达式：

$$f\left(\frac{I_t}{I_{t-1}}\right) = \frac{\eta}{2}\left(\frac{I_t}{I_{t-1}} - 1\right)^2 \tag{6-45}$$

中间产品市场上，因为中间产品由 n_t 个零售企业所购买，用作这些企业的生产投入，故市场出清条件满足：

$$y_{rt} = y_{mt} = \frac{Y_{mt}}{n_t} \tag{6-46}$$

参照文献，假设经济体中的冲击服从对数正态分布：

$$\log A_t = \rho_A \log A_{t-1} + \varepsilon_{A,t} \tag{6-47}$$

$$\log \varphi_t = \rho_\varphi \log \Psi_{t-1} + \varepsilon_{\Psi,t} \tag{6-48}$$

其中，$\varepsilon_{A,t}$ 和 $\varepsilon_{\Psi,t}$ 为技术和银行信贷新息扰动，为满足独立同分布同方差的随机变量。

对于这一包含金融中介的动态随机一般均衡模型（以下简称 FA 模型），其模型均衡定义为以下 27 个变量的时间序列：C_t、w_t、U_{ct}、L_t、$\Lambda_{t,t+1}$、R_t、R_{kt}、Z_t、Q_t、V_t、S_t、μ_{st}、μ_{nt}、Ω_t、φ_t、N_t、N_{ot}、N_{yt}、D_t、Y_{mt}、K_t、P_{mt}、I_t、y_{rt}、P_{rt}、Y_t、n_t。27 个均衡条件如下：2 个最终产品部门的最优化条件，式（6-2）和式（6-3）；2 个零售部门的均衡条件，式（6-6）—式（6-7）；5 个中间产品部门的最优化条件，式（6-8）—式（6-12）；1 个资本品生产企业的条件式（6-14）；家庭部门的 4 个均衡条件，式（6-17）—式（6-20）；10 个银行部门的均衡条件，式（6-24）—式（6-26）、式（6-33）—式（6-36）、式（6-39）—式（6-42）；3 个市场出清条

件:式(6-42)、式(6-44)、式(6-46)。

为比较金融中介在模型中的作用,我们同时定义不包含金融中介的 DSGE 模型(以下简称 RBC 模型)。RBC 模型与 FA 模型的区别在于: (1)RBC 模型只有 17 个内生变量,不包括与银行相关的 10 个内生变量 (V_t、S_t、μ_{st}、μ_{nt}、Ω_t、φ_t、N_t、N_{ot}、N_{yt}、D_t);(2)相应地,RBC 模型只有 17 个均衡条件,不包括与银行相关的 10 个条件。

为分析创业行为和其他宏观经济变量对银行信贷冲击的完整反应路径,此处使用广义舒尔分解法,校准模型参数,并在唯一确定的稳态处,对数线性化这 27 个均衡条件系统,以识别经济体对外生冲击的动态响应。

第三节　参数值估计与校准

一、数据来源与处理

此部分采用季度数据对相关参数进行校准。银行信贷成本、新企业数量、实际产出的数据来源与处理方式见第二部分,不再赘述。消费使用社会消费品零售总额衡量,劳动力使用就业人口数量衡量。两组数据均来源于中经网统计数据库。为了估计得到信贷冲击,资本存量和新增投资分别采用工业企业资产总计、第二产业固定资产投资额进行衡量。数据均来自国家统计局,数据区间为 2003—2021 年。由于资本与投资数据均为年度值,故采用线性插值法获得季度数据。根据式(6-43)求出信贷冲击,再对信贷冲击取自然对数,并进行 HP 滤波处理,得到信贷冲击偏离趋势的波动。

二、参数估计与校准

表6-3 列出了基础模型模拟中所使用到的参数及其对应的数值。总计 16 个参数,其中 11 个为传统参数,5 个为模型特有参数。除基础模型分析外,文章还会对重要参数给予敏感性检验。

表 6-3　模型参数赋值

1. 传统参数										
β	γ	ε_l	χ	δ	α	ε_r	η	ρ_A	σ_A	f
0.99	0.61	6.16	1	0.025	0.5	6	0.3	0.95	0.02	1
2. 模型特有参数										
ρ_Ψ	σ_Ψ	σ	θ	ω						
0.56	0.06	0.972	0.385	0.002						

　　传统参数的校准来自相关文献。首先,对家庭偏好参数进行校准。参照梅冬州等(2018),折现率设定为 β = 0.99。这意味着稳态时年度存款实际收益率为 4%。参照张等(Zhang 等,2009)[①],习惯偏好因子设置为 γ = 0.61。参照王君斌和郭新强(2011)[②],弗里希劳动供给弹性的倒数设置为 ε_l = 6.16。劳动供给在效用函数中的相对权重设置为 χ = 1。稳健性分析将显示,该数值不影响模拟结果。

　　其次,校准有关生产方的参数。资本折旧率在国内文献中较统一,一般为年率 10%,因此本章设置季度资本折旧率为 δ = 0.025(王擎和田娇,2016)[③]。参考王国静和田国强(2014),本书将资本份额设置为 α = 0.5。参照罗滕贝格和伍德福德(Rotemberg 和 Woodford,1992),中间品替代弹性设置为 ε_r = 6,这意味着中间垄断生产商的价格加成为 20%,该数值同样见于许伟和陈斌开(2009)、王君斌(2010)[④]等文献。参照王君斌(2010),将资本品价格对投资资本比的弹性系数设置为 η = 0.3,以得到合适的投资调整成本函数。参照王(2010)等,将技术冲击的自相关系

　　① Zhang, Wen lang, "China's Monetary Policy: Quantity Versus Price Rules", *Journal of Macroeconomics*, Vol.31, No.3, 2009, pp.473-484.

　　② 王君斌、郭新强:《产业投资结构、流动性效应和中国货币政策》,《经济研究》2011 年第 2 期。

　　③ 王擎、田娇:《银行资本监管与系统性金融风险传递——基于 DSGE 模型的分析》,《中国社会科学》2016 年第 3 期。

　　④ 王君斌:《通货膨胀惯性、产出波动与货币政策冲击:基于刚性价格模型的通货膨胀和产出的动态分析》,《世界经济》2010 年第 3 期。

数、标准差分别设置为 $\rho_A = 0.95, \sigma_A = 0.02$。将固定生产成本设置为 $fx = 1$，该数值不影响系统的稳态，对脉冲响应结果不形成质的影响。

模型特有参数估计如下。首先，估计银行信贷冲击的相关系数 ρ_Ψ、标准差 σ_Ψ。由式(6-11)和式(6-42)可见，企业资本积累遵循式(6-49)：

$$K_{t+1} = [(1 - \delta) K_t + I_t] \varphi_{t+1} \tag{6-49}$$

银行信贷冲击 Ψ_t 使得资本存量的积累遭遇外生性冲击，在下期资本存量与本期新生资本之间形成差值。为此，首先基于式(6-49)计算银行信贷冲击 Ψ_t，再对其取对数，并进行 AR(1) 回归。回归结果见式(6-50)。故此我们设置 $\rho_\Psi = 0.56, \sigma_\Psi = 0.06$。格特勒和清泷(2010)使用美国数据的估测结果为：$\rho_\Psi = 0.66, \sigma_\Psi = 0.05$。本书回归结果与其近似。

$$\log \Psi_t = 0.56 \times \log \Psi_{t-1} + \varepsilon_{\Psi t} \tag{6-50}$$

其次，估计与银行信贷变量相关的参数，包括银行季度生存概率 σ、银行可以转移的资产比例 θ，以及给新生银行的转移支付 ω。参考格特勒和卡拉迪(2011)，对这三个参数的估计旨在匹配以下三个目标：

其一，稳态时年度贷款、存款利差为 1%。格特勒和清泷(2010)选择房屋贷款利率和政府债券利率差值作为参考目标。考虑到房屋贷款具有长期特征，故此处选择三年期以上贷款、存款利差作为该目标参考值，以接近格特勒和清泷(2010)的目标设置。

其二，银行预期寿命为 10 年。国有商业银行的寿命远高于这一数值。但考虑到经济体中存在许多寿命较短的小型信贷机构，以及本书仅限于思考信贷部门壁垒如何传递到实体部门，故此处参考了格特勒和清泷(2010)的目标设置，将经济体中信贷部门的寿命设置为 10 年。

其三，稳态时实体经济杠杆倍数为 4(总资产/权益)。实体经济杠杆倍数的设置主要基于以下考虑。根据 CEIC 数据库，中国实体经济非金融企业的杠杆倍数为 2.86，中国商业银行的杠杆倍数为 16.61，略高于其美国同业水平 12.08(来自 Wind 数据库)。故参考格特勒和卡拉蒂(Gertler 和 Karadi,2011)，我们设置稳态时实体经济杠杆倍数为 4。校准结果显示，银行生存概率 $\sigma = 0.972, \theta = 0.385, \omega = 0.002$(见表 6-3 中的模型特有参数部分)。

第四节　模拟结果与讨论

一、相关系数和标准差

基准模型基于表6-3中的参数值进行模拟。本节将首先汇报相关变量与实际产出之间的相关性、相对标准差、模拟数据与实际数据的比较等(见表6-4),之后再进一步考察脉冲响应函数,探讨外生冲击对实体经济的动态传递效应。

表6-4　主要变量标准差、与实际GDP的相关性及相对标准差

主要变量	与GDP的相关性		与GDP标准差的比值			标准差(%)	
	(1)	(2)	(3)	(4)	(5)	(6)	(7)
	实际	基本FA模型	实际	基本FA模型(习惯偏好)	基本FA模型(无习惯偏好,$\gamma=0$)	实际	基本FA模型
信贷成本	-0.14	-0.10	1.29	1.13	1.25	3.13	7.18
企业数量	0.13	1	4.1	1	1	8.21	6.36
实际产出	1	1	1	1	1	2	6.36
消费	0.19	0.46	1.45	0.71	1.19	2.9	4.50
投资	0.33	0.86	2.57	2.55	2.98	5.13	16.25
资本存量	0.17	0.80	3.43	1.34	1.34	6.86	8.51
劳动力	0.23	0.30	1.06	0.18	0.17	2.13	1.13
技术冲击	0.66	0.56	1	0.41	0.39	2	2.61
银行信贷冲击	-0.08	-0.10	3	1.00	0.94	6	6.35

根据表6-4,就二阶矩而言,模型表现较好,能够捕捉实际数据中所观察到的相关性、波动性等指标。其所传递的信息可以总结为两点:

其一,就同期相关系数而言,模拟值与实际值符号一致,模型能够较好地捕捉各变量之间的相关性。其中,信贷成本和银行信贷冲击具有逆

周期性,与 GDP 的相关性均为-0.1,与实际数据中的相关性近似(分别为-0.14 和-0.08)。这意味着信贷成本上升、或是银行资本状况恶化,都可能使企业融资环境恶化,实体经济遭遇负面冲击,或者当实体经济处于低迷状态时,企业融资难度会随之增加,融资环境相对恶化。

而其他变量则呈现出顺周期性。其中,技术冲击、消费、劳动供给与 GDP 的相关性与实际数据接近。如技术冲击与 GDP 的相关性为 0.56、实际数据为 0.66;消费与 GDP 的相关性为 0.46、实际数据为 0.19;劳动力供给与 GDP 的相关性为 0.30、实际数据为 0.23。

顺周期变量中,投资、资本存量和企业数量与 GDP 的相关性高于实际数据。如投资与 GDP 的相关性为 0.86、实际数据为 0.33;资本存量与 GDP 的相关性为 0.8、实际数据为 0.17;企业数量与 GDP 的相关性为 1、实际数据为 0.13。技术冲击(与 GDP 的相关性为 0.56,实际数据为 0.66)、消费或是劳动供给增加、投资提升及资本积累、企业进入市场机会增加等,则都可能拉动实体经济发展。

其二,就经济体各变量同实际产出之间的相对波动性而言,模拟值略小于实际数值,但仍具有可比性[见表6-4列(4)]。譬如,模型发现投资的波动性是实际产出的 2.55 倍,仅略小于实际数据中的 2.57 倍。信贷成本与 GDP 的标准差之比(1.13)也与数据近似(1.29)。虽然消费相对 GDP 的波动性较低,但仍达到实际 GDP 波动性的 0.71(实际数据为 1.45)。而资本存量、劳动力相对 GDP 的波动性分别为 1.34 和 0.18,比数据略小(分别为 3.43 和 1.06)。

各变量相对较小的波动性源自两个因素:其一,消费习惯偏好(基准模型中 $\gamma = 0.61$)。该习惯偏好下,经济体需求方的波动性受到抑制,故模拟结果小于实际数值[见表6-4列(4)]。当我们假设 $\gamma = 0$ 时,外界冲击的变化会诱发消费方更加积极地响应,进而增加消费(1.19)、投资(2.98)、信贷成本(1.25)等变量的波动性[见表6-4列(5)]。其二,外生冲击的波动性较小。如实际数据中,技术冲击和银行信贷冲击相对 GDP 的波动性实际数值分别为 1 和 3,但在模型中则仅为 0.41 和 1。

二、基准参数下的脉冲反应

（一）基准模型中的脉冲响应

图 6-3 和图 6-4 分别考察了基准模型中,经济体面对银行信贷冲击和技术冲击的反应。鉴于脉冲响应数值太小,此处将所有图中的脉冲反应均乘以 100。

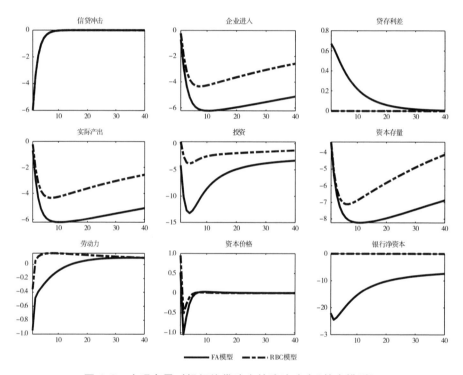

图 6-3　宏观变量对银行信贷冲击的脉冲响应（基本模型）

图 6-3 记录了基准模型中关键变量对未预期到的银行信贷冲击（Ψ）的响应。该银行信贷冲击捕获了金融中介资产平衡表的恶化状况。根据表 6-3 中的参数估计,初始扰动设置为银行信贷下降 6 个百分点,自回归因子为 0.56。图中实线为包含金融中介（FA）模型的变量反应,而虚线为不含金融中介（RBC）模型的变量反应。横轴表示冲击后的季度数,纵轴为相关变量偏离稳态的百分比。

相较于标准 RBC 模型,负扰动在 FA 模型中的影响更大,经济体经历了相对较为严重的衰退和缓慢的复苏。其一,金融约束抑制了企业的创业动机,新企业数量减少更多。FA 模型中,新企业数量下降幅度高达5%,而在标准 RBC 模型中的下降则最大为 4.2%左右。

其二,实际产出、劳动力、投资和资本积累在 FA 模型中的衰退幅度也更大。譬如,在 FA 模型中,投资下降幅度超过 9%,但在 RBC 模型中不足 4%。同样现象存在于劳动力、投资、资本存量等变量中。在 FA 模型中,就业、实际产出和资本存量的下降幅度分别达到 1%、5%和 8%,但在RBC 模型中则分别仅有 0.3%、4.2%和 7.1%。

其三,FA 经济体的低迷状态持续更久。在 FA 模型中,新企业数量和实际产出大约在两年半后开始出现缓慢复苏。投资和资本存量的反弹速度则相对较快,分别为 1 年和 2 年左右。劳动力则在冲击时刻达到峰值。而在 RBC 模型中,各对应变量均在较早的时期就出现反弹。

(二)融资约束机制

通过观察图 6-3 中资本价格、银行净资本和贷存利差等变量的变化,可以看出金融约束对信贷冲击的放大效应。首先,在 FA 模型中,资本价格(Q)和银行净资本(N)出现瞬时显著下降,分别达到 1%和 25%。而在 RBC 模型中,资本价格只下降 0.5%左右。这反映出在 FA 模型中,当金融中介面临不利信贷冲击时,会通过抛售资产来放松借款约束,由此形成资本价格和银行净资本的大幅下跌。

其次,资本预期回报与无风险利率之间的差值(贷存利差)在 FA 模型中急剧增加,最高差值达到 75 个基点。而在 RBC 模型中,该差价保持不变(一阶)。融资成本的增加是 FA 模型中投资和产出大幅下降的关键原因。

最后,融资约束对模型解释实际数据至关重要。在 FA 模型中,贷存利差上涨伴随着创业行为的减少。其原因在于,融资成本降低了企业的预期利润,抑制了潜在企业的创业动机。但在 RBC 模型中,由于不存在融资约束,故无法捕捉企业融资成本上升现象,也因此无法观察融资成本上升和创业行为之间的动态关系。进一步可以通过观察图 6-4,识别金融约束对技术冲击的放大效应。在图6-4中,初始扰动为生产率下降2个百分点,自回归因子为0.95。新企业数量在FA模型中的下降依然大于其在RBC模型中的下降。同样反应见于产出、投资、劳动力和资本存量等变量。但比较图6-3和图6-4可知,当面对银行信贷冲击时,FA模型的反应显著大于RBC模型。而当面对技术冲击时,虽然FA模型的反应仍然偏大,但两个模型之间的差距缩小很多。

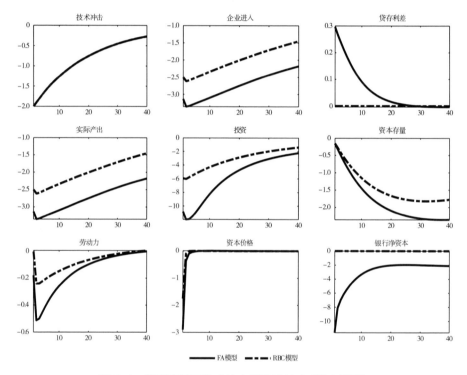

图6-4　宏观变量对技术冲击的脉冲响应(基本模型)

注:横轴为冲击后的季度数,纵轴为相关变量偏离稳态的幅度放大100倍。

由图6-3和图6-4的对比可以看出,银行信贷冲击的"金融加速器"机制强于技术冲击的"金融加速器"机制。这是因为银行信贷冲击对银行资本具有直接影响,限制了企业可得的信贷供给;而技术冲击则是通过影响中间产品的定价和生产,进而对实体经济和创业决策形成作用,故影响相对间接。如图6-3所示,银行信贷冲击使银行资本下降达到25%,

而根据图6-4,技术冲击仅使银行资本下降8%。

(三)创业机制

图6-5 和图6-6 考察了不利信贷冲击下,企业进入市场的创业行为调整如何影响经济体其他变量的反应。其中,图6-5 汇报了 FA 模型中的两种可能状态:其一,允许企业创业,故企业数量内生变动;其二,不存在企业创业,即企业数量始终不变,这一情况可能源自政策保护。而图6-6 则汇报了 RBC 模型中有无创业现象时的经济体反应。其中实线为包含企业进入市场的创业行为的模型,而虚线为不包含创业行为的模型。

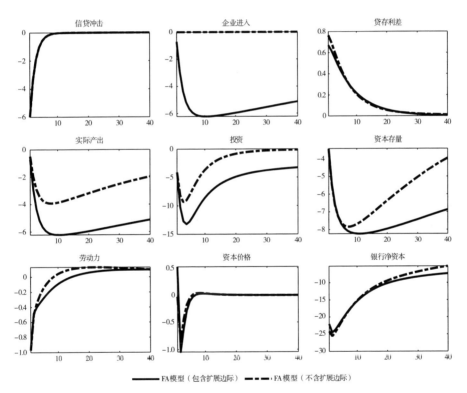

—— FA模型(包含扩展边际)　- - - FA模型(不含扩展边际)

图6-5　企业创业行为对银行信贷冲击的放大效应(FA 模型)

注:横轴为冲击后的季度数,纵轴为相关变量偏离稳态的幅度放大 100 倍。

之所以选择信贷冲击作为分析重点,原因在于:第一,本章旨在考察银行信贷冲击对实体经济的影响,而并非技术冲击,故对信贷冲击的研究更能够识别金融市场状况和企业创业行为之间的互动机制;第二,技术冲

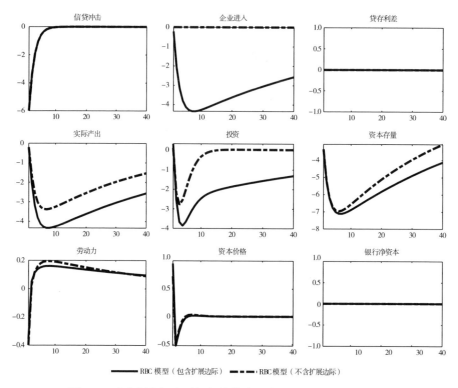

图6-6　企业创业行为对银行信贷冲击的放大效应（RBC 模型）

注:横轴为冲击后的季度数,纵轴为相关变量偏离稳态的幅度放大100倍。

击对实体经济的影响在一定程度上类似于银行信贷冲击,即其在 FA 模型中的影响大于其在 RBC 模型中的影响,且这种范式并不随参数的变化而变化,故对信贷冲击的研究在一定程度上反映了技术冲击的工作机制。

图6-5 和图6-6 传递出以下重要信息。首先,企业进入市场行为的存在放大了银行信贷冲击向实体经济体的传递。单独观察图6-5 可以发现,虽然实线和虚线代表的 FA 模型都包含银行部门,但实体经济(如实际产出、投资、资本存量等)在实线 FA 模型(包含创业行为的经济体)中的反应,显著大于其在虚线 FA 模型(不包含创业行为的经济体)中的反应。

可见,当不利信贷冲击发生时,除了资本价格和银行净资本下跌可能成为实体经济衰退的一个渠道,自由进入市场也可能成为实体经济持久、大幅衰退的重要渠道。随着银行收紧信贷,企业融资成本上升,部分企业意识到创业的预期利润可能无法满足成本需求,故会选择不进入市场。而随着较少的企业从事商品生产,实体经济被恶化,抑制了企业生产、投资和积累资本的需求。信贷冲击在打击供给方的同时,会进一步通过收入渠道,抑制需求方的消费需求。故此,来自供给方和需求方的双重萎靡,使经济体必须花费更长的时间才能从低谷中恢复。

进入市场行为的重要性同样见于图 6-6 中。即便不存在银行部门的"加速器"效应,当允许企业自由创业而非保持企业数量不变时,部分企业在面对融资状况恶化时会选择停止进入生产,这会导致实体经济遭遇相对严重和持久的打击。可见,创业行为的存在放大且拉长了外生冲击对实体经济的影响。

其次,资本状况恶化在 FA 模型中的影响显著大于其在 RBC 模型中的影响。相较图 6-5 和图 6-6 可以发现,虽然信贷冲击在两类模型中的大小、持久性相似,但当存在具有内生约束性的银行系统时(见图 6-5),经济体的反应明显大于无融资约束的经济体(见图 6-6)。这一对比既存在于企业数量内生变化的经济体中,也存在于企业数量保持不变的经济体中。

而图 6-5 和图 6-6 的根本区别在于 FA 模型中存在融资约束,RBC 模型则无此类约束。在 FA 模型中,资本价格(Q)和银行净资本(N)均出现显著下降,且资本预期回报与无风险利率之间的差值急剧增加。而在 RBC 模型中,资本价格下降幅度较小,银行净资本和利差均没有变化。可见在 FA 模型中,金融中介通过抛售资产来放松借款约束,这导致资本价格下跌,造成实体经济更加困难的融资环境。

三、参数敏感性分析

表 6-5 汇报了关键变量标准差(相对于产出标准差)的参数敏感性。其中,固定生产成本(f_x)、劳动力在效用函数中的相对贡献(χ)均不影响模型的二阶矩和脉冲响应表现,故不在汇报中。为探讨参数值的变化是否影响融资约束和企业创业行为在模型中的重要性,此处采用文献中

出现的其他参数值做稳健性检验。总体而言,各变量相对产出的波动性
与实际数据接近,不随参数变动而发生本质改变。

表6-5　主要变量相对产出的标准差比值

变量/指标	（1）实际数据	（2）基本FA模型	（3）$\alpha=0.33$	（4）$\varepsilon_r=4$	（5）$\eta=1.73$	（6）$\varepsilon_l=0$	（7）$\rho_\Psi=0.77$ $\sigma_\Psi=0.33$
信贷成本	1.29	0.96	1.54	1.01	1.90	0.71	0.75
创业行为	4.1	1	1	1	1	1	1
消费	1.45	0.64	0.79	0.62	0.71	0.39	0.89
投资	2.57	2.43	4.48	3.10	2.65	3.05	2.17
资本存量	3.43	1.11	1.76	1.10	1.34	0.75	1.35
劳动力	1.06	0.15	0.23	0.16	0.21	1.17	0.15
技术冲击	1	0.34	0.5	0.34	0.42	0.18	0.42
银行信贷冲击	3	0.83	1.22	0.83	1.02	0.44	0.58

注:以上的数值均为各变量标准差与实际产出标准差的比值。

当资本在生产中的重要性下降(α 由 0.5 下降到 0.33),生产商愿意
通过调整资本来应对外界冲击,故资本和投资波动性增强,分别由基准模
型中的 1.11 和 2.43 上升到 1.76 和 4.48。因为资本需求波动性增加,信
贷成本的波动性也相应增加,由基准模型中的 0.96 上升到 1.54。生产方
的变化最终反映到经济体的需求方,导致消费、劳动力就业等变量的波动
性随之增强,分别由基准模型中的 0.64 和 0.15 上升到 0.79 和 0.23。与
此同时,可以观察到技术冲击和银行信贷冲击的相对波动性也分别由基
准模型中的 0.34 和 0.83 上升到 0.5 和 1.22,虽然二者依然相对低于其
数据中的真实值(分别为 1 和 3)。

此外,当资本调整成本的敏感度增加(η 由 0.3 增加到 1.73)时,同
等规模的融资成本变化,诱发更大幅度的资本存量及投资的变化。而当
银行信贷冲击的波动性下降、持久性增加(ρ_Ψ 由 0.56 增加到 0.77, σ_Ψ 由
0.06 下降到 0.33)时,冲击导致的经济体波动幅度变小。究其原因,一方
面,在于冲击的持久存在意味着消费方、生产方的期望相对稳定,故面对

冲击的反应也相对稳定;而另一方面,冲击波动幅度的下降也使消费方、生产方不需要作出较大幅度的调整。

当零售产品间的替代性降低(ε_r 由 6 降低到 4)时,经济体对每种零售产品的相对市场需求量增加。给定要素市场供给,零售商将不得不面临更加激烈的要素市场竞争,驱使要素市场增加资本需求,促使融资成本上升,导致创业行为减少。当劳动供给弹性增加(ε_l 由 6.16 降低到 0)时,劳动就业的波动性大幅增加,但其他变量的波动性则明显减小。

为分析脉冲响应函数的参数敏感性,图 6-7 选择性地汇报了两类参数引起的 FA 模型脉冲响应的变化:(1)资本比例下降($\alpha = 0.33$);(2)零消费习惯偏好($\gamma = 0$)。比较标准为基本 FA 模型,即表 6-3 中所汇报的参数。

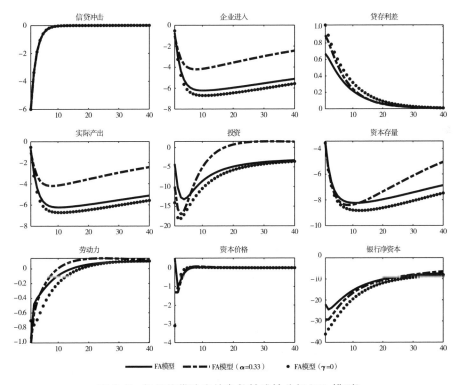

图 6-7　银行信贷冲击的参数敏感性分析(FA 模型)

注:横轴为冲击后的季度数,纵轴为相关变量偏离稳态的幅度放大 100 倍。

　　由图可见,参数变化并不影响信贷紧张引发的实体经济低迷,如实际产出、劳动力、投资和资本积累等均有显著下滑。但可以看出各变量的下降幅度和经济体低迷的持久性发生改变。以基准 FA 模型作为标准,当生产函数中的资本比例下降时(点线),创业行为和实际产出的下降幅度减小,但投资、资本存量、资本价格、贷存利差、银行净资本等与资本相关的变量,均有更大幅度的下跌,而劳动就业则呈现相对更快的复苏。

　　同样地,与基准 FA 模型相比,当不存在消费习惯偏好时(虚线),无论是创业行为、实体经济产出或是与资本和银行借贷相关的金融变量,都发生更大规模的下滑和更为持久的低迷。这一经济体中,信贷冲击引发资本价格和银行净资本大幅下降,造成企业融资成本明显上升。相应地,信贷紧张削弱潜在企业的创业动机,这进一步加强了信贷紧缩对实体经济的负面冲击。

四、融资约束和创业之间的互动机制分析

　　为识别融资约束和创业之间的互动机制,本小节通过局部均衡分析,展示外生冲击影响企业创业行为的途径。通过研究进入条件式(6-7)、垄断零售商的定价规则式(6-6),以及需要从银行处贷款的中间产品商的生产函数式(6-8),可以得到下式:

$$\varepsilon_t f n_t^{\frac{2-e_t}{1-e_t}} = y_{mt} = A_t \left(\left[(1 - \delta) K_{t-1} + I_{t-1} \right] \Psi_t \right)^{\alpha} L_t^{1-a} \qquad (6-51)$$

　　式(6-51)意味着,保持劳动需求(L_t)不变,银行信贷(Ψ_t)下降或者生产率下降(A_t 降低)都可能导致企业创新(n_t 减少),因为这些负向冲击使中间部门的生产下降。

　　而中间产品作为零售企业的唯一投入,中间品生产的减少意味着零售企业之间的竞争增加,零售企业的营业利润下降。当部分零售企业预期收入难以支付固定成本时,这些企业会选择停止进入或者退出生产。经济体会在幸存零售企业的营业利润能够弥补固定成本时达到均衡。

　　随着中间产品生产的下降,劳动需求和实际工资也将下降(更低的 L_t 和 w_t),如式(6-9)所示。由于式(6-51)不依赖于金融部门,故企业进入或退出生产的过程在 FA 模型和 RBC 模型中都将存在。

然而,在 FA 模型中,外生冲击的实体效应因为银行融资约束的存在而被放大。将银行部门的资产回报[式(6-12)],代入银行资本演化方程式(6-40)中,可以得到:

$$N_t = \sigma\left[\left(\frac{Z_t + (1-\delta)\,Q_t}{Q_{t-1}}\,\Psi_t - R_{t-1}\right)\varphi_{j,t} + R_{t-1}\right]N_{t-1} +$$

$$\omega\left[\frac{Z_t + (1-\delta)\,Q_t}{Q_{t-1}}\,\Psi_t\right]Q_{t-1}\,S_{t-1} \qquad (6-52)$$

保持资产价格(Q_{t-1})不变,式(6-52)表明负向的银行信贷冲击(Ψ_t 下降)会降低银行资本。而式(6-24)所描述的道德风险问题的存在,意味着银行净资本的下降会收紧银行所面对的借款约束。为了克服这种借款约束,银行必须抛售其资产。而这将引起资本价格的进一步下跌,导致银行资本进一步下降。

与此同时,资产价格缩水会引起投资品生产下降。而投资下降将导致最终产品的需求下降[式(6-44)],并进一步引起中间产品需求的下降[式(6-2)]。

随着中间品生产规模的缩小,零售企业所依赖的生产要素减少,零售企业之间的竞争强度增加,导致部分零售企业停止创业或者退出市场。随着银行资本减少,加之杠杆约束的限制[式(6-38)],银行信贷供给总量下降。这导致中间产品企业的融资成本上升,从而进一步降低企业投资需求。

鉴于银行信贷对中国实体经济外部融资的重要性,大量中文文章关注银行信贷如何影响中国宏观经济周期波动。但正如第二章所描述,中国特色社会主义市场经济的建设过程,是市场主体不断进入、退出与成长的动态演进过程。这些进入或退出市场的行为可能改变外部冲击(如技术变迁、金融冲击等)向实体经济的传递渠道和影响方式。

从既有研究来看,一方面,企业融资状况可能通过放大或延长外生冲击的作用,对宏观经济波动形成深远影响。2008 年国际金融危机的爆发,更是让学术界意识到,金融市场状况可能成为宏观经济波动的源头。

另一方面，市场进入与退出对宏观经济波动、经济增长具有重要影响，这不仅得到学术界的普遍认同，且受到越来越多的关注。但不清晰的是，当银行系统存在风险时（如坏账或违约率增加），这些风险如何通过银行信贷渠道，影响中国企业的创业决策、生产决策及借贷决策等，改变外生冲击向实体经济的传递过程和影响规模。

本章经验分析部分首先采用向量自回归（VAR）模型，对中国1999—2021年的制造业月度数据进行分析。结果显示，银行信贷成本与企业进入市场行为呈负相关性，企业融资成本提高会抑制经济体中的创业行为。为探讨银行信贷成本和企业进入市场的创业行为之间的互动，将银行信贷状况变化传递到实体经济，理论部分构建了一个包含银行部门的动态随机一般均衡（DSGE）模型。

模型中，银行部门存在资产负债表约束，导致银行所能达到的最高杠杆倍数受到限制，进而使银行贷款额度受制于银行自身所持有的净资本额度。模拟结果显示，银行部门的融资冲击通过银行资产价格和企业创业减少两个渠道，加大了银行信贷冲击对实体经济的打击。当银行信贷紧缩时，银行被动出售资产，导致资本价格和净资本均瞬时显著下降。随着银行贷款额度减少，企业进入市场难度增加。创业现象的大幅减少，进一步恶化了信贷冲击对实体经济的影响。故当经济体遭遇信贷紧缩时，创业行为减少，经济体中的企业数量下降，实际产出、就业、投资和资本积累等均面临较为严重的衰退，且在冲击发生两年后才出现缓慢复苏。

具体而言，银行信贷冲击对实体经济的影响主要通过两个渠道：其一，银行部门融资约束增强。当金融市场信贷紧缩时，银行的资本价格和净资本均出现瞬时显著下降，导致资本预期回报与无风险利率之间的差值急剧增加。其二，创业现象大幅减少，进一步恶化了信贷冲击对实体经济的影响。随着银行信贷收紧，企业融资成本上升。对于潜在企业而言，当其预期创业收入难以支付进入市场的初始投资沉没成本时，会选择不进入实体经济。伴随从事生产活动的企业数量的减少，实体经济生产受到更进一步打击，企业投资和资本积累的需求被抑制，消费者的消费需求也被抑制，经济体必须花费更长的时间才能走出低谷。

　　基于理论运行机制,本章认为,当经济体遭遇不利银行信贷冲击时,对创业企业的适当保护,可以降低不利冲击对实体经济的打击。但保护政策是一柄"双刃剑",因为当经济向好时,保持企业数量稳定的做法将不利于经济增长。本章发现的经济和政策价值在于:第一,银行信贷成本和创业行为之间存在负向动态关系,信贷成本增加会抑制创业行为;第二,银行信贷可能成为经济波动的源头,通过信贷成本渠道和创业渠道,对实体经济形成影响;第三,信贷政策需要同时兼顾与创业政策之间的联动,以降低经济的低迷程度,助推经济反弹。

第七章 资本结构、房地产调控和宏观经济波动[①]

第五章的研究指出,当企业存在股权融资和债务融资等多种融资方式时,面临不利金融冲击,企业会在不同融资方式之间进行调整。这一内生资本结构的调整有利于幸存企业平滑生产,对抗外生冲击。该理论结构对分析我国经济具有指导价值,因为近年来,我国企业的融资结构已经发生了比较大的改变。

2002—2019 年的数据显示,我国间接融资占比已经由 94.94% 下降至 80.69%,而直接融资占比则由 5.06% 上升到 19.31%(纪洋等,2018)[②]。16 年间我国直接融资占比增长了将近 4 倍。根据社会融资及其构成的数据中也可以观察到,2002—2021 年,企业债券、股票融资占社会融资规模整体呈现上升趋势,而新增人民币贷款占比则整体呈现下降趋势,从 2002 年的 91.86% 下降至 2012—2013 年的 50% 左右,虽然之后有所反弹,但直至 2021 年也仅占 60% 左右。

同时,众所周知,房地产行业是推动我国国民经济发展的主要支柱力量,对稳定我国经济增长具有与日俱增的重要性。国家统计局数据显示,1998—2021 年,房地产开发投资占中国固定资产总投资的比重由 1998 年的 12.7% 上升到 2011 年峰值的 19.8%。这之后虽有所下滑,但依然稳定在 17% 以上。房地产行业增加值占 GDP 比重则由 1998 年的 4% 上升

---

① 本章改写自葛璐澜、李志远、柳永明、冯玲:《地产调控政策、投资与中国经济波动》,《南开经济研究》2023 年第 2 期。

② 纪洋、边文龙、黄益平:《隐性存保、显性存保与金融危机:国际经验与中国实践》,《经济研究》2018 年第 8 期。

到 2021 年的 6.78%。

房地产行业属于资金密集型行业。与中国金融市场的整体发展趋势一致,近年来房地产企业的融资方式也在不断创新。一方面,大量银行信贷资金流入房地产市场,金融机构贷款依然是房地产企业(尤其是中小型房地产企业)最主要的融资方式之一。根据国家统计局数据显示,房地产开发企业国内贷款从 1998 年的 1.1 千亿元上升至 2021 年的 2.33 万亿元,平均增速达到 15.13%。另一方面,自有资金、债券融资、预售房产所得、首次公开发行等也逐渐成为房地产企业获得融资的其他主要方式。

伴随大量资金流入房地产企业,自 1998 年房地产市场改革以来,我国住房价格也在不断上涨。根据国家统计局公布的数据,2000—2020年,中国房价年均增长达到 8%。[1] 这意味着,与金融机构的紧密联系,使房地产市场的健康状况不仅关系着中国金融系统的稳定,更决定着中国实体经济的安全。如莱因哈特和罗格夫(Reinhart 和 Rogoff,2009)[2]所指出,一国房地产市场泡沫的破灭,可能会导致该国银行系统困境。事实上,2008 年国际金融危机即源自于 2007 年美国房地产市场的次贷债务危机,并对全球实体经济造成严重影响。

为遏制房价泡沫,维系房地产市场的健康发展,近年来我国政府推出多种房地产调控政策,包括针对土地供应的供给调节政策、针对房地产需求方(家庭部门)信贷的住房需求抑制政策,以及针对房地产供给方(房地产企业)信贷的去杠杆政策。其中,去杠杆政策要求各个房地产企业必须严格资金管理,加重了房地产企业的信贷约束。由图 7-1a 可见,房地产开发资金中的国内银行贷款增长速度于 2009 年开始呈下降趋势。与之相随,中国房地产行业和制造行业的投资增长速度也在 2011 年之后呈同步下降趋势(见图 7-1b)。

---

① 房价由笔者根据国家统计局公布的商品房销售额和商品房销售面积计算得到,计算公式为:房价=商品房销售额/商品房销售面积。

② Reinhart, Carmen M., and Kenneth S. Rogoff, "The Aftermath of Financial Crises", *American Economic Review*, Vol.99, No.2, 2009, pp.466–472.

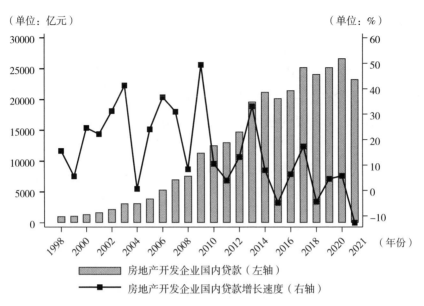

图 7-1a　1998—2021 年房地产开发企业国内贷款和增长速度

资料来源：Wind 金融数据库。

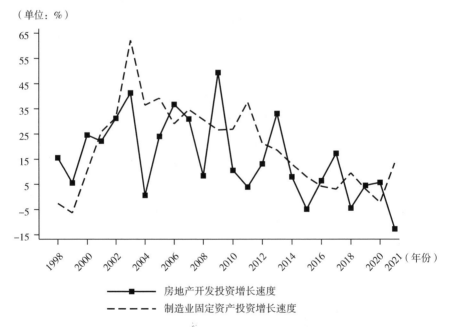

图 7-1b　1998—2021 年房地产开发投资和制造业固定资产投资的增长速度

资料来源：Wind 金融数据库。

鉴于房地产企业融资结构的多样化发展特征,以及房地产行业对于中国经济发展的关键性,有必要深入研究房地产企业的融资状况变迁如何影响中国宏观经济增长。故本章对此展开研究。

第一节　经验分析

一、数据和模型构造

2005 年以来,我国政府推出多种房地产调控政策,以遏制部分城市房价的过快上涨。这些政策包括:其一,针对房地产供给方(房地产企业)的去杠杆政策,如提高房地产企业信贷门槛,严格规范房地产贷款发放、加强对房地产贷款的审核流程等。伴随着供给侧结构性改革和"去杠杆"背景下商业银行信贷水平的降低,房地产企业融资压力不断增加,部分房地产企业融资不得不转向存在于央行调控较少且能在监管体系外进行信贷业务的影子银行。其二,针对房地产需求方(家庭部门)的住房需求抑制政策,如提高首付比例、取消住房贷款优惠利率、增加住房转让环节营业税、征收房产税、限购限贷等。其三,针对土地供给采用的调节土地供应量的政策,如改善土地供给结构、增加商品房用地供应、打击开发商的囤地行为、加大闲置土地处置力度等。

鉴于这样的现实,本节首先采用月度数据构建向量误差修正模型(VECM),考察房地产企业融资状况变动对房地产企业和制造业企业固定资产投资的动态影响。样本区间为 2003 年 1 月至 2021 年 12 月。鉴于 2003 年央行 121 号文出台后,房地产信贷政策紧张,房地产企业贷款利率受到严格监管,银行间融资成本不能准确反映房地产企业的融资成本,故此处没有使用融资成本指标来衡量地产行业融资状况,而是使用房地产开发企业的国内贷款来衡量该行业的融资状况。房地产开发企业国内贷款同时包括房产开发贷款和房地产开发贷款。

另外,分别使用房地产企业开发投资完成额和制造业企业固定资产投资完成额来衡量房地产企业和制造业企业投资。为了剔除货币政策和财政政策等对贷款额度的影响，并控制潜在遗漏变量造成的估计偏差，实证模型中还加入货币政策/财政政策，分别使用广义货币供应量（M_2）和公共财政支出来衡量。最后，加入消费者物价指数来控制通货膨胀的影响。所构建的五变量模型中的变量顺序如下：货币政策/财政政策、消费者价格指数、房地产贷款、房地产企业投资、制造业企业投资。这一顺序的潜在假设为：剔除货币或财政政策之后的房地产开发贷款的减少，捕捉了不利外生房地产信贷冲击对房地产企业投资的影响及其向其他部门投资的传递。为确保脉冲响应的结果不依赖于向量误差修正模型中各变量的次序，使用广义脉冲响应函数以构建扰动变量的正交集。

为避免季节性干扰，采用美国国家统计局 X12 的方法对序列进行季节调整，保留剔除季节因素的序列。同时，为减弱样本的异方差，对数据取自然对数。单位根检验显示所有序列存在单位根，为一阶单整序列，满足协整检验条件（见表 7-1a）。进一步协整检验显示，各变量的水平值之间存在协整关系（见表 7-1b）。

表 7-1a 水平值序列的统计性描述和单位根检验结果

变量/指标	均值	最大值	最小值	标准差	ADF 单位根检验			
					原始序列		一阶差分序列	
					检验形式	p 值	检验形式	p 值
货币供应量（自然对数）	13.59	14.70	12.14	0.773	(C,T,1)	1.000	(C,T,1)	0.000
公共财政支出（自然对数）	9.065	10.19	5.768	0.768	(C,0,1)	0.5023	(C,0,1)	0.000
消费者价格指数（自然对数）	4.630	4.689	4.587	0.0182	(C,T,1)	0.1403	(C,T,1)	0.000
房地产企业贷款（自然对数）	6.932	7.855	4.962	0.735	(C,T,1)	0.1452	(C,T,1)	0.000

续表

变量/指标	均值	最大值	最小值	标准差	ADF 单位根检验			
					原始序列		一阶差分序列	
					检验形式	p 值	检验形式	p 值
房地产企业投资（自然对数）	8.408	9.491	6.190	0.861	（C,T,1）	0.7485	（C,T,1）	0.000
制造业企业投资（自然对数）	8.845	10.06	6.196	1.008	（C,T,1）	0.6767	（C,T,1）	0.000
个人消费贷款（自然对数）	11.86	13.22	10.11	0.929	（C,T,1）	0.9871	（C,T,1）	0.0283
土地供应量（自然对数）	9.852	10.57	7.703	0.632	（C,T,1）	0.7332	（C,T,1）	0.000

注:(1)所有序列经过 X12 方法进行季节调整,保留剔除季节因素的序列,并取自然对数。(2)数据来源:货币供应量(M_2)、公共财政支出和消费者价格指数来自中经网统计数据库;个人消费贷款来自 CEIC 我国经济数据库;房地产企业投资、制造业企业投资和土地供应量来自 Wind 金融数据库。(3)样本区间为 2003 年 1 月至 2021 年 12 月。

表 7-1b Johansen 协整检验结果

变量列表/指标	Johansen 协整检验		模型设定	滞后项
	Trace	Eigenvalue		
货币政策、消费者价格指数、房地产贷款、房地产企业投资、制造业企业投资	3	3	截距和趋势	1
财政政策、消费者价格指数、房地产贷款、房地产企业投资、制造业企业投资	3	3	截距和趋势	1
货币政策、消费者价格指数、个人消费贷款、房地产企业投资、制造业企业投资	3	3	截距和趋势	1
财政政策、消费者价格指数、个人消费贷款、房地产企业投资、制造业企业投资	3	3	截距和趋势	1
货币政策、消费者价格指数、土地供应、房地产企业投资、制造业企业投资	3	3	无截距	1

续表

| 变量列表/指标 | Johansen 协整检验 | | 模型设定 | 滞后项 |
	Trace	Eigenvalue		
财政政策、消费者价格指数、土地供应、房地产企业投资、制造业企业投资	3	3	截距和趋势	1

二、实证脉冲响应

图 7-2a 汇报了房地产信贷额度对房地产企业投资和制造业企业投资 1 个单位标准差负向冲击的广义脉冲响应。根据 SIC 信息准则，最优滞后阶数确定为 1，另外，根据 Johansen 协整检验结果，确定协整向量个数为 3。可以看出，控制货币政策之后（见图 7-2a 行 1），流向房地产行业贷款额度的下降，会对房地产企业投资和制造业企业投资形成明显负向冲击。其中，房地产企业投资及制造业企业投资所受到的影响均存在一定滞后性。房地产信贷紧缩对房地产企业和制造业企业投资的同向抑制作用在控制财政政策之后依然成立（见图 7-2a 行 2）。可见，房地产信贷额度冲击会同时抑制房地产企业和制造业企业的投资。

接下来考察针对房地产需求方和土地供给的其他类型房地产调控政策的影响。张涛等（2006）[①]指出，个人住房按揭贷款是消费者购房的主要资金来源，故此处使用个人消费贷款余额表示个人住房需求，数据来自 CEIC 我国经济数据库。另外，使用土地供应面积来衡量住房供给，数据来源于 Wind 数据库。由于缺乏个人住房贷款直接数据，本章使用个人消费贷款来代替个人住房贷款。这是因为，个人消费贷款中绝大多数（80%）为个人住房贷款。个人消费贷款样本区间为 2007 年 1 月至 2022 年 2 月，土地供给样本区间为 2008 年 1 月至 2022 年 2 月。同样地，所有序列经过 X12 季节调整后保留剔除季节因素的序列，并取自然对数。单位根检验和协整检验分别汇报于表 7-1 和表 7-2。五变量向量误差修正

---

① 张涛、龚六堂、卜永祥：《资产回报、住房按揭贷款与房地产均衡价格》，《金融研究》2006 年第 2 期。

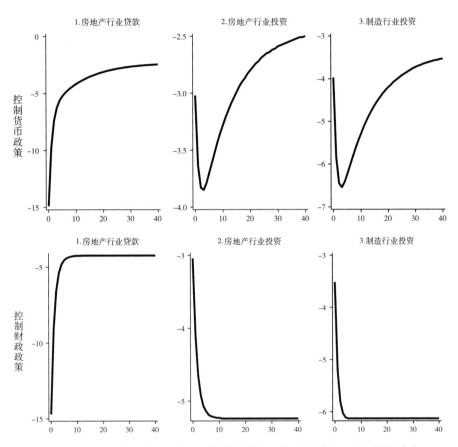

图 7-2a　房地产信贷额度冲击下的房地产企业投资和制造业企业投资响应

注:(1)图 7-2a 至图 7-2c 中,所有序列均经过 X12 季节调整,保留剔除季节因素的序列,并取自然对
　　数;根据 SIC 准则,最优滞后阶数均确定为 1;所有脉冲响应均放大 100 倍。(2)根据表 7-2 的协
　　整检验结果,图 7-2a 选择协整向量个数为 3 个,样本区间为 2003 年 1 月至 2021 年 12 月;图
　　7-2b 选择协整向量个数为 2 个,样本区间为 2007 年 1 月至 2021 年 12 月;图 7-2c 选择协整向量
　　个数为 3 个,样本区间为 2008 年 1 月至 2021 年 12 月。(3)制造业固定投资完成额、房地产企业
　　开发投资完成额、房地产企业贷款余额来自 Wind 数据库;货币供应量(M₂)、公共财政支出和消
　　费者价格指数来自中经网统计数据库;个人消费贷款来自 CEIC 我国经济数据库;土地供应量、房
　　地产企业投资和制造业企业投资来自 Wind 金融数据库。(4)横轴为冲击后的月度数,纵轴为脉
　　冲响应放大 100 倍。以下不再赘述。

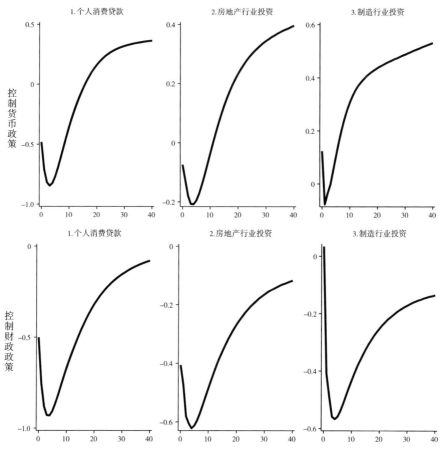

图 7-2b　住房需求冲击下的房地产企业投资和制造业企业投资响应

注:横轴为冲击后的月度数,纵轴为脉冲响应放大 100 倍。

模型顺序如下:货币政策/财政政策、消费者价格指数、个人消费贷款/土地供给、房地产企业投资、制造业企业投资。

　　图 7-2b 列出了个人消费贷款余额对房地产企业投资和制造业企业投资 1 个单位标准差负向冲击的广义脉冲响应。可以看出,控制货币政策时,个人消费贷款余额的一个负向扰动,会对房地产投资形成瞬时负向冲击,之后房地产企业投资反弹,并在持续增长 8—10 个季度后达到平稳状态。而不利个人消费贷款冲击对制造业企业投资则形成瞬时正向冲击。不仅如此,制造业企业投资基本呈现长期持续性增长。控制财政政

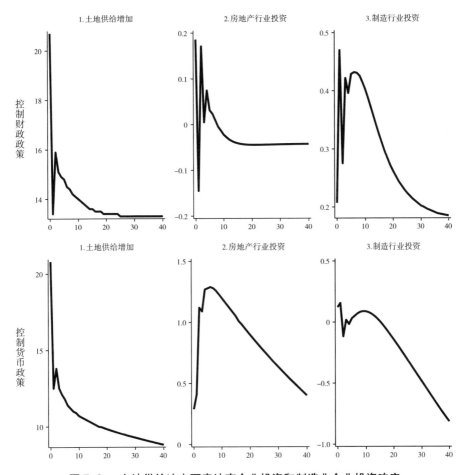

图7-2c　土地供给冲击下房地产企业投资和制造业企业投资响应

注:横轴为冲击后的月度数,纵轴为脉冲响应放大100倍。

策时,负向住房需求冲击对房地产企业投资具有瞬时抑制作用,但长期来看影响逐渐减弱,对制造业企业投资则具有瞬时刺激作用,后续则转为抑制影响。不同之处是,控制财政政策时,不利住房需求冲击对制造业企业投资的正向刺激作用非常微弱且短暂,之后制造企业投资持续被抑制。

图7-2c汇报了正向土地供给冲击对房地产企业投资和制造业企业投资的广义脉冲响应。其中,控制货币政策时,土地供给增加会同时激励房地产企业和制造业企业的投资,且激励作用在5—10个月内持续增加。控制财政政策的影响之后,土地供给的影响依旧保持,其增加会瞬时激励

房地产企业和制造业企业投资,长期来说,房地产企业和制造业企业投资的响应为正。

综上所述,本节首先实证考察房地产调控政策对不同企业投资的影响。基于2003—2021年月度数据的向量误差修正模型分析显示,房地产调控政策针对的主体不同,其所造成的房地产企业和制造业企业的投资联动方式也不同。

其中,针对房地产企业的信贷收紧会在相对较长的时间里,抑制房地产企业和制造业企业的投资。住房需求抑制政策虽然会短期减少房地产企业投资,改善制造业企业的投资,但在未来则有可能同时拉动房地产企业和制造业企业投资的复苏。而土地供给增加政策则会拉动房地产企业和制造业企业投资的复苏。当将三类冲击的规模设置为相当水平时,房地产信贷冲击和住房需求冲击对两部门投资的影响较大,而土地供给冲击的影响则相对较小。针对三类房地产调控政策所引起的不同投资联动反应,接下来将构造理论模型,探讨跨部门投资联动的形成机制,以及其伴随的宏观经济波动。

第二节　理论模型

为理解房地产调控政策的影响如何通过房地产企业的投资和生产行为传递到制造业企业,并进而影响宏观经济,本节构建了一个包含制造业和房地产业的两部门 DSGE 模型。鉴于我国企业存在"融资难""融资贵"并存的典型事实(陈诗一和王祥,2016)[①],模型假设经济体中两部门企业均面临融资约束。

一、经济体设置

模型中包含三类经济主体:工人家庭、制造业企业和房地产企业。其

---

① 　陈诗一、王祥:《融资成本,房地产价格波动与货币政策传导》,《金融研究》2016年第3期。

中,工人家庭对风险持厌恶态度,两类企业的所有者则为风险中性。工人家庭是经济体中的储蓄者,他们通过提供劳动力获得收入并进行储蓄或购买房产。制造业企业和房地产企业均可通过抵押土地或者资本进行外部融资,以满足短期营运资本的融资需求。制造业企业的产品可用于消费和投资,而房地产企业则向市场提供住房。参照戴维斯和希斯科特(Davis 和 Heathcote,2005)[①],假设两部门企业使用相同的生产要素,但要素密集度不同。其中,房地产企业的劳动力和土地密集度均高于制造业企业。

企业融资方面,模型参照杰尔曼和卡德罗尼(2012),允许企业发行跨期公司债和借入期内债务。其中,企业发行跨期公司债旨在满足生产和投资需求,以最大化企业家效用;企业借入期内债务,则是因为其面临短期资金流错配,即要素购买在期初进行,销售收入在期末实现,故需要期内贷款来满足运营需求。该期内贷款不需要支付利息,但需要抵押品,由此形成制造业企业和房地产企业的短期生产成本融资约束。

每一期期初,经济体中存在以下状态变量:制造业企业和房地产企业的技术冲击(A_{mt} 和 A_{rt})和信贷冲击(ξ_{mt} 和 ξ_{rt})、土地供给冲击(NAL_t)和住房需求冲击(ζ_t)。制造业企业和房地产企业分别拥有资本和土地: k_{mt-1} 、 k_{rt-1} 、 l_{mt-1} 、 l_{rt-1} 。其中,下标 m 表示制造业企业, r 表示房地产企业, t 为时间。每一期期初,两类企业会雇佣劳动力,投资于资本和土地,生产产品。每一期结束时,所有市场出清。

需要注意的是,模型假定工业用地和商业用地具有完全可替代性。事实上,中国城市建设用地区分为工业用地、商业用地等。两类用地之间具有相对严格的行政界限。但实证数据也显示,两类用地的价格之间存在一定的正向联动性。根据 Wind 金融数据库中 2008—2022 年我国百大城市土地成交金额和面积,笔者计算了工业用地价格和住宅用地价格。图 7-3 汇报了两种价格的时间序列。表 7-2 显示,二者之间

---

① Davis,Morris A.,and Jonathan Heathcote,"Housing and the Business Cycle",*International Economic Review*,Vol.46,No.3,2005,pp.751-784.

的相关性达到 0.6。

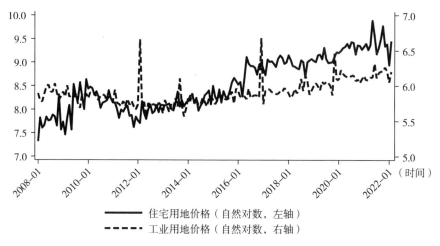

图 7-3 住宅用地价格和工业用地价格

注:(1)所有序列经过 X12 季节调整,保留不含季节因素的月度数据,并取自然对数。(2)地价=我国
百大城市土地成交金额/成交面积。样本区间为 2008 年 1 月至 2022 年 2 月。(3)数据来源:
Wind 金融数据库。(4)横轴为时间,纵轴为住宅用地价格和工业用地价格的自然对数。

表 7-2 住宅用地价格和工业用地价格的相关性

Panel A:原始序列		
	住宅用地价格	工业用地价格
住宅用地价格	1	
工业用地价格	0.5408	1
Panel B:季节调整后序列		
	住宅用地价格	工业用地价格
住宅用地价格	1	
工业用地价格	0.5907	1
Panel C:季节调整后序列并取对数		
	住宅用地价格	工业用地价格
住宅用地价格	1	
工业用地价格	0.6050	1

注:(1)所有序列经过 X12 季节调整,保留不含季节因素的月度数据,并取自然对数。(2)地价=我
国百大城市土地成交金额/成交面积。样本区间为 2008 年 1 月至 2022 年 2 月。(3)数据来源:
Wind 金融数据库。

二、工人家庭

工人家庭是经济体中的储蓄者(s)。在给定预算约束的条件下,家庭部门最大化目标效用函数:

$$\max E_0 \sum_{t=0}^{\infty} \beta_s^t U(C_{st}, H_{st}, N_{st})$$

$$with\, U(C_{st}, H_{st}, N_{st}) = \frac{c_{st}^{1-\gamma_{sc}}}{1-\gamma_{sc}} + \zeta_t \frac{H_{st}^{1-\gamma_{sh}}}{1-\gamma_{sh}} - \kappa \frac{N_{st}^{1+\gamma_{sn}}}{1+\gamma_{sn}} \qquad (7-1)$$

其中,E_0 为期望算子,$\beta_s \epsilon(0,1)$ 是家庭部门的贴现因子。$U(C_{st}, H_{st}, N_{st})$ 是家庭在 t 期的效用函数:第 t 期家庭部门的消费(C_{st})和持有的房产量(H_{st})会带来效用的增加,而工作(N_{st})会带来效用的损失。γ_{sc} 和 γ_{sh} 分别代表消费和房产的相对风险规避系数,γ_{sn} 代表弗里希劳动供给弹性的倒数。$\zeta_t > 0$ 是持有房产在家庭效用中的份额,κ 为家庭效用中的劳动效用系数。亚科维耶洛和奈利(Iacoviello 和 Matteo,2005)将 ζ_t 定义为住房需求冲击,用以考察住房市场变动对宏观经济变量的影响。

每一期,家庭会提供劳动力(N_{st})以获得实际工资收入(w_t),并利用工资收入进行储蓄(B_{st})、消费(C_{st})和购买新房产($H_{st} - (1-\delta_h) H_{st-1}$),同时还会收到上一期跨期债务投资($B_{st-1}$)产生的利息。故工人家庭面对的预算约束为:

$$C_{st} + q_{ht}[H_{st} - (1-\delta_h) H_{st-1}] + B_{st} = w_t N_{st} + R_{t-1} B_{st-1} + q_{lt} NAL_t$$

$$(7-2)$$

其中,q_{ht} 和 q_{lt} 分别为 t 期住房和土地价格,R_{t-1} 为 t 1 期的利率,NAL_t 是 t 期新增的土地量,由政府提供。参照王云清等(2013),土地销售收入归工人所有。事实上,土地销售收入一般由政府部门获得,并通过公共部门开销的方式补贴给劳动者。由于本节的目的主要在于考察房地产信贷政策通过何种机制影响宏观经济波动,而不关心土地财政,故没有明确引入政府部门。

预算约束条件下最大化家庭部门的效用,可以得到以下一阶条件:

$$\kappa \, N_{st}^{\gamma_m} = C_{st}^{-\gamma_\kappa} \, w_t \tag{7-3}$$

$$q_{ht} \, C_{st}^{-\gamma_\kappa} = \zeta_t \, H_{st}^{-\gamma_{sh}} + \beta \, E_t [q_{ht+1} \, C_{st+1}^{-\gamma_\kappa} (1 - \delta_h)] \tag{7-4}$$

$$C_{st}^{-\gamma_\kappa} = \beta_s \, E_t [R_t \, C_{st+1}^{-\gamma_\kappa}] \tag{7-5}$$

式(7-3)表明,家庭提供一单位工作时间的效用损失,通过工资收入所带来的消费效用得以补偿。根据式(7-4),家庭购买房产所带来的效用损失,通过当期房产消费、未来房屋出售得以补偿。式(7-5)为利率定价方程。

三、制造业企业

每一期,风险中性的制造业企业主通过选择消费 C_{mt} 来最大化预期效用:

$$\max E_0 \sum_{t=0}^{\infty} \beta_m^t \, C_{mt} \tag{7-6}$$

其中, β_m 是制造业企业家的贴现因子。与工人家庭不同,企业家不提供劳动力。

制造业企业使用资本 k_{mt-1}、土地 l_{mt-1}、新雇佣的劳动力 n_{mt} 来生产制造业产品。其生产技术为:

$$y_t = A_{mt} \, k_{mt-1}^{\Phi_{mk}} \, n_{mt}^{\Phi_{mn}} \, l_{mt-1}^{\Phi_{ml}} \tag{7-7}$$

其中, y_t 为制造业产出, A_{mt} 为制造业技术参数, Φ_{mk}、Φ_{ml}、$\Phi_{mn} \in (0,1)$ 分别衡量了制造业生产函数中的资本、土地和劳动力的要素密集度,且 $\Phi_{mk} + \Phi_{ml} + \Phi_{mn} = 1$。

为满足生产和投资,制造业企业通过发行跨期债务(B_{mt})进行融资。参照佩里和卡德罗尼(Perri 和 Quadrini,2018)[1],模型假设企业家相对缺乏耐心,其贴现因子小于工人家庭,即 $\beta_m < \beta_s$,故会进行外部债务融资。制造业企业家的 t 期收入为生产所得(y_t),其开销包括消费(C_{mt})、雇佣工人($w_t n_{mt}$)、资本投资(ik_{mt})、土地投资(il_{mt})、净债务偿还($R_{t-1} B_{mt-1} - B_{mt}$)、

---

① Perri, Fabrizio, and Vincenzo Quadrini, "International Recessions", *American Economic Review*, Vol.108, No.4-5, 2018, pp.935-984.

资本调整成本（Ω_{mt}），故制造业企业所面临的预算约束条件为：

$$C_{mt} + q_{lt}\, il_{mt} + ik_{mt} + w_t\, n_{mt} + (R_{t-1}\, B_{mt-1} - B_{mt}) + \Omega_{mt} = y_t \qquad (7-8)$$

其中，q_{lt} 为 t 期土地价格。式（7-8）中，制造业企业的资本投资和土地投资分别定义如下：

$$ik_{mt} = k_{mt} - (1 - \delta_k)\, k_{mt-1} \qquad (7-9)$$

$$il_{mt} = l_{mt} - (1 - \delta_l)\, l_{mt-1} \qquad (7-10)$$

其中，δ_k 和 δ_l 分别为 t 期实物资本和土地资本的折旧率。资本调整成本的定义为：

$$\Omega_{mt} = \frac{\eta}{2} \left[\frac{k_{mt}}{k_{mt-1}} - 1 \right]^2 k_{mt-1} \qquad (7-11)$$

参照杰尔曼和卡德罗尼（2012），模型假设企业家面临短期资金错配，即企业的销售收入（y_t）要等到期末才能收到，但消费、投资、生产成本等需要提前支付。为此，企业家需要先借入短期期内贷款 liq_{mt}。该期内贷款不需要支付利息，但需要抵押品。由式（7-8）可见，期内贷款额度与每一期期末收入相等，即 $liq_{mt} = y_t$。违约发生时，跨期贷款的借款人首先得到清偿，而期内贷款的赔偿则取决于企业抵押资产扣除跨期债务之后的剩余价值（$k_{mt-1} + q_{lt}\, l_{mt-1} - B_{mt}$）。

制造业企业面临信贷冲击（ξ_{mt}）。该冲击表现为违约时制造业企业抵押品价值的变动情况，衡量了企业外部融资的难易程度。ξ_{mt} 取决于市场状况。比如，当市场条件恶化时，债权人虽然持有抵押品，但债权人想要找到买家卖掉抵押品的概率降低，故抵押品价值下降。ξ_{mt} 也可以解释为买家愿意接受债权人出价的概率（Jermann 和 Quadrini，2012）。故制造业企业面临的短期生产成本融资约束由下式刻画：

$$y_t \leqslant \xi_{mt}(k_{mt-1} + q_{lt}\, l_{mt-1} - B_{mt}) \qquad (7-12)$$

根据式（7-12），只有确保信贷冲击后抵押品的剩余价值大于或等于债务金额时，期内贷款的债权人才会出借资金。而当制造业企业的资产流动性较低时（ξ_{mt} 较小），其面临的融资约束会更加严峻。

基于抵押资产的融资约束被文献广泛采用，如亚科维耶洛（2005）、亚科维耶洛和奈利（2010）等。这里没有像第三章以及金融加速器文献一样假设独立的金融部门,原因在于:其一,本章关注点为房地产和非房地产企业的投资行为如何影响房地产政策冲击向宏观经济的传递过程,而不关心银行在这一过程中的作用。其二,在融资约束设计上,如同杰尔曼和卡德罗尼(2012),本章强调企业在跨期债务和期内债务之间的融资结构调整,这种调整会影响企业的投资和生产决策,即本章所谓的"跨期债务渠道"。这一融资结构的调整不需要独立的银行部门,第三章以及金融加速器文献均强调银行职能,故没有类似的机制。

制造业企业家在预算约束和融资约束下最大化效用函数。效用最大化给出土地、资本、劳动力和新增债务的需求函数,分别如式(7-13)—式(7-16)所示:

$$q_{lt} = \beta_m E_t$$

$$\left[\frac{\Phi_{ml}\, y_{t+1}}{l_{mt}} + q_{lt+1}(1-\delta_l) + \mu_{mt+1}\left(q_{lt+1}\,\xi_{mt+1} - \frac{\Phi_{ml}\, y_{t+1}}{l_{mt}} \right) \right] \tag{7-13}$$

$$1 + \frac{\partial \Omega_{mt}}{\partial k_{mt}} = \beta_m E_t$$

$$\left[(1-\delta_k) + \frac{\Phi_{mk}\, y_{t+1}}{k_{mt}} - \frac{\partial \Omega_{mt+1}}{\partial k_{mt}} + \mu_{mt+1}\left(\xi_{mt+1} - \frac{\Phi_{mk}\, y_{t+1}}{k_{mt}} \right) \right] \tag{7-14}$$

$$\Phi_{mn}(1-\mu_{mt})\, y_t = w_t\, n_{mt} \tag{7-15}$$

$$1 = \mu_{mt}\,\xi_{mt} + \beta_m R_t \tag{7-16}$$

其中, μ_{mt} 是约束条件式(7-12)的拉格朗日乘子。

四、房地产企业

与制造业企业类似,风险中性的房地产企业家每一期选择消费 C_{rt} 来最大化预期效用: $\max E_0 \sum_{t=0}^{\infty} \beta_r^t\, C_{rt}$ 。

其中,房地产企业家的贴现因子与制造业企业相同,即 $\beta_r = \beta_m$ 。因为 $\beta_r < \beta_s$,故房地产企业有动机进行跨期债务融资($B_{rt} > 0$)。

每一期,房地产企业投入土地(l_{rt-1})、资本(k_{rt-1})和劳动力(n_{rt})进行房地产开发,其生产函数为:

$$\Delta H_t = A_{rt} \, l_{rt-1}^{\Phi_{rl}} \, k_{rt-1}^{\Phi_{rk}} \, n_{rt}^{\Phi_{rn}} \tag{7-17}$$

房地产企业面临的预算约束为：

$$w_t \, n_{rt} + (R_{t-1} B_{t-1} - B_{rt}) + ik_{rt} + q_{lt} \, il_{rt} + C_{rt} + \Omega_{rt} = q_{ht} \Delta H_t \tag{7-18}$$

其中，房地产企业的资本投资（ ik_{rt} ）、土地投资（ il_{rt} ）、资本调整成本（ Ω_{rt} ）分别定义如下： $ik_{rt} = k_{rt} - (1 - \delta_k) k_{rt-1}$ ； $il_{rt} = l_{rt} - (1 - \delta_l) l_{rt-1}$ ；

$$\Omega_{rt} = \frac{\eta}{2} \left(\frac{k_{rt}}{k_{rt-1}} - 1 \right)^2 k_{rt-1} \text{。}$$

与制造业企业类似，房地产企业也面临短期生产成本融资约束，其约束条件为：

$$q_{ht} \Delta H_t \leqslant \xi_{rt}(k_{rt-1} + q_{rt} l_{rt-1} - B_{rt}) \tag{7-19}$$

其中， ξ_{rt} 为房地产企业所面临的信贷冲击。

综上所述，房地产企业在生产函数式（7-17）、现金条件式（7-18）和融资条件式（7-19）约束下选择土地、资本、劳动力和新增债务来最大化企业家的终身效用。由此可以得到房地产企业的一阶条件为：

$$q_{lt} = \beta_r E_t$$

$$\left[q_{ht+1} \frac{\Phi_{rl} \Delta H_{t+1}}{l_{rt}} + q_{lt+1}(1 - \delta_l) + \mu_{rt+1} \left(q_{lt+1} \xi_{rt+1} - q_{ht+1} \frac{\Phi_{rl} \Delta H_{t+1}}{l_{rt}} \right) \right]$$

$$\tag{7-20}$$

$$1 + \frac{\partial \Omega_{rt}}{\partial k_{rt}} = \beta_r E_t$$

$$\left[(1 - \delta_k) + q_{ht+1} \frac{\Phi_{rk} \Delta H_{t+1}}{k_{rt}} - \frac{\partial \Omega_{rt+1}}{\partial k_{rt}} + \mu_{rt+1} \left(\xi_{rt+1} - q_{ht+1} \frac{\Phi_{rk} \Delta H_{t+1}}{k_{rt}} \right) \right]$$

$$\tag{7-21}$$

$$\Phi_{rn}(1 - \mu_{rt}) q_{ht} \Delta H_t = w_t n_{rt} \tag{7-22}$$

$$1 = \mu_{rt} \xi_{rt} + \beta_r R_t \tag{7-23}$$

其中， μ_{rt} 是约束条件式（7-19）的拉格朗日乘子。

五、市场出清与均衡

因为外生冲击不具有异质性，故本章研究对称均衡，即相同类型的企业面对冲击时反应相同。产品市场、要素市场和信贷市场在均衡时必须出清。

制造业企业和房地产企业的劳动力都由家庭部门提供，故劳动力市场出清条件为：

$$N_{st} = n_{rt} + n_{mt} \tag{7-24}$$

制造业企业的产出用于两类企业家消费（C_{mt} 和 C_{rt}）、工人家庭消费（C_{st}）、两类企业的资本投资（ik_{mt} 和 ik_{rt}）及调整成本（Ω_{mt} 和 Ω_{rt}），故其出清条件为：

$$y_t = C_{st} + C_{mt} + C_{rt} + ik_{mt} + \Omega_{mt} + ik_{rt} + \Omega_{rt} \tag{7-25}$$

房地产企业建设的房产由家庭购买，故房地产市场的出清条件为：

$$\Delta H_t = H_{st} - (1 - \delta_h) H_{st-1} \tag{7-26}$$

每一期的土地由制造业企业和房地产企业购买，故土地市场的出清条件为：

$$l_t = l_{rt} + l_{mt} \tag{7-27}$$

新增供给土地满足：

$$NAL_t = l_t - (1 - \delta_l) l_{t-1} \tag{7-28}$$

假设各类冲击取对数后满足一阶自回归，故：$\log Z_{it} - \log \bar{Z}_i = \rho_{zi}(\log Z_{it-1} - \log \bar{Z}_i) + \varepsilon_{zi,t}$。

其中，Z_{it} 代表各类冲击变量，包括两类企业面临的技术冲击（A_{rt} 和 A_{mt}）、住房需求冲击（ζ_t）、土地供给冲击（NAL_t）、信贷冲击（ξ_{mt} 和 ξ_{rt}）。$\varepsilon_{zi,t}$ 满足独立同分布假设。

这一模型的均衡由 C_{st}、N_{st}、H_{st}、R_t、w_t、q_{ht}、C_{mt}、q_{lt}、y_t、k_{mt}、l_{mt}、n_{mt}、μ_{mt}、B_{mt}、C_{rt}、ΔH_t、k_{rt}、l_{rt}、n_{rt}、B_{rt}、μ_{rt}、l_t 22 个内生变量决定，其均衡条件为式（7-3）到式（7-5）、式（7-9）到式（7-10）、式（7-12）到式（7-16）、式（7-17）到式（7-23）、式（7-24）到式（7-28）。为分析模型在外生冲击下的反应，将上述 22 个方程在稳态周围进行对数线性化。

第三节　参数校准与机制探讨

一、参数校准

每一期的时间长度为一个季度。表7-3列出了模型各参数的估计量。参数设置主要来源有两种方式：基于已有文献研究；根据我国实际情况，对参数进行校准。

表 7-3　参数校准

家庭部门		各类冲击的相关系数	
折现因子	$\beta_s = 0.995$	技术冲击：均值	$\bar{A}_m = 1, \bar{A}_r = 0.75$
消费相对风险规避系数	$\gamma_{sc} = 2$	信贷冲击：均值	$\bar{\xi}_m = \bar{\xi}_r = 0.3634$
房产相对风险规避系数	$\gamma_{sh} = 1.4$	住房需求冲击：均值	$\bar{\zeta}_r = 0.1069$
劳动供给弹性倒数	$\gamma_{sn} = 2$	新增土地冲击：均值	$\overline{NAL} = 1$
家庭劳动效用系数	$\kappa = 5.409$	技术冲击：标准差	$\sigma_{Am} = \sigma_{Ar} = 0.0147$
房地产企业		房地产信贷冲击：标准差	$\sigma_\xi = 0.05$
折现因子	$\beta_r = 0.98$	住房需求冲击：标准差	$\sigma_\zeta = 0.04$
土地的产出弹性	$\Phi_{rl} = 0.1$	新增土地冲击：标准差	$\sigma_{NAL} = 0.05$
资本的产出弹性	$\Phi_{rk} = 0.2$	技术冲击：一阶自相关系数	$\rho_{Am} = \rho_{Ar} = 0.95$
劳动力的产出弹性	$\Phi_{rn} = 0.7$	信贷冲击：一阶自相关系数	$\rho_\xi = 0.97$
房产折旧率	$\delta_h = 0.015$	住房需求冲击：一阶自相关系数	$\rho_\zeta = 0.85$
土地折旧率	$\delta_l = 0.01$	新增土地冲击：一阶自相关系数	$\rho_{NAL} = 0.5$
折现因子	$\beta_m = 0.98$		
资本折旧率	$\delta_k = 0.025$		
制造业企业		资本的产出弹性	$\Phi_{mk} = 0.45$
土地的产出弹性	$\Phi_{ml} = 0.05$	劳动力的产出弹性	$\Phi_{mn} = 0.5$

其一，基于已有文献的参数设置。参照康立和龚六堂(2014)[①]，家庭部门的消费风险规避系数设定为 2。参考王君斌和郭新强(2011)，实物资本的季度折旧率 δ_k 为 0.025，即年折旧率为 10%。梅冬州等(2018)将房屋折旧率设为与实物资本折旧率相同。鉴于房屋折旧速度相对实物资本较慢，故设置房屋折旧率为 0.015，但该数值不影响机制分析。

邹和李(Chow 和 Li，2002)[②]提出中国生产函数中资本所占的份额为0.5。故模型中，制造业企业生产函数中的土地和实物资本份额分别设为0.05 和 0.45，两者之和为 0.5，以匹配生产函数中资本所占比例为 0.5 这一事实。相应地，制造业生产函数中的劳动力份额设为 0.5，即 Φ_{mn} = 0.5。针对房地产企业，亚科维耶洛(2005)假定其生产函数中的资本和中间要素密集度相同，均为 0.1。考虑到本模型没有中间要素，将资本弹性设置为 0.2，以同时捕捉中间要素和实物资本在房地产生产中的作用。此外，参照王云清等(2013)[③]设定土地折旧率为 0.01。

接下来是各类冲击的参数设定。参考刘斌(2008)[④]，技术冲击的一阶自回归系数取 0.95，即 ρ_{Ai} = 0.95。并设定技术冲击的标准差为0.0147，即 σ_{Ai} = 0.0147，$i = m, r$。其次考虑信贷冲击 ξ_{mr} 和 ξ_{rt}。参照杰尔曼和卡德罗尼(2012)的做法，将信贷冲击的一阶自回归系数设置为0.97，以捕捉该冲击的持续性。同时，将该冲击标准差校准为 0.05，介于余建干和吴冲锋(2017)的估计值 0.04 和冯等(Feng，2014)[⑤]的估计值0.06 中间。参照亚科维耶洛和奈利(2010)，将住房需求冲击的一阶自回归系数和标准差分别设置为 0.85 和 0.04。不失一般性，将制造业企业的

① 康立、龚六堂：《金融摩擦，银行净资产与国际经济危机传导——基于多部门 DSGE 模型分析》，《经济研究》2014 年第 5 期。

② Chow, George C., and Kui Wai Li, "China's Economic Growth: 1952 – 2010", *Economic Development and Cultural Change*, Vol.51, No.1, 2002, pp.247–256.

③ 王云清、朱启贵、谈正达：《中国房地产市场波动研究——基于贝叶斯估计的两部门DSGE 模型》，《金融研究》2013 年第 3 期。

④ 刘斌：《我国 DSGE 模型的开发及在货币政策分析中的应用》，《金融研究》2008 年第10 期。

⑤ Feng, Ling, Yizhong Guan, and Zhiyuan Li, "Bank Credit, Firm Entry and Exit, and Economic Fluctuations in China", *Frontiers of Economics in China*, Vol.9, No.4, 2014, pp.661–694.

技术冲击均值和新增土地冲击均值设为1，即$\overline{A_m} = 1$，$\overline{NAL} = 1$。考虑到房地产行业的生产率低于制造行业，将房地产行业的技术冲击均值设为0.75。

其二，基于我国实际情况，对参数值进行校准。1998—2016年我国年均实际利率为2%，故设定家庭部门的贴现因子为0.995。根据CEIC我国经济数据库数据，1998—2016年一年期贷款利率平均值为7%。为此，设定两类企业家的贴现因子均为0.98，即$\beta_m = \beta_r = 0.98$。此外，利用土地供应面积的实际数据进行一阶向量自回归，将土地供给冲击的一阶自回归系数和标准差校准为0.5和0.5。

参照戴维斯和希斯科特（2005），同时设置家庭效用中劳动效用系数（κ）、房地产行业的劳动力产出弹性（Φ_{rn}）、家庭效用中房产相对风险规避系数（γ_{sh}）、信贷冲击的均值（假设$\overline{\xi_m} = \overline{\xi_r}$）、住房需求冲击的均值（$\overline{\zeta}$），以使得模型稳态中的相关变量数值匹配如下指标：(1)劳动工时为每天全部时间的38%；(2)1998—2018年年均房地产行业增加值占我国GDP总量的5.23%；(3)工人报酬占GDP的比重为46.8%；(4)资本形成总额对GDP的贡献率为41.4%；(5)最终消费对GDP的贡献率为55.1%。

这些指标中，劳动工时的设置依据为：全国企业就业人员周平均工作时间为46小时，按一周5个工作日计算，即每天工作9.2小时。这意味着劳动工时为每天全部时间的38%。其中，周平均工作时间取2002—2017年城镇就业人员周平均工作时间的均值。其他指标设置中，工人报酬占GDP比重取为1999　2017年均值。房地产行业增加值占CDP比重、最终消费对GDP的贡献率和资本形成总额对GDP的贡献率取1998—2018年均值。数据来源：劳动时间来自《中国人口和就业统计年鉴》，工人报酬/GDP来自中经网统计数据库，房地产行业增加值/GDP、资本形成额对GDP贡献率、最终消费对GDP贡献率来自国家统计局。

根据这些原则，得到$\Phi_{rn} = 0.7$，这意味着房地产行业的土地弹性为$\Phi_{rl} = 0.1$，与亚科维耶洛（2005）一致，并得到$\gamma_{sh} = 1.4$、$\kappa = 5.409$、

$\bar{\zeta}_r = 0.1069$ 和 $\bar{\xi}_m = \bar{\xi}_r = 0.3634$。各指标在数据和模型稳态中的比较见表7-4。最后，模型将资本调整成本系数设置为 $\eta = 0.035$，以使房地产信贷冲击下，模型能够生成较为持久的房地产投资下降。

表7-4 数据和模型稳态比较 （单位：%）

主要变量	地产行业增加值占GDP	工人收入占GDP	总劳动供给	最终消费对GDP的贡献率	资本形成总额对GDP的贡献率
数据	5.23	46.8	38	55.1	41.4
模型稳态	5.97	49.07	38.64	59.66	34.37

二、机制初探讨

房地产企业融资约束对两部门投资联动的影响主要通过式(7-22)发生作用。对式(7-22)进行转换可以得到 $q_{ht} = \left(\dfrac{1}{1-\mu_{rt}} \right) \left(\dfrac{w_t \, n_{rt}}{\Phi_{rn} \Delta H_t} \right)$。其中，$(1-\mu_{rt})$ 代表了房地产企业信贷冲击向制造业企业传导的信贷渠道。为理解房地产企业融资约束对两部门投资联动的影响，需要理解以下几点。

第一，如果房地产企业遭遇不利信贷冲击，其融资约束会变得紧张。对两部门企业而言，式(7-16)和式(7-23)定义了企业跨期债务融资的相对成本（$\mu_{ft}, f = r, m$）。对两式进行转换可以得到：$\mu_{ft} = \dfrac{(1/R_t - \beta_f)}{(\xi_{ft}/R_t)}$，其中 R_t、β_f 分别衡量了跨期债务融资和内源融资的成本。

稳态下，结合式(7-5)，式(7-16)和式(7-23)可写作：$\mu_f = (1 - \beta_f/\beta_s)/\xi_f$。给定企业家相对缺乏耐心，即 $\beta_f < \beta_s$，可见跨期外部融资相对于内源融资便宜，故 $\mu_f > 0$。因此，稳态时，短期融资约束条件将始终成立，制造业企业和房地产企业始终会进行外部债务融资（$B_r, B_m > 0$）。其他条件不变，当信贷市场条件紧张时（ξ_{rt} 下降），企业融资约束会收紧，使得 μ_{rt} 增加。

第二,房地产信贷不利冲击会影响房地产企业的要素需求和房屋售价,从而降低房地产企业的生产和投资。根据式(7-22),对房地产企业而言,其融资约束的存在使房屋售价不仅依赖于边际生产成本$\left[\frac{wn_r}{(\Phi_{rn}\Delta H)}\right]$,同时依赖于融资成本$\left[\frac{1}{(1-\mu_{rt})}\right]$。当房地产企业融资约束收紧,$\mu_{rt}$增加,其融资成本相应增加。这会引导房地产企业降低对劳动力、资本和土地等生产要素的需求,同时提高房屋售价。

第三,房地产企业在要素市场上的需求调整会影响要素价格,从而影响要素市场上的其他需求者(制造业企业)。这种跨部门影响主要通过两条渠道完成:其一,要素市场调整渠道(反向联动)。房地产企业对土地和劳动力等要素需求的下降,会抑制地价和工资,降低制造业企业的生产成本,鼓励制造业企业的生产和投资。这条渠道有助于缓解房地产信贷冲击对要素市场的打击,在抑制房地产投资的同时鼓励制造业投资,因此会形成房地产企业和非房地产企业投资的反向联动。而制造业企业对生产要素的需求,则可能拉动要素市场的复苏。其二,抵押品渠道。根据地价的变动方向,该渠道会使得房地产信贷冲击同时抑制或者拉动房地产企业和制造业企业的投资和生产。而地价的变动方向则取决于房地产企业的跨期债务调整方式。

第四,跨期债务调节机制。允许企业发行跨期债务,不仅直接影响企业投资选择,同时其会与要素市场调整渠道和抵押品渠道相互作用,改变外生冲击向经济体的传递方式。

假设经济体本来处于稳态中,当房地产企业遭遇不利信贷冲击(即ξ_r下降)时,房地产企业融资约束变得紧张。为降低融资约束,房地产企业有两个选择:一是减少劳动力雇佣和房屋生产[见式(7-20)左端],以降低短期资金需求。但这意味着生产规模缩小,未来融资约束更为紧张。二是降低跨期债务发行(降低B_r),以增加短期可融资金[见式(7-20)右端],从而减缓不利房地产信贷冲击对生产的打击。但这会削弱房地产信贷冲击对要素市场的打击,使制造业企业生产成本下降有限,生产和投资难以反弹,从而形成房地产和制造业投资的同向紧缩。

　　根据杰尔曼和卡德罗尼（2012），房地产企业会通过改变跨期债务的发行，来减少不利房地产信贷冲击对其生产和投资的不利影响。相应地，这会降低房地产信贷冲击对要素市场的打击。这一变动会弱化要素市场调整渠道，不利于要素市场的另一需求方（制造业企业），因为制造业企业的生产成本下降幅度变得相对有限，制造业企业的生产和投资上升有限。与此同时，抵押品渠道被强化，因为房地产企业和制造业企业的同向下滑，会进一步压低地价，降低抵押品价值，使两类企业短期生产成本融资困难，进一步缩小生产和资本投资。

　　接下来，将通过对模型进行模拟分析，更进一步理解模型的机制。

第四节　数值模拟分析

　　基于前文的模型设定和参数估计，接下来将首先分析基准模型里房地产调控政策如何影响房地产企业和制造业企业的投资与生产决策，以及跨部门投资联动所形成的宏观经济效应。将分别考虑三类房地产调控政策，即针对房地产供给方（房地产企业）的信贷紧缩政策、针对房地产需求方（家庭）的住房需求抑制政策，以及针对土地供给采用的调节土地供应量政策。之后，将放松模型假设，探讨跨期债务渠道和土地的抵押品渠道如何影响地产调控政策向经济体的传递过程。

一、基准模型模拟

（一）房地产企业信贷冲击

　　图7-4a汇报了基准模型里经济体对房地产企业信贷冲击的响应。横轴表示冲击后的季度数，纵轴为相关变量偏离稳态的百分比。为清晰展示各变量相对稳态的偏离，所有脉冲响应数值均放大100倍，这一处理方式与图7-2一致。房地产企业信贷冲击为 ε_ξ 下降一个标准差，即5个百分点。由图可见，当房地产企业信贷紧缩时，房地产企业和制造业企业的投资均大幅下降。其中，房地产企业投资持续下降5—6个季度，制造业企业投资下降1—2个季度。投资下降使两部门资本额持续下滑，且房

地产企业资本额下滑的持久性和幅度均超过制造业企业。理论反应与图7-2a中的实证结果相似,故模型能够捕捉不利房地产信贷冲击下,制造业投资和房地产业投资同向紧缩这一典型事实。

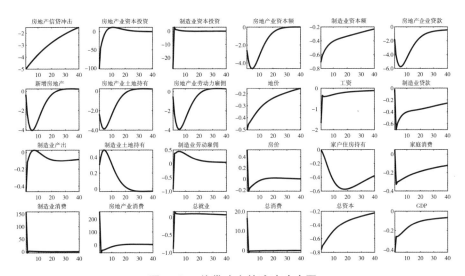

图 7-4a　信贷冲击的脉冲响应图

注:图 7-4a 至图 7-6c 中,横轴时间频率为季度,纵轴为各变量相对稳态的偏离幅度放大 100 倍。

产生这一结果的机制讨论如下。当房地产企业面临信贷紧缩冲击时,其融资约束加剧。根据房地产企业融资约束条件,即式(7-19),房地产企业可以选择降低跨期债务融资量,以缓解其所面临的短期生产成本融资约束,故观察到房地产企业贷款数额下降。与此同时,融资约束的收紧也会使房地产企业缩小生产规模,对资本、劳动力和土地等生产要素的需求下滑。

房地产企业在要素和资金市场上的调整会通过以下三种渠道影响市场上的其他需求者(制造业企业)。其一,要素市场调整渠道(反向联动)。该渠道在抑制房地产投资的同时,鼓励制造业生产和投资,形成跨部门投资的反向联动。原因在于:房地产企业土地需求的下降,导致土地价格下降;而房地产企业劳动力需求的下降,则拉低了工人的工资水平。因此,房地产信贷紧缩不仅抑制了房地产业对劳动力和土地的需求,为制造业释放了相对较多的劳动力和土地资源,而且通过抑制地价和工资,降低了制造业企业的生产成本,鼓励了制造业企业的生产和投资。因此能够观察到制造业企业增加土地持有,劳动力雇佣也在短暂下滑之后快速反弹。

而制造业企业对生产要素的需求上升,则可能拉动要素市场的复苏,引导地价上涨,并通过抵押品渠道放松融资约束,拉动两部门同时复苏。但要素市场的这一复苏可能性完全取决于房地产企业的跨期债务调整方式。下文将对跨期债务渠道作进一步分析。

其二,土地的抵押品渠道(同向联动)。根据地价的变动方向,该渠道会使房地产信贷冲击同时抑制或者拉动房地产企业和制造业企业的投资和生产。这是因为:一方面,由于房地产企业的生产使用土地密集型技术,故当不利的房地产信贷冲击发生时,房地产企业的生产紧缩会造成地价下行。地价下滑降低了房地产企业和制造业企业的抵押品价值,使两类企业面临的融资约束进一步收紧。两类企业不得不进一步缩减生产和投资,从而形成两部门投资的同向下滑。但另一方面,如果制造业企业对生产要素的需求,足以拉动要素市场的复苏,引导地价上涨,则抵押品渠道会放松两类企业的融资约束,进而拉动两部门同时复苏。

其三,跨期债渠道。允许企业发行跨期债务,不仅直接影响企业投资选择,同时也会与要素市场调整渠道和抵押品渠道相互作用,改变外生冲击向经济体的传递方式。影响过程如下:不利房地产信贷冲击导致房地产企业抵押品价值下跌,融资约束紧张。根据式(7-19),此时,房地产企业有两个潜在选择:第一,减少新房供给,以降低短期资金需求。但这意味着生产规模缩小。第二,降低跨期债务发行,以增加短期可融资金,从而减缓不利房地产信贷冲击对其实体生产的打击。但这会削弱房地产信贷冲击对要素市场的打击,使制造业企业生产成本下降有限,生产和投资难以反弹。

因此,房地产企业跨期债务的发行,虽然缓解了房地产信贷冲击对房地产企业的打击,但也同时弱化了要素市场渠道所带来的反向联动,使制造业企业的生产难以反弹。随着房地产企业和制造业企业投资和生产的同向紧缩,地价被进一步抑制,两类企业的抵押品价值进一步下跌,融资约束从而更加收紧。因此,图7-4a观察到以下现象:其一,地价和工资下跌;其二,虽然制造业企业增加土地持有,劳动力雇佣也在短暂下降之后快速回升,但资本总量持久低于稳态,导致产出降低。第二部分"模型机制分析"将进一步展示,不利房地产信贷冲击下,允许企业发行跨期债务,弱化要素市场渠道所带来的反向联动,是形成房地产企业和制造业企业投资同向紧缩的关键机制。

模拟结果也显示,房地产企业信贷紧缩会在短期内刺激房价,但在未来10—11个季度内抑制房价;而两部门投资的同向紧缩,则会放大房地产企业信贷冲击向宏观经济总量(如GDP、总投资和资本存量等)的传递。产生这些效果的机制在于:房地产企业信贷收紧,会降低房地产企业生产规模,减少市场上的住房供给,提升房价,这使得工人家庭的购房成本上涨,也带来了房价短期上涨。另外,随着房地产企业和制造业企业生产规模的缩小,市场对劳动力、土地、资本和跨期债务的需求均下降,导致实际利率、工资和地价降低。因为土地出售所得会通过政府支出转移给家庭,故工人收入下滑。虽然实际利率下降抑制了家庭的储蓄欲望,增加了家庭早期的消费需求,但收入下滑、房价上涨两方面的共同作用,则长久、持续地抑制了工人家庭的消费水平和住房需求。这就带来了房价相对持久的低迷。而房地产企业和制造业企业投资的同向下滑,使实体经济(总资本、GDP)更为持久地处在低迷状态中。

从宏观经济波动角度来看,跨期债务调整对房地产企业形成保护,因而抑制了房价在短期内的可能上涨幅度,但其弱化了要素市场渠道所带来的反向联动,因而加剧了实体经济的持久低迷。

(二)住房需求冲击

接下来考察针对住房需求的政策冲击通过怎样的机制影响房地产企业和制造业企业的投资,并进而影响房价和宏观经济波动。由图7-4b可见,工人家庭住房需求的下降会降低房地产企业投资,但鼓励制造业企业投资,这一发现与图7-2b中的实证结果存在一致性。

机制分析如下:随着工人家庭住房需求的下降,房地产企业销售收入下滑。但与此同时,房地产企业的营运资本需求也在下降。这意味着房

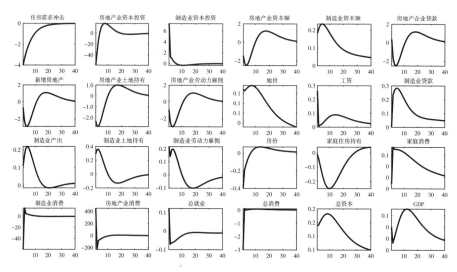

图 7-4b　住房需求冲击的脉冲响应图

注：横轴时间频率为季度，纵轴为相对稳态偏离放大 100 倍。

地产企业的短期融资约束得到放松。此时，房地产企业可以增加跨期债务融资，以利用跨期外部融资相对内源融资便宜这一优势，来缓解投资和生产下滑对企业家终身效用的不利影响。房地产企业在要素和资金市场上的调整进而通过以下三种渠道影响市场上的其他需求者（制造业企业）。其中，要素市场调整渠道和土地的抵押品渠道，其工作机制与房地产企业信贷冲击下相似。而跨期债务渠道的表现则存在不同，由此形成住房需求冲击下，房地产企业投资和制造业企业投资的反向联动。各渠道详述如下：

其一，要素市场调整渠道（反向联动）。住房需求下降导致房价下跌（ q_{ht} ），房地产企业缩小生产规模（ ΔH_t ），减少投资。房地产企业对劳动力、土地、资本投资需求的下降，有利于要素市场的另一需求方（制造业企业）扩大生产规模，允许制造业企业以更低成本使用资本、劳动力和土地等生产要素，鼓励制造业企业的生产和投资，因而拉动要素市场的复苏。

其二，土地的抵押品渠道（同向联动）。住房需求下降导致房地产企业缩小生产规模，这会降低地价，减少两类企业的抵押品价值，使得两类企业缩减生产和投资。与房地产信贷冲击下的分析相似,如果要素市场的反向联动足够强大,以至于地价反弹,土地的抵押品价值上升,则可能使得两类企业的融资约束都得到放松。而要素市场的反弹程度取决于房地产企业的跨期债务调整方式。为此,接下来详述住房需求冲击下的跨期债务渠道。

其三,跨期债务渠道。随着住房需求下降带来房价下跌,房地产企业的短期生产成本融资需求($q_{ht}\Delta H_t$)下降,其短期融资约束因而得到放松。根据式(7-19),房地产企业有两个潜在选择:其一,增加新房供给,以利用充裕的短期资金。但这意味着房价会进一步下跌。其二,增加跨期债务融资,以利用跨期外部融资相对内源融资更便宜这一优势,来缓解销售收入下降对其终身效用的不利影响。但增发跨期债务会使房地产企业融资约束收紧。其综合效果为:

第一,将减少房地产企业对资本、劳动力和土地等生产要素的需求,因而有利于要素市场的另一需求方(制造业企业)扩大生产规模,从而强化要素市场调整渠道的反向联动机制,因此能够观察到制造业企业的土地持有、劳动力雇佣、资本投资、产出等均上升。

第二,随着制造业企业对生产要素需求的增加,要素市场得到复苏,工资和地价上涨。后者放松了制造业企业的融资约束,鼓励了制造业企业的生产和投资,同时部分抵消了房地产企业融资约束的紧张程度。

第三,随着工人家庭住房需求的降低,其住房开支减少,制造品开支增加。前者抑制了房地产企业的生产规模,后者则鼓励了制造业企业的生产,由此观察到房地产企业投资和生产规模的缩小,以及制造业企业生产和投资的扩大。

从宏观经济波动的角度来看,跨期债务调整使得地产企业能够利用外部融资相对便宜的优势来缓解投资和生产下滑对终身效用的不利影响。但这一调整也因此形成了地产投资和制造业投资的反向联动,使得住房需求抑制政策不仅可以抑制房价,同时会鼓励制造业企业投资和经济增长。而制造业经济的好转,则有利于工资、地价等要素价格的反弹,进一步提升抵押品价值,扩大制造业的生产和投资,同时缓解房地产企业家因为销售收入下降所带来的效用损失。

就其他经济部门而言，地价和工资的上升以及住房开销的下降，有利于工人家庭增加制造品消费。虽然住房需求下降抑制了房地产企业的销售所得，但跨期债务的发行却鼓励了房地产企业家的消费需求。随着制造业企业家消费的进一步反弹，经济体的总消费在短暂降落之后，也快速反弹。这里的发现与亚科维耶洛和奈利（2010）接近，即住房需求下降会短期抑制非住房类消费。

总体而言，住房需求下降可以较为持久地抑制房价（6—7个季度）。而房地产企业和制造业企业投资的反向联动，则使实体经济（总资本、GDP）相对持久地处于上升期。但房地产企业的紧缩以及其劳动密集型的属性，也使总就业持久低迷。

（三）土地供给冲击

最后考察土地供给增加如何影响房地产企业和制造业企业的投资，以及宏观经济总量。图7-4c列出了土地供给冲击下的脉冲响应图。当土地供给增加时，房地产企业和制造业企业的投资均小幅下降。其中，房地产企业投资持续下降6个季度，制造业企业投资短暂下降2个季度，前者下降幅度超过后者。相较于前述两类房地产政策，土地供给上升所带来的两部门投资变化规模更小一些。这些发现与图7-2c中的实证结果较为一致。

模型中，土地供给增加使得地价下降。这会首先通过抵押品渠道影响两类企业的融资约束，之后再通过要素市场上的调整，影响两类企业的投资、生产和融资决策。模型机制详述如下。

其一，土地的抵押品渠道（同向联动）。随着地价下调，房地产企业和制造业企业的抵押品价值下降。由式（7-12）和式（7-19）可见，两类企业的短期生产成本融资约束均收紧，企业因此可能缩小生产或销售规模，降低投资。

其二，要素市场调整渠道（反向联动）。融资约束的收紧，使两类企业对生产要素的需求均有所减弱。由于房地产行业具有土地和劳动要素密集型的特征，故一方面，土地供给增加所带来的地价下降，会诱导房地

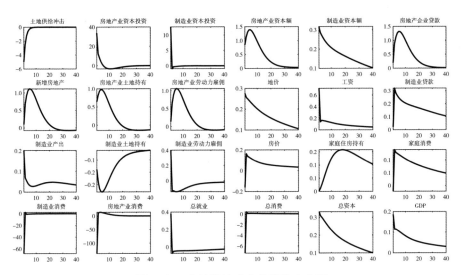

图7-4c　土地供给冲击的脉冲响应图

注:横轴时间频率为季度,纵轴为相对稳态偏离的幅度放大100倍。

产企业购买市场上的新增土地;但另一方面,房地产企业的生产紧缩也会伴随着市场对土地持有和劳动力雇佣需求的下降,带来地价的进一步下跌,以及工资的下行。

其三,跨期债务渠道。根据融资约束条件式(7-12)和式(7-19),面对地价下降导致的企业融资约束收紧,两类企业都有两个潜在选择:(1)降低生产,以减轻融资约束的紧张。(2)减少跨期债务融资,以增加短期可融资金,缓解地价下滑带来的融资约束紧张,从而降低两类企业实体生产所遭受的打击。因此,两类企业都会降低跨期债务发行,以缓解劳动力雇佣的下降规模。这虽然会保护两个行业的生产,但也不利于劳动力资源在两个行业之间的转移。

随着劳动力雇佣的减少,两个行业中的土地和资本边际产出都在下降。这降低了两类企业对资本和土地的需求。由于房地产企业是劳动力和土地要素市场上的主要需求方,其要素需求下跌,必然导致土地和劳动力资源流向制造业企业。因此,图7-4c中观察到:制造业企业土地持有上升,其劳动力雇佣也在短暂下降之后快速反弹,而房地产企业的土地持有和劳动力雇佣均下降。

从宏观经济波动角度来看，虽然跨期债务调整对两个行业的生产都会形成保护，但一般均衡效应却使得劳动力、土地等资源流向制造业企业。这也源自工人家庭的以下反应：

其一，因为土地出售所得会通过政府支出转移给家庭，故新增土地使得工人收入上涨，虽然上涨幅度受到地价下跌的影响。这鼓励了工人家庭的早期消费。其二，随着房地产企业和制造业企业生产规模的缩小，市场对跨期债务、劳动力、土地和资本的需求均下降，导致实际利率、工资和地价降低，这进一步降低了工人收入。其三，住房供给的减少意味着短期房价的上升。这导致工人家庭购房成本上涨，住房需求下降，进一步抑制房地产企业的生产。其四，家户住房需求的持续低迷，不仅带来了房价的持久低迷，同时使土地、劳动力等资源进一步流向制造业行业，部分抵消了制造业企业的下降幅度。

根据以上分析可见，土地供给增加与房地产信贷紧缩的工作机制存在相似之处。两类冲击下，房地产企业都会减少债务发行，以缓解融资约束紧张。就经济表现而言，两类冲击对实体经济的影响也具有一些相似之处，比如：第一，两类冲击都会短期刺激房价，未来一段时间内抑制房价。第二，两部门投资呈现同向紧缩的特征。第三，两类冲击都会对房地产投资和制造业企业投资形成同向抑制作用，挤压实体经济发展，导致GDP、资本存量等持久低于稳态水平。

但比之另外两类房地产政策，土地供给增加对房价和实体的影响都相对有限。这是因为土地供给冲击通过影响家庭收入而影响住房市场，而住房需求和房地产企业信贷冲击则分别直接作用于房地产市场的需求方和供给方。

二、方差分解

本节研究三类房地产政策冲击（房地产企业信贷、住房需求和土地供给）对现实主要经济变量波动的贡献。为考察这三类冲击的相对重要性，这里关闭其他扰动项。方差分解结果见表7-5。

表7-5 三类冲击下的方差分解 （单位:%）

变量	房地产企业信贷冲击	住房需求冲击	土地供给冲击
总资本	80.47	4.00	15.53
房地产企业资本	62.95	31.40	5.65
制造业企业资本	73.50	10.78	15.72
总投资	81.93	2.54	15.53
房地产企业投资	63.53	30.00	6.47
制造业企业投资	79.26	5.13	15.61
GDP	82.76	1.81	15.42
房地产企业产出	54.70	41.05	4.24
制造业企业产出	59.70	30.60	9.70
总消费	81.77	2.62	15.63
总就业	81.88	2.84	15.28
房价	58.44	29.35	12.20
地价	73.42	4.27	22.31

注:(1)总资本＝房地产企业资本＋制造业企业资本;总投资＝房地产企业投资＋制造业企业投资;GDP＝房地产企业产出＋制造业企业产出;总消费＝工人消费＋房地产企业家消费＋制造业企业家消费;总就业＝房地产企业就业＋制造业企业就业。(2)表中各行的数字相加为100%。但是同列中总变量和部门变量对应的数字之间不存在简单加总或者平均的关系。原因在于:其一,尽管总变量是部门变量之和,但总变量方差并非部门变量方差之和,还受到部门变量之间协方差的影响;其二,各行数字代表给定某一变量,不同冲击的相对影响,故无法捕捉给定某一冲击下总变量和部门变量之间的相对关系。

如表7-5所示,总体而言,相较于其他两类房地产政策冲击,房地产企业信贷政策对实体经济总量(总投资、总资本、GDP、总消费和总就业)的影响最大。它解释了相关实体变量至少80%的波动。其原因可能是,房地产企业信贷冲击直接影响房地产企业的短期生产融资约束条件,而其他两种冲击则相对间接地影响企业生产。比如,土地供给冲击首先影响地价,之后再通过企业抵押品价值来影响企业生产和投资决策;而住房需求冲击则通过影响住房需求和房价来改变企业的生产和投资。类似地,房地产企业信贷政策也是地价和房价的主要波动来源,解释了房价58%和地价73%的波动。

当考察各部门的投资、资本和产出波动时,住房需求冲击的重要性得到提高。比如，对房地产企业而言，住房需求冲击的重要性分别达到 31.40%（资本）、30.00%（投资）和 41.05%（产出）。住房需求冲击对制造业企业产出的重要性也相对较高，达到 30.60%。但房地产企业信贷冲击依然是造成企业层面相关变量波动的主要源头。土地供给的重要性则相对较低。其对地价、房价和 GDP 波动的解释分别为 22.31%、12.20% 和 15.42% 左右。就部门变量而言，其重要性更低，且对房地产行业的重要性次于对制造业行业的重要性。

由此可见，当主要关注房地产企业信贷、住房需求和土地供给三类房地产政策冲击对经济周期的影响时，房地产企业信贷冲击是最主要的波动源头。它解释了 GDP、房价、地价以及不同部门生产和投资的大部分波动。由于房地产企业信贷冲击给经济体带来高的波动性，政府有必要审慎使用针对房地产企业的信贷政策。结合图 7-4a 中的脉冲响应，虽然房地产企业信贷紧缩政策可以在未来一段时间内抑制房价上涨，但其对房地产企业和制造业企业投资的同向抑制作用，会放大房地产企业信贷冲击向宏观经济总量（如 GDP、总投资和资本存量等）的传递，使得宏观经济体长久处于低迷状态中。这一点更说明政府需要谨慎使用针对房地产企业的信贷政策，尤其是在当下我国处于外需不足、经济增长缓慢这一新常态的情况下。

三、模型机制分析

本节将部分放松模型假设，以研究跨期债务发行或土地的抵押品价值如何影响各种房地产调控政策向实体经济的传递。由此可以更进一步地理解房地产调控政策冲击对不同部门形成的投资联动渠道及所伴随的宏观经济效应。

（一）跨期债务机制

根据杰尔曼和卡德罗尼（2012），当企业遭遇不利冲击，导致式 (7-19) 中的融资约束收紧时，企业会选择调整跨期债务，利用跨期债务所带来的财务灵活性，缓解不利冲击对房地产企业投资造成的影响。为检验房地产政策下这一机制对企业生产和投资决策的影响，接下来考察跨期债务通道关闭后经济体的表现,并将其与该通道存在时的经济体进行对比。当跨期债务通道关闭时,两类企业均不能发行跨期债务。本部分模拟结果显示,跨期债务渠道对模型机制至关重要。允许企业发行跨期债务,模型能够生成与实证数据一致的跨部门投资联动,尤其是房地产信贷冲击和住房需求冲击下的跨部门投资联动。具体结果分析如下。

1. 房地产企业信贷冲击

跨期债务通道关闭后,房地产企业遭遇不利信贷冲击时的模拟结果见图 7-5a 中的虚线部分。

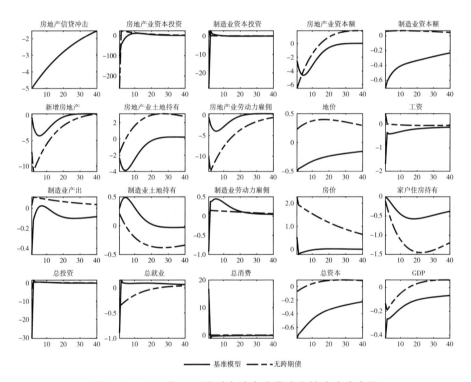

图 7-5a　无跨期公司债时房地产信贷冲击的脉冲响应图

注:横轴时间频率为季度,纵轴为相对稳态偏离放大 100 倍。

其一,当企业不能发行跨期债务时,房地产企业信贷紧张将会导致制造业企业投资和房地产企业投资反向联动。这与数据中的典型性事实不符。原因在于:第一,要素市场渠道中的反向联动机制被加强。当不利信贷冲击导致房地产企业融资约束收紧时，根据式（7-19），房地产企业只有一个选择，即减少新房供给，以降低短期资金需求。这意味着房地产企业生产规模缩小，对土地、劳动力、资本等生产要素的需求下降，从而为制造业释放大量生产要素，因此能够观察到制造业企业的土地持有、劳动力雇佣、资本投资、产出等均上升。第二，随着制造业企业对生产要素需求的增加，要素市场得到复苏，工资和地价上涨。后者放松了制造业企业的融资约束，鼓励了制造业企业的生产和投资，同时部分抵消了房地产企业融资约束的紧张程度。第三，从房屋需求方的角度来说，工人家庭既无储蓄渠道，也因高房价而无购房需求，导致工人家庭住房开支减少，制造品开支增加。前者进一步抑制了房地产企业的生产规模，后者则进一步鼓励了制造业企业的生产，由此观察到房地产企业投资和生产规模的缩小，以及制造业企业生产和投资的扩大。

其二，当企业不能发行跨期债务时，房地产企业信贷紧缩政策会持久拉升房价。而允许企业发行跨期债务，则虽然短期刺激房价，却可以中期抑制房价上涨。这是因为，关闭企业跨期债务通道，会导致房地产企业大规模削减生产。其结果是：第一，鼓励制造业的生产及其对生产要素的需求，拉动地价、工资等的上涨。第二，市场上的新房供给下降，导致房价上涨幅度提高。

其三，当企业不能发行跨期债务时，房地产业投资和制造业投资的反向联动，削弱了房地产信贷紧缩对实体经济（总资本、GDP）的打击。

2. 住房需求信贷紧缩政策

跨期债务通道关闭后，住房需求下降时的模拟结果见图7-5b中的虚线。

其一，当企业不能发行跨期债务时，住房需求抑制政策会同时减少房地产业投资和制造业投资，形成二者同向联动。这与数据中住房需求下降带来两部门投资反向联动不符。原因在于，要素市场渠道中的反向联动机制被弱化。随着住房需求下降导致房价下跌（q_{ht}），房地产企业的短期生产成本融资需求（$q_{ht}\Delta H_t$）降低。这放松了房地产企业的短期生产成本融资约束。根据式（7-19），房地产企业只有一个选择，即增加新

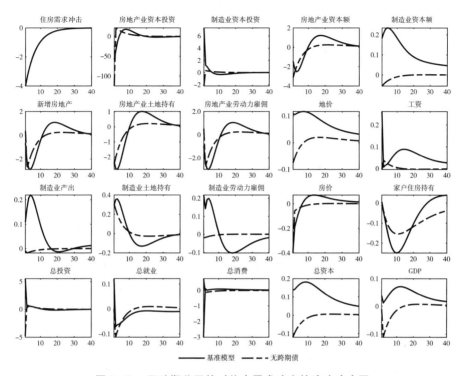

图7-5b 无跨期公司债时住房需求冲击的脉冲响应图

注:横轴为冲击后的季度数,纵轴为相对稳态的偏离幅度放大100倍。

房供给,以利用充裕的短期资金。这意味着房地产企业会扩大生产规模,增加劳动力需求。后者将拉动工资上涨,不利于制造业企业的生产。

其二,当企业不能发行跨期债务时,抑制住房需求政策可以在相对较长的时间内抑制房价。这是因为,住房需求的下降以及新房供给的短暂增加,意味着房价下跌幅度将大幅增加。为此,房地产企业将减少新房供给,降低对土地、资本和劳动力等生产要素的需求。由于住房生产属于土地密集型技术,这意味着地产企业生产规模的缩小会造成地价下行。后者将通过土地抵押品价值的下跌,造成两类企业融资约束的进一步加剧,并降低制造业企业对劳动力、资本等生产要素的需求。

其三,当企业不能发行跨期债务时,房地产企业投资和制造业企业投资的同向紧缩,会持久抑制经济增长(如投资、资本积累、就业和GDP等)。但如果企业可以调整跨期债务的发行,那么住房需求抑制政策不仅可以抑制房价,还可以鼓励制造企业投资和总体经济增长。

　　3. 土地供给紧缩政策

　　跨期债务通道关闭后,土地供给增加的冲击模拟结果见图 7-5c 中的虚线。可见,当企业不能发行跨期债务时,土地供给增加会刺激房地产业投资,但对制造业企业投资几乎不形成影响(轻微抑制),且对房价和实体经济的影响都非常有限。

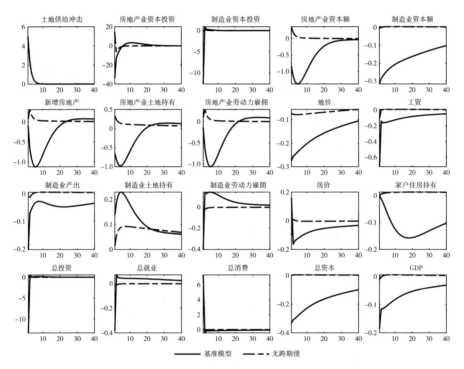

图 7-5c　无跨期公司债时土地供给冲击的脉冲响应图

注:横轴时间频率为季度,纵轴为相对稳态的偏离放大 100 倍。

　　这是因为,土地供给增加会导致地价下跌。当企业无法发行跨期债务时,地价下降会导致两类企业等比例降低短期贷款。这意味着,第一,就抵押品渠道(同向联动)而言,由式(7-12)可见,制造业企业会降低生产规模,减少劳动力雇佣,并造成工资下行。由于房地产行业具有劳动要素密集型特征,故部分劳动力流向房地产行业,造成房地产供给增加,房价下降。房地产企业销售所得下降,融资约束条件式(7-19)依然成立。

第二,就要素市场调整渠道(反向联动)而言,融资约束的收紧,使得制造业企业的劳动力需求下降,部分劳动力流向房地产行业,使得房地产企业的边际土地和资本产出增加,兼之地价下跌,房地产企业因此大量购买市场上的新增土地,同时增加资本投资。第三,就工人家庭而言,土地供给增加都带来收入增加,而房价下降则刺激了工人家庭的住房需求。这进一步引导房地产企业增加生产规模和投资,故观察到房地产企业的响应比制造业企业大很多。

(二)土地抵押品机制

为考察土地的抵押品价值,本部分将土地移出制造业企业和房地产企业的融资约束,但保留模型的其他特征。本部分模拟结果显示,关闭土地的抵押品渠道,虽然会削减各种房地产政策冲击的影响规模,但不会影响这些政策冲击的核心工作机制。产生这一现象的原因在于,跨部门投资联动主要依赖跨期债务渠道,而土地的抵押品渠道则与跨期债务渠道相互强化。

图7-6a—图7-6c分别汇报了土地不可抵押时三类政策冲击下的经济体反应。具体而言,其一,土地抵押基本不影响三类冲击向实体经济传递的方向。这说明跨部门投资联动主要依赖跨期债务渠道,而非土地的抵押品渠道。由图7-6a可见,不利房地产信贷冲击依然伴随着房地产投资和制造投资的同向紧缩,且两部门投资的同向紧缩会放大房地产企业信贷冲击向宏观经济总量(如GDP、总投资和资本存量等)的传递,导致经济持久低迷。图7-6b则显示,家庭住房需求下降依然抑制房地产业投资、鼓励制造业投资,形成两种投资的反向联动。而反向联动使得住房需求抑制政策不仅可以在未来5 6个季度里抑制房价,同时鼓励制造业企业投资和经济的增长。由图7-6c可见,如同基准模型,土地供给增加会短期刺激房价,但在未来15个季度内持续抑制房价,且对房地产业投资和制造业投资具有轻微的同向抑制作用。

其二,土地抵押放大了三类政策冲击向实体经济的传递,说明土地的抵押品渠道会与跨期债务渠道相互强化。由图7-6a可见,当两类企业不能使用土地抵押来辅助借款时,房地产企业信贷紧缩对房地产行业和

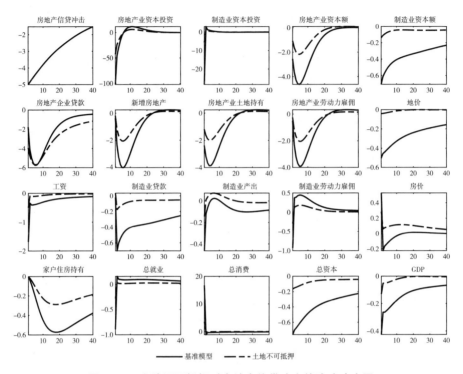

图 7-6a　土地不可抵押时房地产信贷冲击的脉冲响应图

注：横轴时间频率为季度，纵轴为相对稳态的偏离幅度放大 100 倍。

制造行业生产和投资的影响明显变小。图 7-6b 则显示，面对不利住房需求冲击，当土地不能作为抵押品时，房地产企业虽然受损变得严重，但制造业企业并没有因此更加好转，故整体而言，实体经济反弹有限。图 7-6c 则显示，土地的抵押品价值在土地供给冲击下最大。当不允许土地作为抵押品时，土地供给冲击只影响地价，对实体经济和房价的影响都微乎其微。

　　由此可见，土地的抵押品渠道与跨期债务渠道相互强化，形成与实证数据一致的跨行业投资联动。譬如，就房地产信贷冲击而言，房地产企业的信贷紧缩导致房地产行业缩小生产，减少对劳动力、资本、土地等生产要素的需求，并带来地价和工资的下降。制造业企业因此使用相对便宜的土地和劳动力来替换相对昂贵的资本，减少资本投资。但因为土地不是抵押品，故地价下滑并没有大幅降低房地产企业和制造业企业的抵押

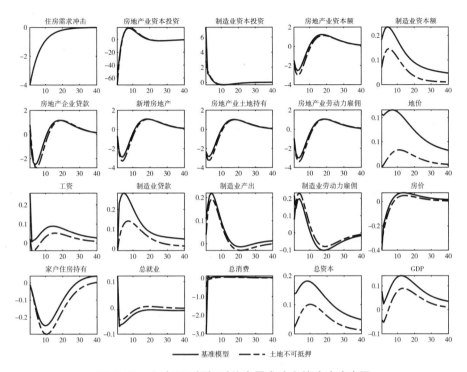

图 7-6b　土地不可抵押时住房需求冲击的脉冲响应图

注:横轴为冲击后的季度数,纵轴为相对稳态的偏离幅度 100 倍。

品价值,故房地产企业和制造业企业的实体生产受到冲击也相对较小。而就住房需求冲击来说,虽然家庭住房需求下降导致房地产企业减少生产规模,降低房地产企业对土地的需求。但因为土地不可用作抵押品,制造业企业并不会积极购买土地,故土地价格上升幅度相对有限,房地产企业的生产规模也因此受损有限。

其三,当关闭土地作为抵押品的通道时,结果与基准模型的主要不同之处在于,房地产企业信贷紧缩政策会持久拉动房价。注意:当土地可以作为抵押品时,房地产企业信贷紧缩政策会在短期内刺激房价,未来10—11 个季度内抑制房价。产生这一差异的原因在于:关闭了土地的抵押品渠道后,要素市场调整渠道居于支配地位。这可以从不利房地产信贷冲击发生后,制造业企业投资和产出短暂下滑之后的快速反弹看出。制造业的反弹使得要素价格(工资、地价)下降幅度缩小。这意味着,虽

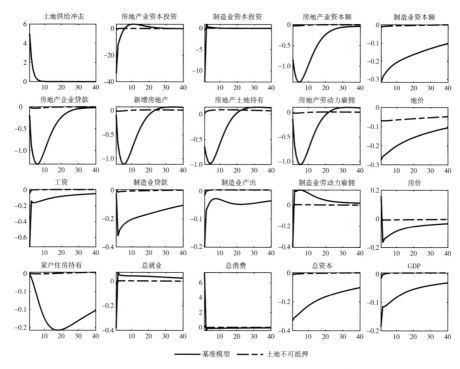

图 7-6c　土地不可抵押时土地供给冲击的脉冲响应图

注：横轴时间频率为季度，纵轴为相对稳态的偏离幅度放大 100 倍。

然房地产供给下降，但工人购房需求并没有大幅下降，故房价持久上涨。

四、理论总结

　　为理解房地产调控政策通过何种机制影响不同部门的投资决策，以及这种跨部门投资联动如何影响宏观经济波动，本节构建了一个包含制造业企业和房地产企业的两部门动态随机一般均衡（DSGE）模型。模型能够捕捉数据中的跨部门投资联动事实。模拟结果表明，当企业具有融资多样性时，针对房地产企业的信贷紧缩政策会造成房地产业投资和制造业企业投资的同向紧缩，这与实证发现一致。模型也能够解释经验证据中住房需求抑制政策会带来房地产投资减少而制造业企业投资增加的这一现象。

　　模型创新性地将跨期债务发行融合进宏观模型，从公司金融资本结构视角,研究了房地产政策通过企业融资决策对生产投资决策的影响。就此而言,模型是对莫迪利亚尼—米勒(MM)理论的延展。不仅如此,模型将企业融资结构引入宏观经济学均衡模型中,讨论融资决策作用下的宏观经济反应,这在宏观经济学文献中尚处于前沿。现有的文献仅限于贝金等(2018)、杰尔曼和卡德罗尼(2012)等。

　　本理论与现有文献的不同之处在于:其一,本章创新性地从企业融资方式上的灵活性(跨期债务和短期债务)、跨部门投资联动机制,研究不同类型的房地产调控政策会如何影响房地产企业的投资决策及向其他部门和宏观经济的传递;其二,文献一般只考察一个生产部门(即制造业),而这里同时研究房地产和制造业;其三,文献一般只关注抵押价值,不区分房价与地价的不同,这里对此进行了区分,从而契合了数据中二者不完全相关的事实。

　　近年来,房地产市场存在的信贷过度扩张和系统性金融风险等问题日益凸显,这对中国经济稳定增长的安全性提出挑战。为遏制房地产泡沫问题,中国政府推出多种房地产调控政策。这些政策的调控对象不同,涉及土地供给、房地产需求方(家庭)和房地产供给方(房地产企业)等。

　　本章旨在理解资本市场的发展如何影响我国房地产行业的发展,以及房地产调控政策的有效性。根据第五章理论,如果房地产行业的企业能够进行多样化融资,那么房地产调控政策可能与政策实施主体有关。譬如,如果房地产企业遭遇信贷紧缩,这些企业可能借助其他融资方式,缓解不利信贷冲击的影响。这意味着即便调控政策可以限制房地产企业发展和控制房价,但由于房地产企业依然有能力与制造业企业在要素市场上竞争,因而削弱了房地产调控政策鼓励制造业等实体经济发展的目的。但如果购房家庭遭遇信贷紧缩,由于房地产需求下降,房地产企业对生产要素的需求也随之下降,这使得所释放的生产要素能够用于鼓励制造业等实体部门的发展。

　　为检验相关推测,本章首先对2003—2021年的中国月度数据进行向量误差修正分析,以考察房地产调控政策对不同部门投资的影响。经验证据显示，针对房地产企业的信贷收紧会造成房地产企业投资和制造业企业投资相对持久和较大幅度的缩减；住房需求虽然会减少房地产企业投资，却有助于改善制造业企业的投资；而土地供给增加政策虽然会短期抑制房地产企业和制造业企业投资，但长期会拉动投资复苏。

之后，本章构建了一个包含制造业企业和房地产企业的两部门动态随机一般均衡（DSGE）模型。模型具有以下特征：其一，将戴维斯和希斯科特（2005）的投资联动机制引入到亚科维耶洛和奈利（2010）融资约束框架中。这一设定下，两部门企业均需要通过抵押资本或者土地来满足短期流动资本的融资需求。其二，模型引入公司债和股权融资，从资本结构视角探究房地产政策对企业融资决策和生产投资决策的影响。其三，模型假设两部门企业使用相同的生产要素进行生产，但房地产企业具有较高的劳动力和土地密集度。

模型能够捕捉数据中的跨部门投资联动事实。模拟结果表明，针对房地产企业的信贷紧缩政策，会造成房地产企业和制造业企业的投资紧缩，放大冲击对宏观经济总量的抑制，并会短期刺激房价，未来一段时间内抑制房价。针对住房需求的信贷紧缩政策，会引起房地产和制造业两企业投资的反向联动，鼓励制造业企业投资和经济增长，且同时抑制房价。而土地供给的增加则与房地产信贷紧缩政策的经济表现相似，但影响规模较小。在三类房地产调控政策中，针对房地产企业的信贷冲击是我国经济周期波动的主要源头。

模型也能够解释经验证据中住房需求抑制政策会带来房地产企业投资减少而制造业企业投资增加的这一现象。模型发现，抑制住房需求可以在较长的时间内抑制房价，而两部门投资的反向联动则有助于鼓励制造业部门投资和经济增长。为了研究三类房地产政策冲击对经济周期的贡献，方差分解结果显示，针对房地产企业的信贷冲击解释了实体经济总量、房价、地价以及不同部门生产和投资的大部分波动，是经济周期波动的主要源头之一。

模型中，房地产调控政策通过三个渠道影响房地产业和制造业的投资与生产，进而扰动宏观经济。其一，要素市场调整渠道（反向联动）。

房地产政策通过影响两部门企业在要素市场上的竞争,而被传递到非房地产经济,形成两部门投资的反向联动。其二,土地的抵押品渠道(同向联动)。通过影响地价,改变两类企业的抵押品价值,房地产政策冲击形成两部门投资的同向联动。其三,跨期债务渠道。允许企业发行跨期债务,不仅直接影响企业投资选择,同时也会与要素市场调整渠道和抵押品渠道相互强化,改变外生冲击向宏观经济的传递。机制分析显示,跨期债务渠道是模型能够解释现实数据的关键机制。

　　模型机制分析显示,跨期债务渠道对模型解释实证发现非常重要。当企业可以发行跨期债务时,针对房地产企业的信贷紧缩政策会造成房地产企业投资和制造业企业投资的同向紧缩,这与实证发现一致。不仅如此,房地产企业信贷紧缩政策会在短期内刺激房价、未来一段时间内抑制房价,而两部门投资的同向紧缩则会放大房地产企业信贷冲击对宏观经济总量的抑制。土地供给增加与房地产信贷紧缩的工作机制和经济表现存在相似之处。两类冲击下,房地产企业都会减少跨期债务发行,以缓解短期融资约束紧张。但土地供给扰动经济的关键是地价下跌造成企业融资约束紧张。

　　本章研究具有重要的政策意义。其一,本章的研究显示,由于房地产企业信贷冲击对制造业产生不利影响,且其对宏观经济波动构成较大冲击,政府有必要审慎使用针对房地产企业的信贷政策,特别是在当下中国处于外需不足、经济增长缓慢这一新常态下。其二,增加土地供给虽然对经济波动影响较小,且能够在未来一段时间内抑制房价,但同时会持久抑制制造业生产,也与我国整体经济发展目标不一致。其三,相比较而言,住房需求抑制政策不仅可以抑制房价,同时会鼓励制造业企业投资和经济的增长,对宏观经济波动的影响也相对有限,因此似乎是较为稳妥的一个选择。

第 四 篇

企业融资、出口市场
参与和贸易

第八章 融资约束与出口市场参与[①]

第二篇研究了融资约束、银行贷款、融资多样性等因素对企业市场进入行为以及宏观经济波动的影响,有助于学术界和政策界识别融资因素和创业决策之间的互动机制,以及这种互动机制下的宏观经济反应。但现实世界中,多数经济体与他国存在经济和金融上的联系。这对于建设开放型经济新体制的中国尤其如此。为此,本篇着重研究开放型经济体中融资约束、融资多样性等因素如何影响一国企业在国际市场上的参与行为,以及这种国际参与行为如何将外生冲击传递到其他国家。

得益于最新贸易理论的发展,大量文章尤其关注融资约束如何影响企业出口的扩展边际和集约边际。其中,扩展边际表示企业或产品种类的变化,而集约边际表示现有企业或产品的贸易价值的变化。根据贸易理论,贸易扩展边际和集约边际的区别,影响了贸易和资源分配所带来的福利收益。而2008年国际金融危机期间的国际贸易大崩溃,凸显了融资约束在国际贸易中的重要性。在这一背景下,大量研究开始聚焦于融资约束和企业出口之间的因果关系,尤其关注融资约束是否有助于解释贸易相对GDP更大规模的下滑。如阿米蒂和韦恩斯坦(2011)[②]利用20世纪90年代日本上市公司与其主要银行之间的匹配数据库,发现银行健康状况恶化导致了日本企业出口份额的下降。芬斯阙、李和余(Feenstra,Li和Yu,2014)认为,与纯国内企业相比,出口企业面临更大的营运资本和

---

① 本章改写自 Feng, Ling, and Chingyi Lin, "Financial Shocks and Exports", *International Review of Economics and Finance*, Vol.26, 2013, pp.39-55。

② Amiti, Mary, and David E. Weinstein, "Exports and Financial Shocks", *Quarterly Journal of Economics*, Vol.126, No.4, 2011, pp.1841-1877.

风险,导致出口企业受到更严格的信贷约束,且发现国际金融危机导致中国出口规模大幅下降。

但不甚清晰的是企业所面对的工作资本融资约束通过何种机制影响企业出口参与决策(扩展边际)?而扩展边际和集约边际的叠加,又如何影响融资约束的宏观经济效应?为此,本章首先利用贸易数据,探讨融资约束影响企业出口的特征事实,之后构造包含融资约束和贸易扩展与集约边际的动态随机一般均衡(DSGE)模型,探讨融资约束如何影响企业出口的不同边际,以及不同出口边际的叠加如何影响贸易总量和宏观经济波动。

第一节　经验证据

本节考察信贷条件变化对一国出口边际的影响。样本数据为1994—2008年,标准国际贸易分类(SITC)4位码的出口数据。[①]出口集约边际和扩展边际的计算,参照了胡梅尔斯和克莱诺(Hummels 和Klenow,2005)[②],利用芬斯阙(1994)的消费者价格理论来衡量出口边际。该理论根据世界对某一特定国家的出口中某一产品种类的重要性来为该产品种类赋予权重。

一、数据说明和变量构造

(一)数据来源

国家层面的3月期伦敦银行间同业拆借年化利率(LIBOR)可以用来

---

① 1984年之前的贸易信息无法获得。结合财务和GDP数据,本章使用的不平衡面板数据涵盖了1984—2008年的68个国家。基准模型使用1994—2008年35个国家/地区的平衡面板,其中包含平衡面板中观察到的最多数量的观察值。样本国家包括加拿大、美国、日本、约旦、黎巴嫩、印度尼西亚、马来西亚、新加坡、泰国、比利时—卢森堡、丹麦、法国、德国、希腊、爱尔兰、意大利、荷兰、葡萄牙、西班牙、英国、奥地利、芬兰、冰岛、挪威、瑞典、瑞士、捷克共和国、匈牙利、立陶宛、波兰、斯洛伐克、斯洛文尼亚、澳大利亚和新西兰。

② Hummels, David, and Peter J. Klenow, "The Variety and Quality of a Nation's Exports", *American Economic Review*, Vol.95, No.3, 2005, pp.704–723.

衡量经济体的金融流动性和信贷松紧程度。不确定性较高时期,银行往往会收取更高的同业拆借利率,这会减少经济体中企业可以使用的金融流动性。除银行同业拆借利率外,本章也以银行同业拆借利率的年波动率进行稳健性检验。文献研究结果显示,经济衰退期间利率波动风险较高。如费尔南德斯等(Fernández 等,2009)[①]发现实际利率波动是逆周期的,在动荡时期会增加。

LIBOR 数据来自全球金融数据库(Global Financial Data)。年度 LIBOR 利率以及 LIBOR 波动率计算步骤如下:以 3 月期 LIBOR 的每日观测值的月度平均数,作为一国金融流动性的月度衡量指标,再以月度利率的年度平均数及其标准差分别作为年度 LIBOR 利率、利率波动率的衡量指标。

关于世界贸易流量,2000 年以前的数据来自芬斯阙等(2005),2000 年后的数据来自联合国商品贸易统计数据库(UN COMTRADE),并按照芬斯阙等(2005)的方法进行整理。为将一国出口量分解为扩展边际和集约边际,数据按照 4 位码 SITC(第 2 版)进行分类和计算。鉴于 1984—2000 年的联合国数据中每一笔双边贸易流量的价值均超过 10 万美元,为保持一致性,后续年份的出口临界值也设置为 10 万美元。这意味着,如果某类别产品的出口价值低于 10 万美元,该类产品被视作不可贸易品。

实际国内生产总值和人口数据来自世界银行世界发展指标数据库。地理、距离和历史信息来自罗斯(Rose,2004)[②]数据集。

(二)变量构造

1. 双边出口边际的衡量

根据胡梅尔斯和克莱诺(2005),j 国到 m 国的出口扩展边际 EM_m^j,

[①]　Fernández-Villaverde, Jesús, Pablo Guerrón-Quintana, Juan F. Rubio-Ramírez, and Martin Uribe, "Risk Matters: The Real Effects of Volatility Shocks", *American Economic Review*, Vol. 101, No. 6, 2009, pp. 2530−2561.

[②]　Rose, Andrew K., "Do We Really Know that the WTO Increases Trade?", *American Economic Review*, Vol. 94, No. 1, 2004, pp. 98−114.

是指 j 国出口到 m 国的商品种类个数相对于 m 国所有进口产品种类个数的加权计数，计算公式如下：

$$EM_m^j = \frac{\sum_{i \in I_m^j} X_{m,i}^W}{X_m^W} \tag{8-1}$$

其中，X_m^W 是全球出口到 m 国的所有产品的总价值，$X_{m,i}^W$ 代表全球出口到 m 国的 i 产品总价值，故比值 $\frac{X_{m,i}^W}{X_m^W}$ 衡量了 i 产品在 m 国总进口中的占比。I_m^j 是 j 国向 m 国出口的价值为正的产品集合，即 j 国向 m 国出口的各种产品种类的集合，可在数据中观察到，体现为 SITC（修订版 2）4 位码的产品个数。$i \in I_m^j$ 意味着产品 i 必须为 j 国向 m 国出口的产品种类。

针对产品种类 i，使用世界向 m 国的出口占比作为权重，而非 j 国向 m 国的出口占比作为权重，其优势在于，可以避免某一产品种类的重要性完全取决于 j 国向 m 国的出口，尤其是当 j 国是唯一向 m 国出口产品的国家时。一般情况下，扩展边际中每个产品种类的权重取决于世界向 m 国出口的该产品的价值占 m 国总进口的比重。极端例子中，如果每个品种的重要性完全相同（即世界向 m 国的出口额度完全一样），则扩展边际表现为 j 国出口到 m 国的产品种类数目除以世界出口到 m 国的产品种类数量。

从 j 国到 m 国的出口集约边际 IM_m^j 相应定义为：

$$IM_m^j = \frac{X_m^j}{\sum_{i \in I_m^j} X_{m,i}^W} \tag{8-2}$$

其中，分子 X_m^j 表示 j 国对 m 国的出口总额；分母表示世界向 m 国的出口总额，但仅限于 j 国向 m 国出口的所有产品种类。

将集约边际乘以扩展边际，可以得到 j 国对 m 国出口额占世界对 m 国出口总额的比例 $EXShare_m^j$：

$$EXShare_m^j = \frac{X_m^j}{X_m^W} = EM_m^j \, IM_m^j \tag{8-3}$$

举例来说，全世界向 m 国总共出口 10 种产品，其中包括 j 国向 m 国出口的 2 个品种（i = SITC#6, SITC#8），则 j 国向 m 国的出口扩展边际 EM_m^j 计算为：

$$EM_m^j = \frac{X_{m,\#6}^W \times 1 + X_{m,\#8}^W \times 1}{X_m^W} \tag{8-4}$$

j 国向 m 国的出口集约边际 IM_m^j 计算为：

$$IM_m^j = \frac{X_m^j}{X_{m,\#6}^W \times 1 + X_{m,\#8}^W \times 1} \tag{8-5}$$

可见，EM_m^j 衡量了 j 国向 m 国出口的品种个数的加权，权重取决于 m 国在这些品种上的世界进口额占 m 国全部品种的世界总进口额的比重；IM_m^j 则代表，给定 j 国向 m 国出口的产品种类，m 国在这些产品上的世界总进口额中，来自 j 国的进口比例。

2. 出口边际的衡量

借鉴胡梅尔斯和克莱诺（2005），定义 M_{-j} 为 j 国出口产品时的所有贸易伙伴集合，则 $m \subseteq M_{-j}$ 为 j 国的某个出口伙伴国。将 j 国向其所有出口伙伴国 m 的某一边际进行几何平均，即可以得到该边际上 j 国向所有伙伴国的出口：

$$EM^j = \prod_{m \subseteq M_{-j}} (EM_m^j)^{a_{jm}} \tag{8-6}$$

$$IM^j = \prod_{m \subseteq M_{-j}} (IM_m^j)^{a_{jm}} \tag{8-7}$$

$$EXShare^j = \prod_{m \subseteq M_{-j}} (EXShare_m^j)^{a_{jm}} \tag{8-8}$$

权重 a_{jm} 是 j 国总出口中的 m 国占比和剩余他国总出口中的 m 国占比的对数平均（通过标准化使得 a_{jm} 在 $m \subseteq M_{-j}$ 区间上等于 1）。极端例子中，如果每个品种的重要性完全相同（即世界向 m 国出口的各品种的价值完全一样），当 j 国出口了许多类别的产品时，则该国的扩展边际将更大，当 j 国只出口了少数类别的产品时，该国的集约边际将更大。

二、计量模型和实证发现

（一）计量模型

为研究信贷紧缩对不同出口边际的影响，本章所构造的计量模型如下：$Y_{j,t} = \beta_0 + \beta_1 FC_{j,t} + \varphi D_t + \varepsilon_{j,t}$。

因变量 $Y_{j,t}$ 为 j 国出口扩展边际的对数 $\log(EM^j)$、或出口集约边际的对数 $\log(IM^j)$、或出口总价值的对数 $\log(EXShare^j)$。核心解释变量 $FC_{j,t}$ 衡量了 j 国在 t 时期的融资状况，即 j 国在 t 年的 3 月期 LIBOR 年化利率。D_t 为时间固定效应，控制了 t 年的全球冲击或商业周期等全球性因素。同时控制国家固定效应（CFE），以避免遗漏变量和部分控制内生性问题，并使得研究能够利用一国融资状况的时间序列效应。此外，利用双边出口流量的面板数据，本章还利用修正的引力模型做了稳健性检验。

（二）实证结果

1. 全样本

表 8-1 汇报了全样本的回归结果。其中，表 8-1 面板 A、B、C 分别关注信贷冲击对贸易扩展边际、贸易集约边际和贸易占比的影响。表中各列均控制了国家和年份固定效应。

表 8-1　1994—2008 年信贷条件对贸易边际的影响——全样本

面板 A：贸易扩展边际					
贸易扩展边际维度	（1）	（2）	（3）	（4）	（5）
控制变量	扩展边际 lnEXT_j	扩展边际 lnEXT_j	扩展边际 lnEXT_j	扩展边际 lnEXT_j	扩展边际 lnEXT_j
银行间贷款利率	−0.006*	−0.007**			−0.006
（Ya_3mLB）	（0.003）	（0.003）			（0.022）
人均 GDP		0.346	0.476	0.372	0.383
（lngdppc2）		（0.359）	（0.356）	（0.368）	（0.681）
人口总数		1.448*	1.218	1.519*	1.240
（lnpop2）		（0.832）	（0.846）	（0.893）	（1.101）
银行间贷款利率波动率			−0.006***		
（V_3mLB）			（0.002）		
银行间贷款利率滞后一期				−0.005*	
（L.Ya_3mLB）				（0.003）	
Constant	−0.490***	−27.649*	−25.136*	−29.083*	−24.636
	（0.032）	（14.129）	（14.576）	（15.014）	（15.613）

续表

面板 A：贸易扩展边际				
贸易扩展边际维度	（1）	（2）	（3）	（4）	（5）
控制变量	扩展边际 lnEXT_j	扩展边际 lnEXT_j	扩展边际 lnEXT_j	扩展边际 lnEXT_j	扩展边际 lnEXT_j
Observations	525	525	525	490	497
R-squared	0.233	0.339	0.327	0.302	
Number of cty2	35	35	35	35	34
年份固定效应	YES	YES	YES	YES	YES
国家固定效应	YES	YES	YES	YES	YES

面板 B：贸易集约边际				
贸易集约边际维度	（1）	（2）	（3）	（4）	（5）
控制变量	集约边际 lnINT_j	集约边际 lnINT_j	集约边际 lnINT_j	集约边际 lnINT_j	集约边际 lnINT_j
银行间贷款利率	−0.010**	−0.008*			−0.081*
（Ya_3mLB）	(0.004)	(0.004)			(0.043)
人均 GDP		0.680**	0.849***	0.560*	−0.946
（lngdppc2）		(0.266)	(0.222)	(0.310)	(1.073)
人口总数		0.399	0.179	0.573	2.962**
（lnpop2）		(0.487)	(0.521)	(0.439)	(1.460)
银行间贷款利率波动率			0.002		
（V_3mLB）			(0.002)		
银行间贷款利率滞后一期				−0.007*	
（L.Ya_3mLB）				(0.004)	
Constant	−3.804***	−16.949*	−15.002	−18.659**	−43.121**
	(0.036)	(8.533)	(8.964)	(8.007)	(18.219)
Observations	525	525	525	490	497
R-squared	0.230	0.257	0.243	0.226	
Number of cty2	35	35	35	35	34
年份固定效应	YES	YES	YES	YES	YES
国家固定效应	YES	YES	YES	YES	YES

续表

面板 C：贸易占比					
贸易占比维度	（1）	（2）	（3）	（4）	（5）
控制变量	贸易占比 lnOVER_j	贸易占比 lnOVER_j	贸易占比 lnOVER_j	贸易占比 lnOVER_j	贸易占比 lnOVER_j
银行间贷款利率	-0.016 ***	-0.014 ***			-0.087 **
（Ya_3mLB）	（0.003）	（0.004）			（0.044）
人均 GDP		1.027 ***	1.325 ***	0.933 **	-0.563
（lngdppc2）		（0.335）	（0.342）	（0.393）	（1.005）
人口总数		1.847 *	1.397	2.092 *	4.203 **
（lnpop2）		（1.043）	（1.063）	（1.036）	（1.686）
银行间贷款利率波动率			-0.003		
（V_3mLB）			（0.003）		
银行间贷款利率滞后一期				-0.012 **	
（L.Ya_3mLB）				（0.005）	
Constant	-4.294 ***	-44.598 **	-40.139 **	-47.742 ***	-67.758 ***
	（0.043）	（16.467）	（17.297）	（16.011）	（20.799）
Observations	525	525	525	490	497
R-squared	0.110	0.182	0.146	0.161	
Number of cty2	35	35	35	35	34
年份固定效应	YES	YES	YES	YES	YES
国家固定效应	YES	YES	YES	YES	YES

注：（1）***、**、*分别代表 1%、5%、10%的显著性水平。（2）括号内为聚类稳健标准误差，在国家层面进行聚类。（3）表中每列均包含截距项、国家固定效应和时间固定效应。

通过观察三个面板的列（1）可以看出，银行间拆借利率对出口扩展边际、集约边际和出口贸易占比的影响均显著为负。银行间贷款利率（Ya-3mLB）每上升 1 个百分点，出口份额减少 1.6%，扩展边际减少 0.6%，集约边际减少 1%。

胡梅尔斯和克莱诺（2005）指出，比之小经济体，大经济体中的企业往往出口价值更大（集约边际）、出口品种更多（扩展边际）。鉴于大经济

体融资环境相对较好,在国际市场上的借贷利率较低,故三个面板的列
(2)均对实际人均 GDPlngdppc2 和人口数量 lnpop2 进行控制,以防止遗
漏变量和解释变量之间的负相关性,造成估计系数被低估。此时,银行同
业拆借利率每上升一个百分点,扩展边际显著减少 0.7%,集约边际显著
减少 0.8%,出口份额则显著下降 1.4%。这意味着,不断恶化的金融状
况会阻碍本国企业进入出口市场,削减本国企业出口量,且其中 47% 的
削减发生在扩展边际上,53% 发生在集约边际上。

列(3)引入银行间贷款利率的波动(Volatility of the IBrate),以捕捉
经济体中的金融不确定性。实证结果显示,这种不确定性会抑制扩展边
际,但对集约边际和总出口份额没有显著影响。列(4)引入银行间贷款
利率的滞后一期项(one year lag of the IBrate),其符号和显著性与使用同
期利率相似,但幅度相对较小。此外,与列(2)相似,列(3)—列(4)中,人
均 GDPlngdppc2 的回归系数均显著为正,再次印证了胡梅尔斯和克莱诺
(2005)的研究发现,即比之小经济体,大经济体的出口价值更大(集约边
际)、出口品种更多(扩展边际)。

表 8-1 各面板列(1)至列(4)的回归均假设银行间拆借利率对出口
具有外生性,但这种假设可能存在偏差。虽然国家固定效应控制了那些
在国家层面上同时影响一国出口和融资状况的遗漏变量,但依然可能存
在随时间变动的遗漏因素,如对一国未来出口的预期可能会影响该国在
国际市场上的融资状况。为此,各面板列(5)使用工具变量解决上述回
归中,银行间拆借利率可能存在的内生性问题。可见,银行间同业拆借利
率与出口扩展边际、集约边际、出口份额仍呈负相关,但对集约边际的影
响明显增强。

工具变量的选择需要满足以下条件:其一,能够预测一国在国际市场
上的贷款利率的变动;其二,仅能通过银行间贷款利率渠道影响一国贸
易,不存在其他影响一国贸易的直接路径。考虑到一国会根据其金融发
展水平调整银行间贷款利率,但金融发展水平并不会直接影响一国贸易
行为,而是通过贷款利率形成影响,故选择一国金融发展水平作为银行间

贷款利率的工具变量。借鉴列文等（Levine 等，2000）[①]的方法，此处使用私人信贷占 GDP 的比值作为衡量一国金融发展水平的首选指标。私人信贷定义为银行向私人部门提供的信贷额度。数据来自世界银行。

2. 发达国家样本

发达国家的金融发展水平普遍偏高。但对大多数发达国家来说，2008 年国际金融危机也造成了非常严重的经济萎缩和贸易大崩溃，银行间同业拆借利率的年均值从 2006 年开始显著上升。考虑到许多国家从 2007 年开始实施扩张性货币政策，这明显降低了 2007 年之后银行间的同业拆借利率，为此将 2006 年和 2007 年的银行间拆借利率和出口利润率进行比较。结果显示，2006 年至 2007 年，22 个发达国家样本的银行间同业拆借利率平均上升 1.1%、平均出口份额下降 9.8%，其中，平均扩展边际下降 5.1%，平均集约边际下降 4.7%。这意味着，银行间同业拆借利率平均上升 1.0%、平均出口份额下降 8.91%，其中，平均扩展边际下降 4.64%、平均集约边际下降 4.27%。

表 8-2 汇报了对 22 个发达国家样本的回归结果。其中，面板 A、B、C 分别汇报了信贷冲击对发达国家贸易扩展边际、贸易集约边际和贸易占比的影响。可见，不利融资条件对发达国家贸易的影响远远超过全样本。银行间同业拆借利率每提高 1%，发达国家的出口份额将减少 7.7%，其中集约边际下降 2.7%、扩展边际则下降 5%。这意味着，65% 左右的出口减少主要体现为商品种类的减少。相对于 2006—2007 年的统计数值，估计值可以解释出口份额下降的 86%（7.7/8.91）和集约边际下降的 63%（2.7/4.27），但夸大了扩展边际下降的 8%（即 $\frac{5-4.64}{4.64}$）。此外，度量金融市场不确定性的银行间贷款利率波动率对发达国家的出口也存在显著的不利影响。

[①]　Levine,Ross,Norman Loayza,and Thorsten Beck,"Financial Intermediation and Growth: Causality and Causes",*Journal of Monetary Economics*,Vol.46,No.1,2000,pp.31~77.

表 8-2　1994—2008 年信贷条件对贸易边际的影响——发达国家样本

面板 A：贸易扩展边际				
贸易扩展边际维度	（1）	（2）	（3）	（4）
控制变量	扩展边际 lnEXT_j	扩展边际 lnEXT_j	扩展边际 lnEXT_j	扩展边际 lnEXT_j
银行间贷款利率	-0.050^{**}			-0.075
（Ya_3mLB）	（0.019）			（0.090）
人均 GDP	-0.085	0.004	-0.087	-0.149
（lngdppc2）	（0.177）	（0.183）	（0.179）	（0.279）
人口总数	0.185^{**}	0.211^{**}	0.185^{**}	0.172^{***}
（lnpop2）	（0.070）	（0.085）	（0.069）	（0.060）
银行间贷款利率波动率		-0.068^{*}		
（V_3mLB）		（0.035）		
银行间贷款利率滞后一期			-0.049^{**}	
			（0.020）	
Constant	-2.342	-3.929^{**}	-2.443	-1.348
	（1.790）	（1.818）	（1.794）	（3.362）
Observations	330	330	308	317
R-squared	0.592	0.540	0.593	0.550
年份固定效应	YES	YES	YES	YES
面板 B：贸易集约边际				
贸易集约边际维度	（1）	（2）	（3）	（4）
控制变量	集约边际 lnINT_j	集约边际 lnINT_j	集约边际 lnINT_j	集约边际 lnINT_j
银行间贷款利率	-0.027			-0.072
（Ya_3mLB）	（0.016）			（0.141）
人均 GDP	0.855^{***}	0.891^{***}	0.859^{***}	0.748^{***}
（lngdppc2）	（0.205）	（0.215）	（0.200）	（0.235）
人口总数	0.512^{***}	0.524^{***}	0.520^{***}	0.489^{***}
（lnpop2）	（0.048）	（0.044）	（0.046）	（0.072）
银行间贷款利率波动率		-0.075^{***}		
（V_3mLB）		（0.020）		
银行间贷款利率滞后一期			-0.027	
			（0.016）	

续表

面板 B：贸易集约边际			
贸易集约边际维度	（1）	（2）	（3）	（4）
控制变量	集约边际 lnINT_j	集约边际 lnINT_j	集约边际 lnINT_j	集约边际 lnINT_j
Constant	−19.869***	−20.519***	−20.795***	−18.131***
	（2.171）	（2.300）	（2.212）	（3.911）
Observations	330	330	308	317
R−squared	0.824	0.822	0.825	0.810
年份固定效应	YES	YES	YES	YES

面板 C：贸易占比			
贸易占比维度	（1）	（2）	（3）	（4）
控制变量	贸易占比 lnOVER_j	贸易占比 lnOVER_j	贸易占比 lnOVER_j	贸易占比 lnOVER_j
银行间贷款利率	−0.077**			−0.147
（Ya_3mLB）	（0.027）			（0.186）
人均 GDP	0.770**	0.895**	0.772**	0.599*
（lngdppc2）	（0.309）	（0.323）	（0.306）	（0.303）
人口总数	0.697***	0.735***	0.705***	0.661***
（lnpop2）	（0.073）	（0.089）	（0.073）	（0.080）
银行间贷款利率波动率		−0.143***		
（V_3mLB）		（0.049）		
银行间贷款利率滞后一期			−0.075**	
			（0.027）	
Constant	−22.211***	−24.447***	−23.238***	−19.478***
	（3.536）	（3.639）	（3.595）	（5.005）
Observations	330	330	308	317
R−squared	0.846	0.834	0.845	0.827
年份固定效应	YES	YES	YES	YES

注：(1) ***、**、* 分别代表 1%、5%、10%的显著性水平。(2)括号内为聚类稳健标准误差，在国家层面进行聚类。(3)表中每列均包含截距项和时间固定效应，但未汇报在表中。

(三)引力模型

表8-3利用双边出口流量的面板数据,对上述实证结论进行稳健性检验。所构建的引力模型如下:$Y_{jm,t} = \beta_0 + \beta_1 FC_{j,t} + \lambda X_{jm,t} + \gamma F_{jm} + \varphi D_t + \kappa exp + \omega imp + \varepsilon_{jm,t}$。

表8-3 1994—2008年融资条件对双边出口贸易的影响——全样本(引力模型)

面板 A:贸易扩展边际				
贸易扩展边际维度	(1)	(2)	(3)	(4)
控制变量	扩展边际 lnEXT_jm	扩展边际 lnEXT_jm	扩展边际 lnEXT_jm	扩展边际 lnEXT_jm
出口国银行间贷款利率	−0.007***	−0.007***	−0.007***	−0.007***
(Ya_3mLB_2)	(0.002)	(0.001)	(0.001)	(0.001)
出口国j和出口至 m 国的他国实际人均 GDP 均值的比值对数	1.064***	1.183***	1.180***	1.180***
(w_relategdppc)	(0.117)	(0.049)	(0.049)	(0.049)
出口国j和出口至 m 国的他国人口总数均值的比值对数	0.324***	0.371***	0.373***	0.373***
(w_relatepop)	(0.063)	(0.033)	(0.033)	(0.033)
区域经贸关系	−0.430***	−0.205***	−0.198***	−0.198***
(regional)	(0.051)	(0.048)	(0.048)	(0.048)
距离对数	−0.549***			
(ldist)	(0.025)			
共同语言	0.033			
(comlang)	(0.055)			
共同边界	−0.305***			
(border)	(0.076)			
当下殖民关系	0.309**	0.161	0.149	0.149
(curcol)	(0.135)	(0.175)	(0.174)	(0.174)
历史殖民关系	0.226*			
(colony)	(0.124)			
进口国银行间贷款利率			−0.004***	−0.004***
(Ya_3mLB_1)			(0.001)	(0.001)

续表

面板 A：贸易扩展边际				
贸易扩展边际维度	（1）	（2）	（3）	（4）
控制变量	扩展边际 lnEXT_jm	扩展边际 lnEXT_jm	扩展边际 lnEXT_jm	扩展边际 lnEXT_jm
Constant	3.246***	0.429**	0.466***	0.466***
	(0.271)	(0.167)	(0.167)	(0.167)
Observations	15,570	15,570	15,570	15,570
R-squared	0.754	0.181	0.183	0.183
year dummy	YES	YES	YES	YES
出口国哑变量	YES	YES	YES	YES
进口国哑变量	YES	YES	YES	YES
Number of imp_exp		1178	1178	1178
面板 B：贸易集约边际				
贸易集约边际维度	（1）	（2）	（3）	（4）
控制变量	集约边际 lnINT_jm	集约边际 lnINT_jm	集约边际 lnINT_jm	集约边际 lnINT_jm
出口国银行间贷款利率	−0.008***	−0.007***	−0.007***	−0.007***
（Ya_3mLB_2）	(0.002)	(0.001)	(0.001)	(0.001)
出口国 j 和出口至 m 国的他国实际人均 GDP 均值的比值对数	−0.182	−0.244***	−0.239***	−0.239***
（w_relategdppc）	(0.117)	(0.055)	(0.055)	(0.055)
出口国 j 和出口至 m 国的他国人口总数均值的比值对数	0.784***	0.794***	0.791***	0.791***
（w_relatepop）	(0.071)	(0.037)	(0.036)	(0.036)
区域经贸关系	0.144**	0.139***	0.125**	0.125**
（regional）	(0.058)	(0.054)	(0.054)	(0.054)
距离对数	−0.717***			
（ldist）	(0.030)			
共同语言	0.082			
（comlang）	(0.069)			
共同边界	0.368***			
（border）	(0.078)			

续表

面板 B:贸易集约边际			
贸易集约边际维度	（1）	（2）	（3）	（4）
控制变量	集约边际 lnINT_jm	集约边际 lnINT_jm	集约边际 lnINT_jm	集约边际 lnINT_jm
当下殖民关系	0.737***	0.121	0.143	0.143
（curcol）	（0.235）	（0.195）	（0.194）	（0.194）
历史殖民关系	0.375***			
（colony）	（0.112）			
进口国银行间贷款利率			0.008***	0.008***
（Ya_3mLB_1）			（0.001）	（0.001）
Constant	6.955***	0.612***	0.544***	0.544***
	（0.337）	（0.187）	（0.186）	（0.186）
Observations	15,570	15,570	15,570	15,570
R-squared	0.762	0.158	0.162	0.162
year dummy	YES	YES	YES	YES
出口国哑变量	YES	YES	YES	YES
进口国哑变量	YES	YES	YES	YES
Number of imp_exp		1178	1178	1178

面板 C:贸易占比			
贸易占比维度	（1）	（2）	（3）	（4）
控制变量	贸易占比 lnOVER_jm	贸易占比 lnOVER_jm	贸易占比 lnOVER_jm	贸易占比 lnOVER_jm
出口国银行间贷款利率	−0.014***	−0.014***	−0.014***	−0.014***
（Ya_3mLB_2）	（0.002）	（0.001）	（0.001）	（0.001）
出口国 j 和出口至 m 国的他国实际人均 GDP 均值的比值对数	0.882***	0.939***	0.942***	0.942***
（w_relategdppc）	（0.117）	（0.055）	（0.055）	（0.055）
出口国 j 和出口至 m 国的他国人口总数均值的比值对数	1.108***	1.165***	1.163***	1.163***
（w_relatepop）	（0.073）	（0.036）	（0.036）	（0.036）
区域经贸关系	−0.286***	−0.066	−0.073	−0.073
（regional）	（0.073）	（0.054）	（0.054）	（0.054）

续表

面板C:贸易占比				
贸易占比维度	（1）	（2）	（3）	（4）
控制变量	贸易占比 lnOVER_jm	贸易占比 lnOVER_jm	贸易占比 lnOVER_jm	贸易占比 lnOVER_jm
距离对数	−1.266***			
（ldist）	（0.040）			
共同语言	0.115			
（comlang）	（0.089）			
共同边界	0.063			
（border）	（0.119）			
当下殖民关系	1.046***	0.281	0.292	0.292
（curcol）	（0.298）	（0.194）	（0.194）	（0.194）
历史殖民关系	0.602***			
（colony）	（0.169）			
进口国银行间贷款利率			0.003***	0.003***
（Ya_3mLB_1）			（0.001）	（0.001）
Constant	10.201***	1.041***	1.010***	1.010***
	（0.425）	（0.186）	（0.186）	（0.186）
Observations	15570	15570	15570	15570
R−squared	0.857	0.095	0.096	0.096
year dummy	YES	YES	YES	YES
出口国哑变量	YES	YES	YES	YES
进口国哑变量	YES	YES	YES	YES
Number of imp_exp		1178	1178	1178

因变量 $Y_{jm,t}$ 代表 j 国对 m 国的出口扩展边际的对数、集约边际的对数、世界出口份额的对数。$X_{jm,t}$ 包括一组随时间变化的变量，如 t 年出口国 j 和出口至 m 国的所有国家的实际人均 GDP 均值的比值的对数（ln relative real GDPpc）、出口国 j 和出口至 m 国的所有国家的人口均值的比值的对数（ln relative Population）、衡量两国在 t 时期是否存在自由贸易协定的虚拟变量（Free Trade Agreement）、衡量两国是否存在殖民关系

的虚拟变量(Currently in Colonial Relation)。F_{jm} 是一组不随时间变化的变量,如国家 j 和 m 之间距离的对数(ln Distance)、两国是否使用共同语言的虚拟变量(Common Language)、衡量两国是否存在边界接壤的虚拟变量(Border)、衡量两国是否存在殖民关系历史的虚拟变量(Ever in Colonial Relation)等。

除了控制不随时间变动的因素外,模型还引入进、出口国家虚拟变量,以控制国家固定效应(CFE)。根据安德森和文库普(2004)[①],引入国家固定效应可以控制多边阻力效应。这是因为,两国间的贸易成本可能区别于两国与各自贸易伙伴国之间的贸易成本,这种差异虽然难以观察,却对两国双边贸易形成影响,构成多边阻力效应。安德森和文库普(2004)指出,多边阻力会随着时间推移而改变,故国家—年份固定效应可以对其进行控制。但这在本书中并不适用,因为银行间同业拆借利率为国家—年份维度的变量,一旦引入国家—年份固定效应,将无法识别银行间同业拆借利率的影响。

表 8-3 各面板的列(1)回归结果表明,出口国的银行间同业拆借利率(IBrate_expoter)与该国扩展边际、集约边际和贸易占比均呈显著负相关性。列(2)控制了双边国家的固定效应(CPFE),即从成对国家层面控制了可能存在的双边贸易趋势。出口国银行贷款利率的影响与列(1)结果相似。

除了控制出口国的融资状况,表 8-3 还引入了进口国的银行间贷款利率(IBrate_importer),汇报于列(3)至列(4)中。其中,列(3)控制国家固定效应(CFE),列(4)控制双边国家固定效应(CPFE)。结果表明,出口国银行同业拆借利率对三种出口边际的影响依然显著为负。进口国贷款利率对扩展边际有不利影响,但对集约边际和贸易占比则有正向影响。鉴于贸易占比定义为 $EXShare_m^j = X_m^j / X_m^W$,故此处,估计系数的符号显示了进口国 m 的贷款利率对 j 国出口相对于 m 国总进口量比值的影响。但

① Anderson,James E.,and Eric Van Wincoop,"Trade Costs",*Journal of Economic Literature*,Vol.42,No.3,2004,pp.691-741.

本章理论模型尚未明确进口国贷款利率与出口国的出口之间具有怎样的相关性。

第二节　理论模型

本节将构建理论模型，为融资条件与贸易边际之间的负相关性提供机制解释。模型包含两个事前对称的国家：本国与他国，两国间存在贸易往来。外国变量用星号标注。鉴于模型关注融资条件恶化对出口的实际影响，故假设价格可以灵活调整，且两国采用共同货币。每个国家都包含一个单位化的家庭部门、两种类型的企业，即本土企业与出口企业。其中，本土企业仅在国内市场销售（下标"d"），出口企业存在出口业务（下标"x"）。$k=d,x$ 适用于下标为 k 的所有方程式。

模型中，企业出口需要外部融资的支持，而国际金融危机提高了企业的借贷成本。在位出口企业为应对金融冲击，将被迫减少产量；潜在出口企业由于缺乏足够的流动性支付相关的进入成本，而放弃进入出口市场。总体而言，不利金融冲击不仅阻碍了潜在企业进入出口市场，且减少了在位企业的出口量。

一、产品市场结构

代表性家庭消费一篮子商品（C_t），其为国内商品组合（$C_{d,t}$）和国外出口商品组合（$C_{x,t}^*$）的 CES 加总，即：

$$C_t = [\,C_{d,t}^{\frac{\vartheta-1}{\vartheta}} + C_{x,t}^{*\frac{\vartheta-1}{\vartheta}}\,]^{\frac{\vartheta}{\vartheta-1}} \tag{8-9}$$

其中，ϑ 代表国内和国外商品之间的替代弹性。国内商品组合（$C_{d,t}$）和国外出口商品组合（$C_{x,t}^*$）的表达式分别为：

$$C_{d,t} = \left(\int_0^{n_{d,t}} c_{d,t}(i)^{\frac{\varphi-1}{\varphi}} di\right)^{\frac{\varphi}{\varphi-1}} = n_{x,t}^{\frac{\varphi}{\varphi-1}} c_{d,t}(i) \tag{8-10}$$

$$C_{x,t}^* = \left(\int_0^{n_{x,t}^*} c_{x,t}^*(i)^{\frac{\varphi-1}{\varphi}} di\right)^{\frac{\varphi}{\varphi-1}} = n_{x,t}^{*\frac{\varphi}{\varphi-1}} c_{x,t}^*(i) \tag{8-11}$$

各自所包含的商品种类分别为 $n_{d,t}$、$n_{x,t}^*$，φ 是不同商品间的替代弹性。上面两式中第二个等号的成立源自于同质性企业的假设。

相应的价格指数定义为：

$$P_t = (P_{d,t}^{1-\vartheta} + P_{x,t}^{*\,1-\vartheta})^{\frac{1}{1-\vartheta}} \tag{8-12}$$

其中，P_t、$P_{d,t}$ 和 $P_{x,t}^*$ 分别表示国内消费物价总指数（CPI）、国内商品综合价格指数和国外出口商品综合价格指数。后两者的表达式分别为：

$$P_{d,t} = \left(\int_0^{n_{d,t}} p_{d,t}(i)^{\,1-\varphi} di\right)^{\frac{1}{1-\varphi}} = n_{d,t}^{\frac{1}{1-\varphi}} p_{d,t}(i) \tag{8-13}$$

$$P_{x,t}^* = \left(\int_0^{n_{x,t}^*} p_{x,t}^*(i)^{\,1-\varphi} di\right)^{\frac{1}{1-\varphi}} = n_{x,t}^{*\frac{1}{1-\varphi}} p_{x,t}^*(i) \tag{8-14}$$

小写字母 $p_{d,t}(i)$、$p_{x,t}^*(i)$ 表示单个品种的价格。本国消费者对国内生产商品组合（$C_{d,t}$）和国外出口商品组合（$C_{x,t}^*$）以及对国内单个品种 $[c_{d,t}(i)]$ 和国外单个品种 $[c_{x,t}^*(i)]$ 的家庭需求分别如下：

$$C_{d,t} = C_t \left(\frac{P_{d,t}}{P_t}\right)^{-\vartheta}, C_{x,t}^* = C_t \left(\frac{P_{x,t}^*}{P_t}\right)^{-\vartheta} \tag{8-15}$$

$$c_{d,t}(i) = n_{d,t}^{\frac{\vartheta-\varphi}{\varphi-1}} \left(\frac{p_{d,t}(i)}{P_t}\right)^{-\vartheta} C_t \tag{8-16}$$

$$c_{x,t}^*(i) = n_{x,t}^{*\frac{\vartheta-\varphi}{\varphi-1}} \frac{p_{x,t}^*(i)}{P_t}^{-\vartheta} C_t \tag{8-17}$$

类似的条件也适用于外国。

二、融资约束、创业和出口市场参与

本国市场每期存在 $n_{d,t}$ 家仅在国内市场销售的同质本土企业，以及 $n_{x,t}^*$ 家仅在国外市场上销售的出口企业。每家企业都生产独一无二的品种，故产品品种和企业可以相互指代。企业必须在期初借入期内贷款以支持本期生产，由于企业可能存在违约行为，贷款提供方需要对企业贷款设置约束。企业所有者具有风险中性的特征。

（一）融资约束与金融冲击

参考杰尔曼和卡罗德尼（2012）的信贷约束设定，模型假设企业在 i

期初必须借入期内贷款 $loan_{k,t}(i)$ ，以支付工人工资 $[w_t\,l_{k,t}(i)]$ 、固定成本（ $w_t\dfrac{f_x}{A_t}$ ）和股东分红 $[d_{k,t}(i)]$ ，并承诺在时期结束时偿还贷款。可见，期内贷款等于企业收入，即 $loan_{k,t}(i) = c_{k,t}(i) \times p_{k,t}(i)\,/\,P_t$ 。

在冲击和收益实现后，企业将决定违约或全额偿还贷款。若违约，企业可以轻易占有当期收入 $c_{k,t}(i) \times p_{k,t}(i)\,/\,P_t$ ，然后与贷款提供方重新谈判以继续经营。贷款提供方存在两种选择：

其一，出售违约企业，以获取企业清算价值 $E_t[m_{t+1}\,v_{k,t+1}(i)]$ ，然而出售企业需要承担清算损失，即仅可获得该企业期末价值的 $\xi_t < 1$ 部分。这里， $E_t[m_{t+1}\,v_{k,t+1}(i)]$ 为从 $t+1$ 期开始的企业未来利润的预期现值，满足：

$$E_t(m_{t+1}\,v_{k,t+1}(i)) = E_t \sum_{j=1}^{\infty}(m_{t+j}\,d_{k,t+j}(i)) \tag{8-18}$$

其中， $v_{k,t+1}$ 是企业 i 在时期 $t+1$ 的价值， m_{t+j} 是企业所有者的随机贴现因子。

其二，与违约企业重新协商赔偿。作为补偿，贷款提供方获得企业期末价值的 $\xi_t < 1$ 部分，即 $\xi_t\,E_t[m_{t+1}\,v_{k,t+1}(i)]$ ，允许公司继续经营。此时，企业所有者因为违约获得的价值将满足 $[c_{k,t}(i) \times p_{k,t}(i)\,/\,P_t] - \xi_t\,E_t(m_{t+1}\,v_{k,t+1}(i)) + E_t(m_{t+1}\,v_{k,t+1}(i))$ 。可见，当企业剩余价值 $E_t(m_{t+1}\,v_{k,t+1}(i))$ 高于违约价值（ $[c_{k,t}(i) \times p_{k,t}(i)\,/\,P_t] - \xi_t\,E_t(m_{t+1}v_{k,t+1}(i)) + E_t(m_{t+1}\,v_{k,t+1}(i))$ ）时，企业将遵守贷款协议。由此，可得企业信贷约束如下：

$$\xi_t\,E_t(m_{t+1}\,v_d(i)) \geqslant c_{d,t}(i) \times p_{d,t}(i)\,/\,P_t \tag{8-19}$$

$$\xi_t\,E_t(m_{t+1}\,v_x(i)) \geqslant c_{x,t}(i) \times p_{x,t}(i)\,/\,P_t \tag{8-20}$$

式（8-19）至式（8-20）同时表明，对于贷款提供方而言，只有当补偿价值大于贷款金额时，其才愿意提供贷款。这种强制执行约束与清泷和摩尔（Kiyotaki 和 Moore，1997）中的约束类似，均假设借款人的信贷限额受到其"抵押资产"价值的约束，而"抵押资产"价值随市场条件而变化。这些文章中的"抵押资产"均为有形资产。本章经济体中，劳动力为唯一生产要素,故假设一旦企业违约,贷款方可以清算企业剩余资产(期末企业价值),作为对贷款违约的补偿。

杰尔曼和卡罗德尼(2012)[①]将随机因子 ξ_t 定义为"金融冲击",并将"金融冲击"定义为企业资产在全国范围内的"流动性"。当市场融资条件恶化时,贷款提供方找到买家的可能性很低,或者在清算企业剩余资产时的议价能力很低。因此,当流动性枯竭或公司资产流动性较低时,贷款提供方会对公司贷款施加更严格的限制。外国企业面临类似的信贷约束。

(二)生产和定价

企业以劳动力为唯一生产要素:

$$y_{k,t}(i) = A_t \, l_{k,t}(i) \tag{8-21}$$

其中, A_t 为技术冲击,对于一国内部所有企业均相同,但具有国家异质性特征,即跨国不同。出口企业每期必须支付固定成本 f_x,以有效劳动力为计算单位;还需支付冰山贸易成本 $\eta_x \in (0,1)$(即可变贸易成本)。非出口企业不需要支付这些成本。由此可得本国市场上的销售利润和出口市场上的销售利润:

$$d_{d,t}(i) = \frac{p_{d,t}(i)}{P_t} c_{d,t}(i) - w_t \frac{y_{d,t}(i)}{A_t} \tag{8-22}$$

$$d_{x,t}(i) = \frac{p_{x,t}(i)}{P_t} c_{x,t}(i) - w_t \frac{y_{x,t}(i)}{A_t} - w_t \frac{f_x}{A_t} \tag{8-23}$$

其中,资源约束为:

$$c_{d,t}(i) = y_{d,t}(i) \tag{8-24}$$

$$c_{x,t}(i) = (1 - \eta_x) \, y_{x,t} \tag{8-25}$$

企业的价值函数是其当前和未来利润的贴现总和:

$$v_{k,t}(i) = \max_{p_{k,t}(i), d_{k,t}(i), b_{k,t+1}(i)} \{ d_{k,t}(i) + E_t(m_{t+1} v_{k,t+1}(i)) \} \tag{8-26}$$

企业 i 在利润函数[式(8-22)—式(8-23)]与信贷约束[式

---

① Jermann, Urban, and Vincenzo Quadrini, "Macroeconomic Effects of Financial Shocks", *American Economic Review*, Vol.102, No.1, 2012, pp.238-271.

(8-19)—式(8-20)〕下,最大化其价值函数〔式(8-26)〕,得到企业定价规则:

$$\frac{p_{d,t}(i)}{P_t} = \frac{\varphi}{\varphi - 1} \frac{w_t}{A_t} \frac{1}{1 - \mu_{d,t}(i)} \tag{8-27}$$

$$\frac{p_{x,t}(i)}{P_t} = \frac{\varphi}{\varphi - 1} \frac{w_t}{(1 - \eta_x) A_t} \frac{1}{1 - \mu_{x,t}(i)} \tag{8-28}$$

式(8-27)和式(8-28)中的 $\mu_{k,t}$, $k = d, x$ 是与信贷约束相关的拉格朗日乘子。

信贷约束的存在为典型的定价规则增加了楔子项 $\frac{1}{[1 - \mu_{k,t}(i)]}$, $k = d, x$,即相对于企业工资成本所定义的边际成本,增加一个恒定加价。合理的参数设置下, $\mu_{k,t}(i)$, $k = d, x$ 的稳态值在 $(0,1)$ 的范围内为正,且 $\mu_x(i) > \mu_d(i)$ 。这意味着出口企业设定的价格会高于非出口企业,原因在于出口企业需要更多的贷款来为其固定成本融资。

(三)创业与出口市场参与

每一期, $ne_{k,t}$ 个具有前瞻性的潜在企业会根据市场情况决定是否进入本国或他国市场。此外, δ 比例的在位公司($n_{k,t}$)会在生产和进入发生之前,因为外生破产冲击而退出两个市场。故每期期末本国市场中的本土生产企业数量由下式给出:

$$n_{k,t+1} = (1 - \delta) n_{k,t} + ne_{k,t} \tag{8-29}$$

由于企业所有者具有风险中性特征,故破产冲击的存在意味着随机贴现因子满足: $m_{t+j} = \beta(1 - \delta)$,即企业所有者在贴现未来利润时会考虑企业生存概率 $1 - \delta$ 。与文献一致,模型假设新企业从第二期开始生产。

在 t 期,企业根据预期利润流 $\{d_{k,s}(i)\}_{s=t+1}^{\infty}$ 的现值 $[E_t(m_{t+1} v_{k,t+1}(i))]$ 来制定进入决策。因此, $E_t(m_{t+1} v_{k,t+1}(i)) = E_t \sum_{j=1}^{\infty} (m_{t+j} d_{k,t+j}(i))$ 。进入市场后的预期价值也代表了现有企业的现值,因为同一类型的企业在生产发生后的表现是完全相同的。

自由进入条件要求只有当预期的进入后企业价值等于支付的进入沉

没成本时,企业才会选择进入,即:

$$E_t(m_{t+1} v_{k,t+1}(i)) = w_t \frac{fe_k}{A_t} \tag{8-30}$$

三、家庭偏好与优化

代表性家庭每期从消费(C_t)中获得效用,从劳动力供给(L_t)中获得负效用。家庭目标在于使预期终身效用最大化:

$$\max E_0 \sum_{t=0}^{\infty} \beta^t U(C_t, L_t) , U(C_t, L_t) = \frac{C_t^{1-\rho}}{(1-\rho)} - \frac{L_t^{1+\Psi}}{(1+\Psi)} \tag{8-31}$$

其中, $\rho > 0$ 是风险规避程度, $\beta \in (0,1)$ 是主观贴现因子, $\Psi > 0$ 是劳动供给的逆弗里希弹性。

家庭收入来源于提供劳动力获得的实际工资(w_t)、持有公司股权($s_{k,t}$)以及持有债券(B_t)获得的收入。因此,家庭的预算约束为:

$$w_t L_t + \sum_{k=x,d} [(d_{k,t} + q_{k,t})(1-\delta) n_{k,t} s_{k,t}] + R_t B_t =$$

$$\sum_{k=x,d} (n_{k,t+1} s_{k,t+1} q_{k,t}) + B_{t+1} + C_t \tag{8-32}$$

其中, R_t 是债券持有的总收益,在 $t-1$ 期即确切地知道; $d_{k,t}$ 是 k 类公司的实际利润, $q_{k,t}$ 是该公司的实际股价, $(1-\delta) n_{k,t}$ 是破产冲击后幸存公司的数量, $n_{k,t+1}$ 是 t 期末可供购买股票的 k 类公司的总数。由于缺乏国际资产贸易,两国之间的商品贸易始终是平衡的。

家庭在预算约束下最大化其期望效用。得到以下一阶条件:

$$U_{l,t} + U_{c,t} w_t = 0 \tag{8-33}$$

$$\beta R_{t+1} E_t(U_{c,t+1}) = U_{c,t} \tag{8-34}$$

$$\beta(1-\delta) E_t[U_{c,t+1}(d_{k,t+1} + q_{k,t+1})] = U_{c,t} q_{k,t} \tag{8-35}$$

式(8-33)是劳动消费权衡条件,式(8-34)至式(8-35)是债权持有和两种股权持有的欧拉方程。类似的问题和一阶条件也适用于外国家庭。

四、均衡

冲击对一国内部的所有企业都是同质的,因此本章关注的是处于对称均衡的经济体。此时,所有内生变量 z 均满足以下表达式: $z_{k,t}(i) = z_{k,t}$。企业股权单位化为 1,原因在于所有股票都在国内交易,故 $s_{k,t} = s_{k,t+1} = 1$。

国内劳动力的市场出清条件如下:

$$L_t = ne_{d,t}\frac{fe_d}{A_t} + ne_{x,t}\frac{fe_x}{A_t} + n_{d,t}\left(\frac{f_d}{A_t} + l_{d,t}\right) + n_{x,t}\left(\frac{f_x}{A_t} + l_{x,t}\right) \qquad (8-36)$$

贸易平衡意味着:

$$n_{x,t} p_{x,t} c_{x,t} - n_{x,t}^* p_{x,t}^* c_{x,t}^* = 0 \qquad (8-37)$$

本国技术冲击和金融冲击满足对数正态分布,如下式:

$$\log A_t - \log \bar{A} = \rho_A(\log A_{t-1} - \log \bar{A} + \varepsilon_{A,t}) \qquad (8-38)$$

$$\log \xi_t - \log \bar{\xi} = \rho_\xi(\log \xi_{t-1} - \log \bar{\xi} + \varepsilon_{\xi,t}) \qquad (8-39)$$

其中, $\varepsilon_{A,t}$ 和 $\varepsilon_{\xi,t}$ 分别是技术信息和金融信息,它们是具有独立同分布且同方差的 $(i.i.d)$ 随机变量。

均衡系统有 54 个变量: C_t、w_t、l_t、R_t、$d_{d,t}$、$q_{d,t}$、$d_{x,t}$、$q_{x,t}$、$n_{d,t}$、$ne_{d,t}$、$n_{x,t}$、$ne_{x,t}$、P_t、$P_{d,t}$、$P_{x,t}$、$p_{d,t}$、$p_{x,t}$、$c_{d,t}$、$c_{x,t}$、$y_{d,t}$、$y_{x,t}$、$l_{d,t}$、$l_{x,t}$、$v_{d,t}$、$v_{x,t}$、$\mu_{d,t}$、$\mu_{x,t}$ 以及它们的国外对应变量。54 个均衡条件如下:其一,价格指数和商品类型需求式(8-12)至式(8-17)。其二,企业利润最大化问题,包括企业执行约束式(8-19)—式(8-20)、生产函数式(8-21)、企业利润式(8-22)至式(8-23)、企业价值函数式(8-26)、资源约束式(8-24)—式(8-25)、定价规则式(8-27)至式(8-28)。其三,来自新进入者的方程式:企业种类动态式(8-29)、公司进入条件式(8-30)。其四,家庭优化条件:劳动力消费权衡式(8-33)和债券、股票持有的欧拉方程式(8-34)至式(8-35)。其五,劳动力市场出清式(8-36)。其六,这些公式的对应国外部分。其七,贸易平衡条件式(8-37)和消费者价格指数的标准化: $P = 1$。

第三节　校准和模型模拟

为了分析出口和其他主要宏观经济变量对金融冲击的响应路径,本章将 54 个均衡条件在稳态附近进行对数线性化。本章对参数进行校准,并使用广义舒尔分解方法对对数线性化模型进行数值求解。

一、参数设置

杰尔曼和卡罗德尼(2012)以季度数据识别金融冲击。为能够从该文中获取冲击相关参数,将模型中的周期设置为季度,此时金融冲击的持续性和标准差分别设定为 $\rho_\xi = 0.97$ 和 $\sigma_\xi = 0.0098$。技术冲击的持续性和标准差分别设定为 $\rho_A = 0.95$ 和 $\sigma_A = 0.0045$。技术和金融冲击的稳态值设定为 $\bar{A} = 1$ 和 $\bar{\xi} = 0.1634$。

借鉴吉罗尼和梅利茨(2005)[1]的设定,设定 $\beta = 0.99$ 和 $\delta = 0.025$。后者与美国数据中每年 10% 的工作岗位流失率相当。设定 $\Phi = 6$,使得价格比边际成本高出 20%(Rotemberg 和 Woodford,1992)[2],参照金和罗贝罗(King 和 Rebelo,1999)[3],$\Psi = 1$ 和 $\rho = 1$ 则分别反映了劳动力供给弹性和劳动者风险偏好。

参照奥布斯特菲尔德和罗格夫(Obstfeld 和 Rogoff,2000)[4],冰山贸易成本设定为 $\eta_x = 0.1$。国外和国内商品之间的替代弹性设定为 $\vartheta = 2.3$。出口市场的沉没进入成本标准化为 $fe_x = 1$,出口市场的固定成本选择为 $f_x = 0.075$,国内市场的沉没进入成本选择为 $fe_d = 0.75$,这些设置使得模型稳态中贸易(出口+进口)占 GDP 的份额约为 27%,与美国 2007 年的贸易开放度一致。

模型中,出口企业的进入和固定成本都超过非出口企业。这一设置

① Ghironi, Fabio, and Marc J Melitz, "International Trade and Macroeconomic Dynamics with Heterogeneous Firms", *Quarterly Journal of Economics*, Vol.120, No.3, 2005, pp.865-915.

② Rotemberg, Julio J., and Michael Woodford, "Oligopolistic Pricing and the Effect of Aggregate Demand on Economic Activity", *Journal of Political Economy*, Vol.100, No.6, 1992, pp.1153-1207.

③ King, Robert G., and Sergio T.Rebelo, "Resuscitating Real Business Cycles", *Handbook of Macroeconomics*, Vol.1, No.1, 1999, Chapter 14, pp.927-1007.

④ Obstfeld, Maurice, and Kenneth Rogoff, "The Six Major Puzzles in International Macroeconomics: Is there a Common Cause?", *NBER Macroeconomics Annual*, Vol.15, 2000, pp.339-390.

参考了阿米蒂和韦恩斯坦（2011）的发现。他们指出，出口企业面临更高的违约风险，且国际贸易的销售所得远远滞后于生产成本的付出，海运时尤其如此，故出口企业比非出口企业更需要外部融资以满足营运资本需求。表8-4列出了基准设置中的参数。

表8-4　参数校准结果

校准类型	
来自杰尔曼和卡罗德尼（2010）的参数值	
技术冲击的稳态值	$\bar{A} = 1$
金融冲击的稳态值	$\bar{\xi} = 0.1634$
技术冲击的标准差	$\sigma_A = 0.0045$
金融冲击的标准差	$\sigma_\xi = 0.0098$
技术冲击的自相关系数	$\rho_A = 0.95$
金融冲击的自相关系数	$\rho_\xi = 0.97$
来自其他文献的参数值	
相对风险规避系数	$\rho = 1$
折现因子	$\beta = 0.99$
某国不同商品间的替代弹性	$\Phi = 6$
国内和国外商品之间的替代弹性	$\vartheta = 2.3$
劳动供给的逆弗里希弹性	$\Psi = 1$
破产冲击概率	$\delta = 0.025$
冰山成本	$\eta_x = 0.1$
出口市场进入沉没成本	$fe_x = 1$
国内市场进入沉没成本	$fe_d = 0.75$
出口商每期固定生产成本	$f_x = 0.075$

二、基准参数下的脉冲响应

在具体介绍经济体反应之前，值得一提的是，为了方便识别脉冲响应的大小，图8-1到图8-3中的脉冲响应均放大100倍。

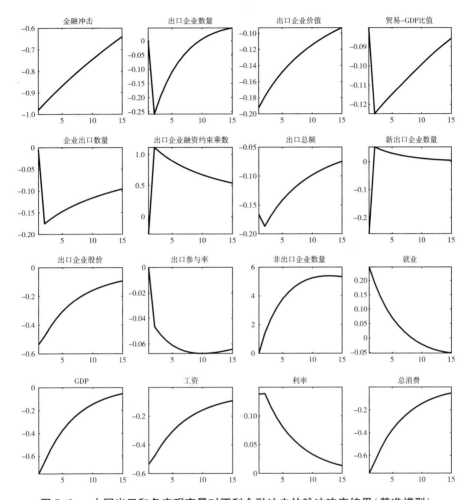

图 8-1a　本国出口和各宏观变量对不利金融冲击的脉冲响应结果（基准模型）

注：（1）纵轴的脉冲响应数值均是乘以 100 以后的结果。（2）出口企业数量（Exporting Firms = n_x ）；
出口价值（Exporting Value = $p_x c_x$ ）；贸易占 GDP 的份额（Trade Share in $GDP = n_x p_x c_x / GDP$，
$GDP = n_x p_x c_x + n_d p_d c_d$ ）；总出口价值（Total Exporting Value = $n_x p_x c_x$ ）；总消费（Consumption =
C）；债权收益率（Interest Rate = R）；出口商的融资约束（Exporter Enforcement Constraint = μ_x ）；出
口企业股票价格（Exporter Equity Price = q_x ）。（3）横轴为冲击后的季度数，纵轴为相关变量偏离
稳态的百分比。

图 8-1 汇报了在一个标准差的国内金融冲击下,本国(见图 8-1a)
和外国(见图 8-1b)关键变量的脉冲反应。横轴表示季度,纵轴记录相关
变量与稳态的百分比偏差。由图可见,第一,不利金融冲击降低了国内出

口的扩展和集约边际①,这与前文中的经验证据相吻合。模型中,不利金融冲击下,由于新出口企业数量减少,出口企业总数量随之减少。此外,单个企业出口的商品数量(c_x)和价值($p_x c_x$)也会下降。第二,集约边际($p_x c_x$ 和 c_x)的下降幅度大于扩展边际(n_x),这与前文中的实证结果相似。第三,正如最近一次金融危机期间所观察到的那样,当金融状况恶化时,贸易下降幅度大于GDP。贸易份额占国内生产总值GDP($n_x p_x c_x / GDP$)的下降证明了这一点。

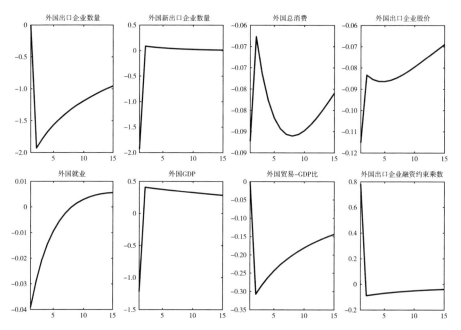

图 8-1b　外国经济体变量对本国不利金融冲击的脉冲响应结果(基准模型)

注:(1)纵轴的脉冲响应数值均为乘以100以后的结果。(2)出口企业数量(Exporting Firms = n_x);
出口价值(Exporting Value = $p_x c_x$);贸易占GDP的份额(Trade Share in GDP = $n_x p_x c_x / GDP$,
GDP = $n_x p_x c_x + n_d p_d c_d$);总出口价值(Total Exporting Value = $n_x p_x c_x$);总消费(Consumption =
C);债权收益率(Interest Rate = R);出口商的融资约束(Exporter Enforcement Constraint = μ_x);出
口企业股票价格(Exporter Equity Price = q_x)。

　　模型较好地捕捉了各变量对不利金融冲击的反应,特别是国内出口

---

　　① 本章还尝试了不同的扩展边际和集约边际测度,与实证定义相一致,并得到了相似的结果。

企业的反应。不断恶化的金融状况(较低的 ξ_t)减少了可供生产者使用的贷款($p_{x,t} c_{x,t}$),收紧了信贷约束,见式(8-19)至式(8-20)。垄断竞争条件下,企业减少产量($c_{x,t}$)。而信贷约束收紧[$\dfrac{1}{(1-\mu_{x,t})}$ 上升]则使得企业必须提高产品价格($p_{x,t}$)。随着物价上涨,本国市场对国内商品的需求以及国外市场对本国出口商品的需求($c_{x,t}$)和出口收入($p_{x,t} c_{x,t}$)都相应下降。

由于贸易平衡,本国对外国出口产品的需求($c_{x,t}^*$)也相应下降,导致国内总消费(C_t)下降。这意味着当下的国内消费比未来更有价值,家庭储蓄动机减弱。因此,家庭对未来收益的折扣要比冲击前更大,债券和股票必须提供更高的收益率(R_{t+1})才得以吸引家庭购买。相应地,股票价格必须下跌,以形成更高的回报率($q_{x,t}$)。

销售额的下降意味着公司利润随之下降。这恶化了公司的借贷能力[同样,见式(8-19)至式(8-20)]。除非潜在企业预期进入市场后的价值足以支付初始沉没投资,否则企业不会选择进入市场[见式(8-30)]。因此,不利金融冲击降低了企业价值。这导致用以支付初始投资的流动性下降,阻止了潜在企业进入市场($ne_{x,t}$),并进一步转化为下一阶段企业总数的下降($n_{k,t+1}$)。

不利金融冲击通过国际贸易渠道传导到国外。随着金融环境恶化,国内出口减少。在贸易平衡的假设下,国内进口下降幅度相当于国外出口下降幅度,随着外国出口企业利润和公司价值的下降,进入外国出口市场的潜在企业减少。

鉴于出口市场存在较大的固定成本和沉没进入成本,出口企业的反应与非出口企业不同。通过研究进入条件式(8-30)和融资约束式(8-19)至式(8-20),可以获得部分直觉。结合融资约束和进入条件,代入需求函数式(8-16)至式(8-17)和定价规则式(8-27)至式(8-28),可以求解出口企业和非出口企业的相对数量:

$$\frac{n_{x,t+1}}{n_{d,t+1}} = \left[\left(\frac{1-\mu_{x,t+1}}{1-\mu_{d,t+1}}\right)^{\vartheta-1}(1-\eta_x)^{\vartheta-1}\frac{fe_x}{fe_d}\frac{P_{t+1}^{*\vartheta}}{P_{t+1}^{\vartheta}}\frac{C_{t+1}^*}{C_t}\right]^{\frac{\varphi-1}{\vartheta-\varphi}} \tag{8-40}$$

式（8-40）显示了出口企业数量与国内企业数量的比率。假设 $1 < \vartheta < \varphi$，其他条件不变，当 $\mu_{x,t} > \mu_{d,t}$ 时，出口企业的相对数量会减少，这正是模型中出现不利金融冲击后的情况。

经济直觉如下：因为出口企业必须支付更高固定成本，所以其他条件都相同时，出口企业需要有更大的销售量才能产生与国内企业相同的利润规模[见利润式（8-22）至式（8-23）]。因为出口企业需要更高的销售额，所以需要更多贷款。然而，融资约束使得贷款额度受制于企业价值。这意味着，为了产生与国内企业相同的利润，出口企业面临着更加严重的融资约束。因此，出口企业的拉格朗日乘数 μ_x 大于国内企业。

当不利金融冲击发生时，出口企业融资约束更为紧张，故出口企业会设定更高的市场价格[见式（8-27）至式（8-28）]，导致其生产、利润更大幅度下降，海外市场的进入也更为艰难。由此可见，出口企业对融资约束更为敏感。由于在应对不利金融冲击时，μ_x 受到的影响大于 μ_d，故出口企业数量受到的影响超过国内企业数量所受到的影响，如式（8-40）所示。此外，由于出口销售总额的下降幅度大于非出口销售额，故模型中的贸易份额（$n_{x,t} p_{x,t} c_{x,t} / GDP_t$）下降。这意味着金融状况恶化，对企业出口的影响大于对其国内生产的影响。

模型还能够捕捉到经济变量的一些周期性特征。例如，当信贷紧缩时，实体经济活动（如消费、GDP 和工资）和资产价格都会下降，经济衰退也会通过国际贸易渠道传导到外国。然而，由于本章关注的是融资约束如何影响出口表现，因此不对其他经济变量作过多关注。

值得一提的是，杰尔曼和卡德罗尼（2012）是研究金融冲击对经济周期影响的一篇重要参考文献。该文发现，金融冲击对捕捉美国企业资金流和实体经济活动的周期性特征非常重要，企业融资条件收紧导致了2008—2009 年的经济衰退。但这一模型忽略了货物贸易，而这正是本模型的重点。

三、稳态下的融资约束分析

价格制定规则中的两个楔子项[$\dfrac{1}{(1-\mu_d)}$ 和 $\dfrac{1}{(1-\mu_x)}$]是描述金融

冲击作用的重要因素。结合执行约束、进入条件、企业利润函数和定价规则,可得到稳态下的 μ_k :

$$\mu_k = 1 - \frac{\varphi}{\varphi - 1}\left(\frac{\bar{\xi} - \dfrac{1 - \beta(1 - \delta)}{\beta(1 - \delta)}}{\bar{\xi}} - \frac{f_k}{\bar{\xi} fe_k}\right) \tag{8-41}$$

从式(8-41)可以看出,相较于非进口企业,给定出口企业面临更高的固定成本,出口企业对融资约束(即 $\mu_x > \mu_d$)的敏感性也更高。此外,从式(8-41)还可以看出,如果企业所有者变得缺乏耐心(β 较小)、企业有更高的破产冲击概率(δ 较大), μ_d 和 μ_x 也会变大,即企业融资约束也会相应增加。

经济直觉如下:随着企业所有者变得缺乏耐心(较小的 β)或企业面临更高的退出生产的可能性(较大的 δ),未来利润面对的打折幅度更大。这将降低企业期末价值,恶化企业财务状况,因为企业借款受到期末价值的约束。由于出口企业需要支付更高的固定成本(更大的 f_x),故出口企业的财务状况会更糟,即 μ_x 更大。可见,为了产生与国内企业相同的利润,出口企业需要更高的销售额。相应地,出口企业也需要更多贷款,对融资约束也更为敏感。

四、脉冲响应敏感性分析

数值模拟结果表明,模型对国际实际商业周期(International RBC)文献中常用的基本参数具有很强的稳健性。其中,图8-2汇报了三种参数下的经济体反应,分别是:破产冲击概率上升(δ 越大,图8-2a)、企业所有者缺乏耐心(β 越小,图8-2b)、国内和国外商品的替代弹性增加(ϑ 越大,图8-2c)。图8-3则分别考察了固定成本变动(f_x ,图8-3a)、金融冲击持久性和规模变动(见图8-3b)以及国际金融冲击(见图8-3c)三种情况下的经济体反应。各变量的反应幅度可能略有不同,但结论是稳健的,即金融状况恶化会降低出口的两个边际,其中集约边际的幅度更大,且一国出口的下降幅度大于其国内生产总值的下降幅度。

随着企业所有者变得缺乏耐心(β 越小)、破产冲击概率上升(δ 越

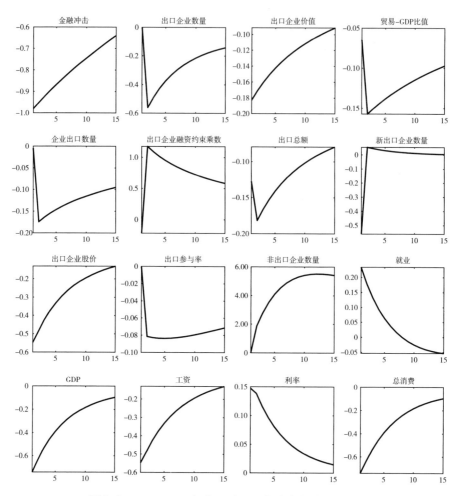

图 8-2a　$\delta = 0.035$ 时,出口对不利金融冲击的脉冲响应

注:(1)纵轴的脉冲响应数值均是乘以 100 以后的结果。(2)出口企业数量(Exporting Firms = n_x);
出口价值(Exporting Value = $p_x c_x$);贸易占 GDP 的份额(Trade Share in $GDP = n_x p_x c_x / GDP$,
$GDP = n_x p_x c_x + n_d p_d c_d$);总出口价值(Total Exporting Value = $n_x p_x c_x$);总消费(Consumption =
C);债权收益率(Interest Rate = R);出口商的融资约束(Exporter Enforcement Constraint = μ_x);出
口企业股票价格(Exporter Equity Price = q_x)。

大),或者国内和国外商品的替代弹性增加(ϑ 越大),出口的两个边际以
及贸易份额都发生更大规模的下降。原因和前文分析的一致。时间偏好
的减少和破产冲击概率的上升,导致企业会降低对未来收益的估值。随
着企业价值下降,企业进入国外市场的难度相应增加。

而国内和国外商品替代弹性的提高(ϑ 越大),意味着国内商品和进

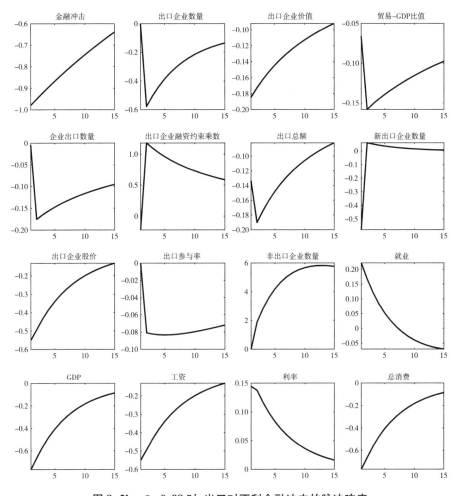

图 8-2b　$\beta=0.98$ 时，出口对不利金融冲击的脉冲响应

注:(1)纵轴的脉冲响应数值均是乘以 100 以后的结果。(2)出口企业数量(Exporting Firms = n_x);
　　出口价值(Exporting Value = $p_x\,c_x$);贸易占 GDP 的份额(Trade Share in GDP = $n_x\,p_x\,c_x/GDP$,
　　GDP = $n_x\,p_x\,c_x + n_d\,p_d\,c_d$);总出口价值(Total Exporting Value = $n_x\,p_x\,c_x$);总消费(Consumption =
　　C);债权收益率(Interest Rate = R);出口商的融资约束(Exporter Enforcement Constraint = μ_x);出
　　口企业股票价格(Exporter Equity Price = q_x)。(3)横轴表示冲击后的季度数。

口商品之间的竞争越发激烈。由于融资约束对出口市场的影响比对国内
市场的影响更为不利，竞争加剧扩大了出口企业的劣势，使出口失去吸引
力，从而阻碍潜在企业进入国外市场。扩展边际的下降幅度大于集约边
际的下降幅度，这与表8-2所述发达国家的证据一致。

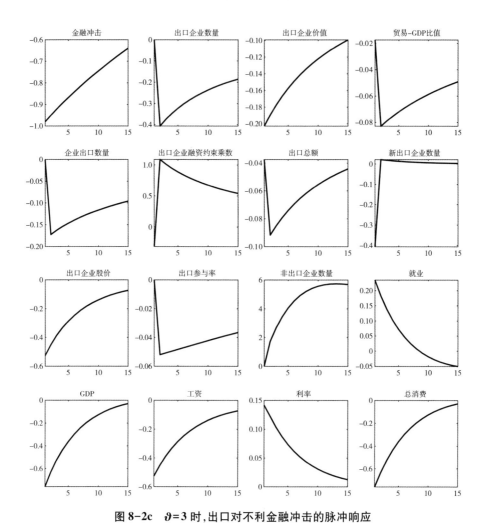

图 8-2c　$\vartheta=3$ 时，出口对不利金融冲击的脉冲响应

注：(1)纵轴的脉冲响应数值均是乘以 100 以后的结果。(2)出口企业数量(Exporting Firms = n_x)；
出口价值(Exporting Value = $p_x\,c_x$)；贸易占 GDP 的份额(Trade Share in $GDP = n_x\,p_x\,c_x/GDP$,
$GDP = n_x\,p_x\,c_x + n_d\,p_d\,c_d$)；总出口价值(Total Exporting Value = $n_x\,p_x\,c_x$)；总消费(Consumption =
C)；债权收益率(Interest Rate = R)；出口商的融资约束(Exporter Enforcement Constraint = μ_x)；出
口企业股票价格(Exporter Equity Price = q_x)。(3)横轴表示冲击后的季度数。

　　当在参数校准的范围内改变参数值时，其余参数也与稳态分析一致。
固定成本(f_x)和冰山成本(η_x)的增加降低了出口企业的利润，阻止了
潜在企业进入出口市场，导致出口下降幅度超过国内 GDP。图 8-3a 显
示，随着出口企业面临的固定成本从 0.075 略微增加到 0.1，出口扩展边

际的相对下降幅度大幅上升,约为出口集约边际下降幅度的1.8倍。

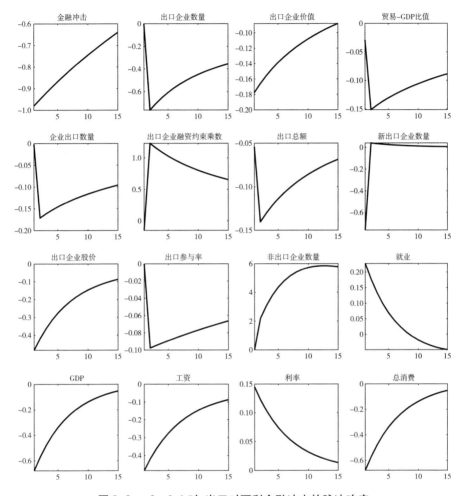

图 8-3a　$f_x = 0.1$ 时,出口对不利金融冲击的脉冲响应

注:(1)纵轴的脉冲响应数值均是乘以 100 以后的结果。(2)出口企业数量(Exporting Firms = n_x);
　　出口价值(Exporting Value = $p_x c_x$);贸易占 GDP 的份额(Trade Share in $GDP = n_x p_x c_x / GDP$,
　　$GDP = n_x p_x c_x + n_d p_d c_d$);总出口价值(Total Exporting Value = $n_x p_x c_x$);总消费(Consumption =
　　C);债权收益率(Interest Rate = R);出口商的融资约束(Exporter Enforcement Constraint = μ_x);出
　　口企业股票价格(Exporter Equity Price = q_x)。(3)横轴表示冲击后的季度数。

　　研究还表明,随着金融冲击变得更为短暂(较低的 ρ_ξ)或冲击程度更
低(较小的 σ_ξ),它们对出口两个边际的负面影响变得更小,甚至相反。
杰尔曼和卡德罗尼(2012)估计了企业剩余资产清算价值的冲击,$\rho_\xi =$

0.9703，$\sigma_\xi = 0.0098$。基于文献中这些有关金融冲击持久性和波动性的估计值，模型结果依然稳健，即恶化的金融状况会降低出口扩展边际和集约边际。这一发现与本章的假设是一致的，即前瞻性企业根据对未来市场状况的预期来制定进入和出口决策，而金融冲击的持久性或波动性都会影响到企业预期。

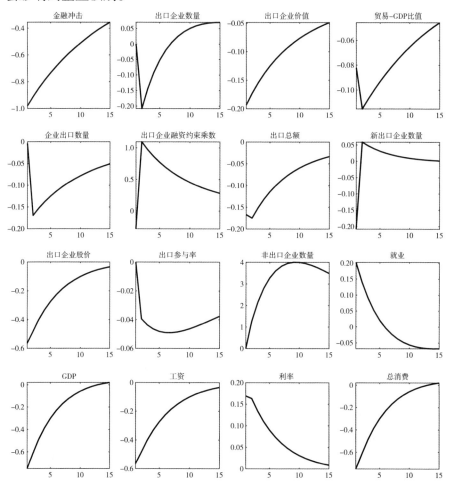

图 8-3b　$\rho_\xi = 0.93$，$\sigma_\xi = 0.0063$ 时，出口对不利金融冲击的脉冲响应

注：(1)纵轴的脉冲响应数值均为乘以 100 以后的结果。(2)出口企业数量(Exporting Firms = n_x)；出口价值(Exporting Value = $p_x c_x$)；贸易占 GDP 的份额(Trade Share in $GDP = n_x p_x c_x / GDP$，$GDP = n_x p_x c_x + n_d p_d c_d$)；总出口价值(Total Exporting Value = $n_x p_x c_x$)；总消费(Consumption = C)；债权收益率(Interest Rate = R)；出口商的融资约束(Exporter Enforcement Constraint = μ_x)；出口企业股票价格(Exporter Equity Price = q_x)。(3)横轴表示冲击后的季度数。

　　此外,通过考察国际性金融冲击的影响,可以发现全球范围内的信贷紧缩对出口扩展边际的影响,会比全国范围内的信贷紧缩更为显著。与全国范围内的信贷紧缩相比,全球范围内的信贷紧缩将使出口的扩展边际 n_x 减少 1/6 左右,导致贸易份额下降 1/3 左右,贸易差额 $n_x p_x c_x$ 下降 1/2 左右。但国际金融冲击的工作机制类似于全国范围的信贷冲击。当两个国家的信贷紧缩同时紧缩时,两国的减产放大了总消费的下降,使企业所有者预期更低的未来收益。图 8-2 至图 8-3 选择性地报告了这些结果。

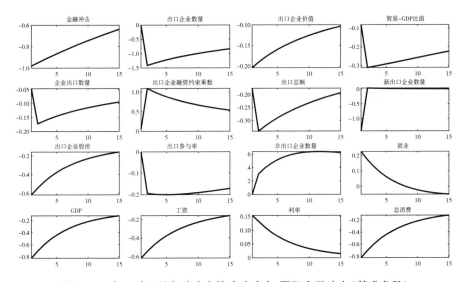

图 8-3c　出口对不利金融冲击的脉冲响应:国际金融冲击(基准参数)

注:(1)纵轴的脉冲响应数值均是乘以 100 以后的结果。(2)出口企业数量(Exporting Firms = n_x);出口价值(Exporting Value = $p_x c_x$);贸易占 GDP 的份额(Trade Share in $GDP = n_x p_x c_x / GDP$,$GDP = n_x p_x c_x + n_d p_d c_d$);总出口价值(Total Exporting Value= $n_x p_x c_x$);总消费(Consumption= C);债权收益率(Interest Rate = R);出口商的融资约束(Exporter Enforcement Constraint = μ_x);出口企业股票价格(Exporter Equity Price = q_x)。(3)横轴表示冲击后的季度数。

　　本章探讨了金融紧缩对企业出口行为的影响,特别是对出口扩展和集约边际的影响。首先利用国家—行业层面的贸易数据来识别融资约束对企业出口边际的影响。其中,出口扩展边际和集约边际采用胡梅尔斯和克莱诺(2005)方法构造,基于国际贸易标准分类(Standard International

Trade Classification, SITC) 4 位代码出口数据计算得到。该方法将出口产品的种类差异归类为扩展边际。国家层面的融资条件则采用伦敦银行间拆借利率的变化加以衡量。样本区间为 1994—2008 年。面板回归结果显示，融资条件恶化会通过减少出口商品的种类（出口扩展边际）和单个商品的出口量（出口集约边际）来抑制出口。

面板回归结果表明，财务状况恶化会对出口扩展和集约边际都形成不利影响。为识别这一典型事实的形成机制，本章构建了一个包含金融冲击、融资约束和企业进入特征的两国 DSGE 模型。模型引入三个重要元素。其一，企业的借贷能力受到其抵押资产价值的约束，而抵押资产的价值又取决于随机金融冲击。杰尔曼和卡德罗尼（2012）将这些金融冲击解释为国家层面的"资产流动性"短缺，认为当信贷市场状况恶化时，一旦企业违约，贷款人需要转售项目时，可能很难找到项目买家，或者当企业需要清算剩余资产时，可能具有较低的议价能力。其二，出口企业面临着更为严格的融资约束，对市场融资状况更为敏感。阿米蒂和韦恩斯坦（2011）指出，与非出口企业相比，出口企业需要额外支付进入和服务海外市场的初始成本和固定成本，其生产和销售收入之间存在更长时滞，且因为跨国支付相对困难，故面临更大的违约风险。这些特征意味着，同等利润规模下，出口企业存在更大的营运资本需求，需要更高的销售额和更大规模的贷款需求，面临更加严格的融资约束。其三，只有当企业预期其价值超过出口参与的初始投资成本时，才会选择进入海外市场。这意味着金融市场状况可能通过改变企业对其未来海外市场状况的预期，影响其出口参与决策。如当信贷紧缩时，潜在企业将预期其借贷能力受限，生产规模和利润随之缩小，一旦企业预期其价值无法超过海外市场的初始投资成本，潜在企业将选择推迟进入海外市场。

模拟结果表明，不利金融冲击会降低企业在扩展边际和集约边际上的出口。这一发现与实证结果相吻合。模型中，随着金融市场状况恶化，企业抵押资产价值缩水。这导致企业融资约束收紧，信贷规模缩小，在位企业减产。由于出口企业面对更为严重的融资约束，故出口规模大幅缩小，出口集约边际下降显著。金融市场状况恶化也阻碍了潜在企业进入出口市场的动机,减少了经济体中的出口企业数量,形成出口扩展边际的下降。其原因在于,随着不利金融冲击降低了企业利润和企业价值,潜在企业预期缺乏足够的流动性以支付进入海外市场成本,故选择推迟进入海外市场。随着出口集约边际和扩展边际的萎缩,出口总量下降。本国生产和出口规模的缩小,将通过贸易渠道传递到其他国家,导致外国也会经历一次规模相对较小但极为类似的衰退。模拟结果还表明,不利金融冲击发生后,出口企业的海外销售额下降幅度远远超过非出口企业的本国销售额。这一发现与国际金融危机期间的数据事实相吻合。如研究发现,2008 年国际金融危机期间,全球贸易下降幅度是全球 GDP 下降幅度的 3—4 倍,且贸易往往与 GDP 成比例下降,二者间的弹性约为 3.5。

　　本章研究的经济价值和政策意义在于,金融市场条件会通过融资约束渠道对企业的生产决策形成影响,而这种影响尤其凸显于出口企业,抑制出口企业的销售额,以及新企业进入海外市场的决策,因此金融政策有必要对出口企业倾斜,为出口企业融资创造有利条件。本章研究发现为中国政府推出的金融支持实体经济战略提供理论支撑,并指出金融政策有必要向出口企业倾斜,因为不利金融条件对出口企业伤害更大。

第九章　资本结构、出口市场参与和贸易增长[①]

虽然国际金融危机已结束十余年,国际货物贸易水平也已基本上从2008—2009年的急剧萎缩中恢复。但观察数据会发现,与危机前的贸易增长趋势相比,危机后的贸易增长率持续放缓,迟迟没有完全反弹。表9-1比较了危机前后5年时间内的贸易年均增长速度。可见,2012—2014年美国出口的年均增长率为3.1%,不到危机前五年(2003—2007年)平均年增长率(10.1%)的1/3。

针对2008年国际金融危机期间的贸易下跌现象,大量实证文章展开研究。这些文章普遍认为贸易大崩溃源自幸存企业出口额度的减少,而不是出口参与企业数量的减少。文献普遍认为出口参与对2008年到2009年的贸易下跌的贡献率不到10%,见贝伦斯等(Behrens等,2013)[②]。表9-1行(2)的结果似乎也证实了这一现象。其中可见出口参与在2009年的下降幅度仅是出口总值下降幅度的1/10到1/4之间。在表9-1中,出口参与的衡量指标分别表现为存在货物出口的货物—国家组合的数量,以及出口企业的数量。

然而,表9-1也汇报了另外一组危机之后数年的贸易增长数据。根据表9-1列(4),出口参与的增长率缺口高达出口总额增长率缺口的一半。这里,出口参与的增长率缺口定义为:危机后的出口企业数量的年均

---

①　本章改写自 Bergin, Paul R., Ling Feng, and Chingyi Lin, "Financial Frictions and Trade Dynamics", *IMF Economic Review*, Vol.66, 2018, No.3, pp.480–526。

②　Behrens, Kristian, Gregory Corcos, and Giordano Mion, "Trade Crisis? What Trade Crisis?", *The Review of Economics and Statistics*, Vol.95, No.2, 2013, pp.702–709.

增长率,减去危机前的出口企业数量的年均增长率,而出口总额增长率缺口则定义为:危机后的出口总额的年均增长率,减去危机前的出口总额的年均增长率。对比表9-1的列(2)和列(4)可见,虽然贸易出口参与在短期内的变动非常温和,但却非常持久,而出口参与的这些持久影响也构成了总出口在中长期持久下降的一个重要组成部分。

表9-1　2003—2014年美国出口平均年增长率　　　　　（单位:%)

出口指标		(1)	(2)	(3)	(4)
		2003—2007年	2009年	2012—2014年	(3)-(1)
行(1)	出口	10.1	-19.8	3.1	-7.0
行(2)	出口参与决策	2.5	-2.3	0.1	-2.4
行(3)	出口企业数量	3.6	-4.6	0.2	-3.4

资料来源:(1)美国人口普查局的年度数据和作者计算。(2)年度出口量通过将所有HS级出口产品的出口值相加得到。(3)出口参与决策以HS分类数据中出口的品种数量来衡量。出口到不同国家的同类商品按不同品种计算。(4)HS级美国出口数据来自邵彼得教授(Peter K.Schott)的国际经济资源页面,有关出口企业数量的数据来自美国人口普查局提供的美国进出口企业简介。

可见,融资因素对出口参与决策具有重要影响。鉴于第八章着重关注了单一融资方式下(股权融资),融资约束对一国企业创业决策和出口市场参与决策的影响,以及所伴随的宏观经济效应。本章关注融资方式多样性和贸易参与之间的互动。如果贸易企业也存在融资方式多样性,那么不利金融冲击是否也会催生出口市场参与程度的降低? 而一旦国际市场上的贸易主体大幅减少,国家之间的贸易势必随之减少。这是否意味着不利金融冲击会催生持久低迷的贸易增长? 这一系列思考似乎与2008年国际金融危机之后的世界贸易走势具有一定的契合性。

根据第五章的理论,当企业存在股权融资和债务融资等多种融资方式时,面对不利金融冲击,企业会在不同融资方式之间进行调整,以对抗不利金融冲击,但这会使创业决策受到严重冲击,因为当企业被迫从相对便宜的融资方式转向相对昂贵的融资方式时,创业初始投资的有效融资成本上升,从而影响经济体中的生产主体个数,拉长短暂金融冲击对经济体的持久影响。按照这一逻辑,本章试图探究国际市场贸易主体的参与决策是否也会延长短暂金融冲击对国际贸易的不利影响,形成 2008 年国际金融危机之后持久低迷的贸易增长。

第一节　经验分析

一、数据来源

为了识别不利金融冲击对贸易总额、出口参与等变量的动态影响,本节首先估计一个 7 个变量向量自回归(VAR)模型。向量自回归模型可以对其他冲击(如货币政策冲击等)进行控制,生成脉冲响应来表征变量的动态反应,并与 DSGE 模型所生成的理论脉冲响应进行直接对比。向量自回归模型中的变量按照以下顺序进行排序:工业生产的对数、CPI 的对数、联邦基金利率、3 月期银行间拆借利率、出口参与企业数量的对数、贸易总额的对数、标准普尔 500 指数的对数。出于稳健性考虑,还将分别使用出口和进口数据进行 VAR 估计,而不是使用贸易总量数据。

贸易数据来自美国贸易在线(USA trade Online),包括美国与其238 个贸易伙伴国之间的月度 HS6 位码进出口流量数据,时间跨度为2002 年 1 月到 2016 年 11 月。美国贸易在线数据由美国人口普查局所提供。基于这一数据,可以统计出美国对某一贸易伙伴国/地区的月度贸易品种数量,以此作为贸易出口参与的衡量指标。鉴于数据的时间跨度较短,这里使用月度频率的进出口数据,以便最大限度地提高统计显著性水平。样本期包括 2008 年国际金融危机和金融危机之后的复苏时期。

如同乔和马诺瓦(Chor 和 Manova,2012)所述,银行间拆借利率作为衡量经济体中金融流动性的指标,可以用来测度某段时间内一国金融市场的紧张程度。故此处将贷款利率变动视为外生金融冲击的新息,与其他宏观经济变量的同期变动进行正交。将联邦基金利率纳入回归中,可以将货币政策对贷款利率的影响与外生金融冲击对贷款利率的影响分开。对金融冲击的识别策略与第五章相同。

参照伯南克和米霍夫（Bernanke 和 Mihov,1998），假设货币政策的制定受到当期产出和消费价格的影响,故 VAR 模型中联邦基金利率位居工业生产总值和 CPI 之后。为检验金融冲击如何影响出口参与决策、贸易总额和股票价格,借鉴贝金和柯塞蒂（Bergin 和 Corsetti,2008）,将出口参与的企业数量或其他贸易变量放在代表上述冲击的变量之后。这一排序有助于识别金融冲击发生之后贸易在不同阶段的反应。考虑到股票价格对新信息能够作出快速反应,故股票价格位居向量自回归模型的最后。

为识别结构性冲击,对该向量自回归模型的简约形式回归结果进行柯列斯基分解。但该分解方法存在一个缺点,即分解结果会对模型中的变量排序相当敏感,使得用于识别的限制条件的有效性受到质疑。再则,变量排序的限制条件通常不是来自理论模型推导。故为确保结果的稳健,使用不同的变量排序方式进行检验,发现 VAR 结论始终稳健。汇报过程中,为方便识别脉冲响应数值,所有脉冲响应均放大 100 倍。

二、实证脉冲响应

图 9-1a 汇报了不利信贷冲击对经济体的影响,其中实线代表经济体相关变量的脉冲响应,虚线则代表正负两个标准误的置信区间。贸易变量体现为贸易总额和贸易扩展边际,后者反映了企业从事贸易的参与决策。

可见,贷款利率对贸易参与决策和贸易总额存在显著的抑制作用。其中,就贸易总量而言,贷款利率上升,使得贸易总量急剧下滑,并在冲击后 8 个月至 9 个月达到峰值,而在冲击发生两年后迅速复苏。但贸易水平始终没有完全恢复到初始水平。尽管缺口很小,但始终存在。就贸易参与决策的脉冲响应而言,其与贸易总量的变动非常相似,先是急剧下滑,并在 3 个月时达到峰值,随后迅速反弹。但与原始水平相比,始终有一个差别很小但持久存在的缺口。

图 9-1b 和图 9-1c 分别估计了金融冲击对出口和进口的影响。就

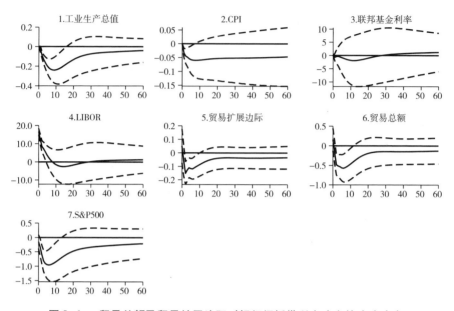

图 9-1a　贸易总额及贸易扩展边际对银行间拆借利率冲击的脉冲响应

注：(1)实线代表经济体相关变量的脉冲响应,虚线代表正负两个标准误差的置信区间。(2)横轴为
　　冲击后的月度数,纵轴为相关变量偏离稳态放大 100 倍。

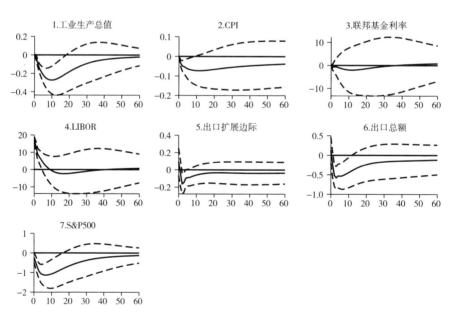

图 9-1b　出口总额及出口扩展边际对银行间拆借利率冲击的脉冲响应

注：(1)实线代表经济体相关变量的脉冲响应,虚线代表正负两个标准误差的置信区间。(2)横轴为
　　冲击后的月度数,纵轴为相关变量偏离稳态放大 100 倍。

出口而言,出口扩展边际和出口总额的脉冲响应非常持久,迟迟难以回归到初始水平。进口衰退的持久性更为绵长。可见,不利金融冲击对进口总额及进口参与决策的影响比对出口总额和出口参与决策的影响持续时间更长。

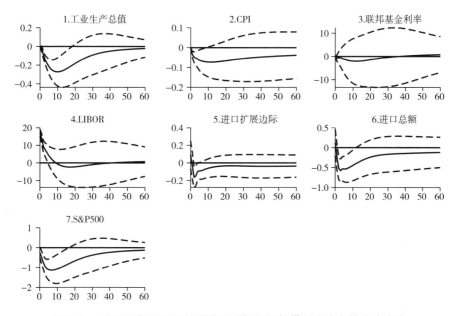

图 9-1c　进口总额及进口扩展边际对银行间拆借利率冲击的脉冲响应

注:(1)实线代表经济体相关变量的脉冲响应,虚线代表正负两个标准误差的置信区间。(2)横轴为冲击后的月度数,纵轴为相关变量偏离稳态放大 100 倍。

基于稳健性考虑,本节还采用芝加哥联储国家金融状况指数(NFCI),以取代银行间贷款利率,作为金融冲击的指标。结果见图 9-2a—图 9-2c。可见,图 9-2 的脉冲响应结果与图 9-1 的基准结果非常相似。不仅如此,国家金融状况指数(NFCI)对贸易扩展边际和贸易总额的影响,甚至比基准脉冲结果更为持久。

即使汇报时段延长至 120 个月,脉冲响应的点估计值仍然没有完全回到起点,可见不利金融冲击对贸易具有高度持久性影响。但必须提到的是,由于脉冲响应在冲击之后较长时期里的置信区间变宽,脉冲响应结果因此缺乏统计意义。

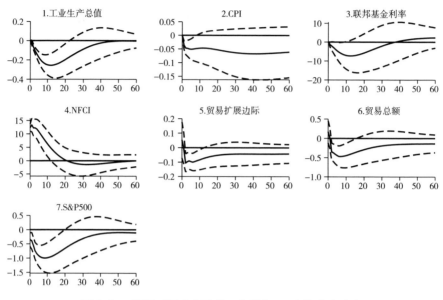

图 9-2a　贸易对国家金融状况指数（NFCI）的脉冲响应

注：（1）实线代表经济体相关变量的脉冲响应，虚线代表正负两个标准误差的置信区间。（2）横轴为冲击后的月度数，纵轴为相关变量偏离稳态放大 100 倍。

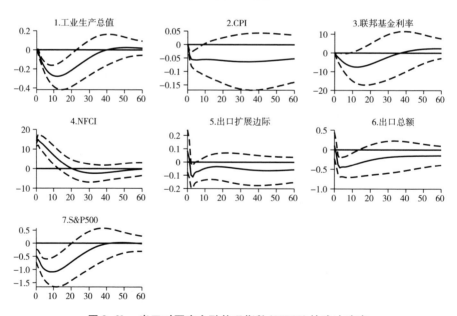

图 9-2b　出口对国家金融状况指数（NFCI）的脉冲响应

注：（1）实线代表经济体相关变量的脉冲响应，虚线代表正负两个标准误差的置信区间。（2）横轴为冲击后的月度数，纵轴为相关变量偏离稳态放大 100 倍。

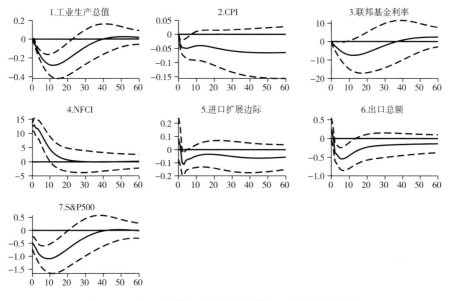

图9-2c 进口对国家金融状况指数（NFCI）的脉冲响应

注:(1)实线代表经济体相关变量的脉冲响应,虚线代表正负两个标准误差的置信区间。(2)横轴为
冲击后的月度数,纵轴为相关变量偏离稳态放大100倍。

第二节 理论模型

一、模型设置

为理解经验分析中不利金融冲击对贸易出口参与决策和贸易总量的
持久抑制影响,本小节构建理论模型,将杰尔曼和卡德罗尼(2012)的融
资约束和资本结构以及吉罗尼和梅利茨(2005)的出口企业参与动态进
行融合,并对后者作出调整,以增加其与融资约束设定的匹配性。

模型假设企业进入出口市场之前,需要为进入海外市场的初始投资
沉没成本进行外部融资。融资方式包括发行股权和公司债券。这一融资
方式的多样性,允许本章进一步研究资本结构调整如何影响企业进入海
外市场的参与决策。

此外,模型假设本国企业总数保持固定不变,忽略国内市场进入条件和
国内企业进行创业所必须支付的初始投资沉没成本,以避免国内市场和海外

市场两种沉没成本同时存在,进而可能带来的期权价值问题。根据这一设定,本模型只关注出口市场。对国内企业的设定参考了贝金和林(2012)。

参照比尔比耶等(2012)、贝金和柯塞蒂(2008),模型假设同质企业,忽略企业生产率异质性。模型还假设企业进入出口市场后,立即开始生产和销售,而不必等候一期。这一设定允许所有企业(新出口企业和幸存在位企业)的营运资金都面临着相同的融资约束,从而大大简化模型计算。

模型假设世界上存在稳态下完全对称的两个国家:本国和外国。每个国家有五个部门:(1)完全竞争的最终商品部门,其商品在国内消费;(2)完全竞争的投资商品部门,其商品用于进入海外市场的初始投资;(3)垄断竞争的中间产品部门,其中一些生产商是出口企业,其余的是非出口企业;(4)代表性投资者,其通过购买股权为国内中间品生产商提供资金;(5)代表性劳动者,其向国内中间品生产企业提供劳动力,并从这些企业处购买公司债券。

鉴于中间品生产商需要在获得销售收入之前就支付劳动力工资,故需要借入期内贷款。为避免发生违约,中间品生产商面临营运资金贷款的融资约束,抵押品为企业的股权资产。

参照杰尔曼和卡德罗尼(2012),中间品生产商可以通过发行股票和公司债券来平滑生产对抗不利冲击,由此形成内生的资本结构。

非出口企业在支付了进入海外市场的初始投资沉没成本后,可以选择成为出口企业。由此可见,虽然一国中间产品部门中的企业总数恒定为一个单位,但从事出口活动的企业数量则是内生可变的。

最后,模型假设不存在国际金融资产的买卖,故贸易收支始终处于平衡状态。有关国际资产交易渠道对金融冲击跨国传递的影响,可以参见佩里和卡德罗尼(2018)。该文在具有金融冲击和资本结构的两国模型中引入国际资产交易。

本模型之所以没有引入国际金融资产交易渠道,原因在于:其一,本模型假设内生性非贸易品,故一些商品在某些状态下可贸易,而在另一些状态下不可贸易。这一复杂设定使得本模型无法采用佩里和卡德罗尼(2018)中所使用的标准股权交易模型。其二,由于本模型中的抵押品为企业股权价值,而不是固定资产,这使得金融冲击直接进入企业欧拉方程,融资约束紧张会在各个国家之间完美过渡,故模型中引入国际金融一体化并不会像佩里和卡德罗尼(2018)一样带来额外好处。

下文将对本国经济进行描述,外国经济具有对称性特征,不再赘述。所有国外变量都以上标"$*$"表示。对于给定国家,分别用下标"x"或"nx"表示出口企业和非出口企业。模型专注于对实际变量的讨论,故忽略货币和名义汇率,各国产品价格以共同货币衡量。

二、时间线

经济体中的时间线如表 9-2 所示。每一阶段都从四个阶段变量开始:两个技术冲击(A_t, A_t^*)、两个金融冲击(ξ_t, ξ_t^*)。后文将详细描述金融冲击(ξ_t)的来源。

表 9-2　本国时间线

t 期初	破产冲击之前	破产冲击	$t+1$ 期初
(1)四个冲击变量:技术冲击(A_t, A_t^*);金融冲击(ξ_t, ξ_t^*); (2)n_{xt-1} 个幸存的出口企业;$1 - n_{xt-1}$ 非出口企业,其中:n_{nxt-1}^{end} 幸存的,$1 - n_{xt-1} - n_{nxt-1}^{end}$ 个在 $t-1$ 期末填补进来的	n_{xt-1} 在位出口企业:(1)借入期内贷款,以支付工资等营运成本;(2)选择最优融资结构(债券和股票发行)、实现收入	(1)破产冲击前出口企业数量:$n_{xt-1} + ne_{xt}$;(2)破产冲击后出口企业的数量:$n_{xt} = (1-\lambda)(n_{xt-1} + ne_{xt})$	(1)$1 - (n_{xt} + n_{nxt}^{end})$ 个企业成为非出口企业,补入经济体;(2)重复整个过程
	ne_{xt} 非出口企业成为出口企业:(1)以出口企业身份做出生产和融资决策;(2)以非出口企业身份承担到期债务		
	$n_{nxt}^{begin} = 1 - (n_{xt-1} + ne_{xt})$ 非出口企业:生产和融资决策	(1)破产冲击前非出口企业的数量:$n_{nxt}^{begin} = 1 - (n_{xt-1} + ne_{xt})$;(2)破产冲击后非出口企业的数量:$n_{nxt}^{end} = (1-\lambda)n_{nxt}^{begin}$	
	工人:消费和债券投资	(3)所有幸存企业的数量:$n_{xt} + n_{nxt}^{end} < 1$	
	投资者:消费和股权投资		

一国市场内部，中间产品部门包含两类企业：出口企业和非出口企业，企业总数单位化为 1。$t-1$ 期末，出口企业所占比例为 n_{xt-1}，非出口企业所占比例为 $1-n_{xt-1}$。t 期开始，在支付了初始投资的沉没成本 K_t^E 后，部分非出口企业进入海外市场，成为出口企业。因此，在破产冲击发生之前的 t 期初，出口企业的数量为 $n_{xt-1}+ne_{xt}$，非出口企业的数量则为 $n_{nxt}^{begin}=1-(n_{xt-1}+ne_{xt})$。其中，$n_{nxt}^{begin}$ 表示 t 期初的非出口企业数量。

参照第五章，模型假设新出口企业进入海外市场时，立即开始雇佣劳动力、生产商品、发行企业债券。此外，模型假定同类企业（如所有出口企业或所有非出口企业）均为同质的，故新出口企业与在位出口企业将面临相同的融资约束。但新出口企业也与在位出口企业存在明显不同：其一，新出口企业的到期债务规模与非出口企业相同，因为新出口企业在 $t-1$ 期以非出口企业的身份在金融市场上出售公司债券；其二，新出口企业需要支付进入市场的初始投资的沉没成本，在位企业则无此需求。

给定同类企业具有同质性这一假设，同类企业的生产和融资决策完全相同。这些企业雇佣劳动力生产商品，发行公司债券和企业股票来满足生产融资需求，且必须在获得销售收入之前即支付工资，故面临营运资本融资约束。

工人家庭和投资者从幸存的 n_{nxt-1}^{end} 个非出口企业、幸存的 n_{xt-1} 个出口企业，分别获得债券收益和股权回报，并对 n_{nxt}^{begin} 非出口企业、$(n_{xt-1}+ne_{xt})$ 出口企业进行金融投资。此外，工人家庭还会获得工资收入，但投资者不提供任何劳动供给。

t 期末，当所有市场出清后，破产冲击以 λ 的概率驱使部分企业退出市场。这里假定出口企业和非出口企业面对相同的破产冲击概率，以避免部分非出口企业因为选择成为出口企业，而遭受到出口企业所面临的破产风险。在设定破产冲击和固定数量本国企业数量方面，模型借鉴了贝金和林（2012）。

故 t 期末破产冲击后，经济体中存在 $n_{xt}=(1-\lambda)(n_{xt-1}+ne_{xt})$ 个幸存的出口企业，$n_{nxt}^{end}=(1-\lambda)n_{nxt}^{begin}$ 个幸存的非出口企业。幸存的出口企业和非出口企业分别携带 b_{xt} 和 b_{nxt} 的到期债务，进入 $t+1$ 期。为保证每期有一单位恒定数量的本国企业,假定 t 期末破产冲击发生后,立即 $1 - n_{xt} - n_{nxt}^{end}$ 个数量的企业(即 λ 个企业)以非出口企业的身份,自动补入国内市场。这些新生的非出口企业继承了退出市场的非出口企业的债务头寸。

国内出口企业和非出口企业的动态演化模式如下:

$$n_{xt} = (1 - \lambda)(n_{xt-1} + ne_{xt}) \tag{9-1}$$

$$n_{nxt}^{begin} = 1 - (n_{xt-1} + ne_{xt}) \tag{9-2}$$

$$n_{nxt}^{end} = (1 - \lambda) n_{nxt}^{begin} \tag{9-3}$$

三、最终品部门:消费与投资

(一)消费

最终消费品篮子(C_t)是国内外商品的 CES 加总:

$$C_t = \left[\int_0^{n_{xt-1}+ne_{xt}} c_{dxit}^{\frac{\sigma-1}{\sigma}} di + \int_{n_{xt-1}+ne_{xt}}^1 c_{nxit}^{\frac{\sigma-1}{\sigma}} di + \int_0^{n_{xt-1}^*+ne_{xt}^*} c_{fxit}^{\frac{\sigma-1}{\sigma}} di \right]^{\frac{\sigma}{\sigma-1}} \tag{9-4}$$

其中, c_{dxit} 代表本国消费者对本国出口企业所生产产品的市场需求,占所有国内品种的比例为: $n_{xt-1} + ne_{xt}$ 。 c_{nxit} 代表本国消费者对本国非出口企业所生产产品的市场需求,占所有国内品种的比例为: $1 - (n_{xt-1} + ne_{xt})$ 。 c_{fxit} 表示本国消费者对外国出口企业所生产产品的需求,占所有外国品种的比例为: $n_{xt-1}^* + ne_{xt}^*$ 。

最终消费品篮子(C_t)也可以写成以下形式:

$$C_t = \left[C_{Ht}^{\frac{\sigma-1}{\sigma}} + C_{Ft}^{\frac{\sigma-1}{\sigma}} \right]^{\frac{\sigma}{\sigma-1}} \tag{9-5}$$

其中, C_{Ht} 是所有国内商品的 CES 加总:

$$C_{Ht} = \left[\int_0^{n_{xt-1}+ne_{xt}} c_{dxit}^{\frac{\sigma-1}{\sigma}} di + \int_{n_{xt-1}+ne_{xt}}^1 c_{nxit}^{\frac{\sigma-1}{\sigma}} di \right]^{\frac{\sigma}{\sigma-1}} \tag{9-6}$$

C_{Ft} 则是所有进口商品的 CES 加总:

$$C_{Ft} = \left[\int_0^{n_{xt-1}^*+ne_{xt}^*} c_{fxit}^{\frac{\sigma-1}{\sigma}} di \right]^{\frac{\sigma}{\sigma-1}} = (n_{xt-1}^* + ne_{xt}^*)^{\frac{\sigma-1}{\sigma}} c_{fxit} \tag{9-7}$$

其中,第二个等式来自对称均衡假设,因为所有外生冲击均发生在国家层面,而非企业层面,故相同类型的企业将作出同样决策。

由消费者篮子构成可得消费者价格水平如下：

$$P_t = [P_{Ht}^{1-\sigma} + P_{Ft}^{1-\sigma}]^{\frac{1}{1-\sigma}} \tag{9-8}$$

其中，

$$P_{Ht} = \left[\int_0^{n_{xt-1}+ne_{xt}} p_{dxit}^{1-\sigma} di + \int_{1-(n_{xt-1}+ne_{xt})}^1 p_{nxit}^{1-\sigma} di \right]^{\frac{1}{1-\sigma}} \tag{9-9}$$

等价地，

$$P_{Ht}^{1-\sigma} \equiv (n_{xt-1} + ne_{xt}) p_{dxit}^{1-\sigma} + (1 - n_{xt-1} - ne_{xt}) p_{nxit}^{1-\sigma} \tag{9-10}$$

并且：

$$P_{Ft} \equiv \left[\int_0^{n_{xt-1}^*+ne_{xt}^*} p_{fxit}^{1-\sigma} di \right]^{\frac{1}{1-\sigma}} = (n_{xt-1}^* + ne_{xt}^*)^{\frac{1}{1-\sigma}} p_{fxit} \tag{9-11}$$

这里，P_t 是国内总消费价格水平，P_{Ht} 是国内产品组合的价格水平，P_{Ft} 是进口产品组合的价格水平，p_{hxit}、p_{nxit} 和 p_{fxit} 则分别是国内出口企业、国内非出口企业和国外出口企业单个商品在本国市场上的价格。

进一步地，可得相对需求函数：

$$C_{Ht} = \left(\frac{P_{Ht}}{P_t} \right)^{-\sigma} C_t \tag{9-12}$$

$$C_{Ft} = \left(\frac{P_{Ft}}{P_t} \right)^{-\sigma} C_t \tag{9-13}$$

$$C_{nxit} = \left(\frac{P_{nxit}}{P_{Ht}} \right)^{-\sigma} C_{Ht} \tag{9-14}$$

$$C_{dxit} = \left(\frac{P_{dxit}}{P_{Ht}} \right)^{-\sigma} C_{Ht} \tag{9-15}$$

$$C_{fxit} = \left(\frac{P_{fxit}}{P_{Ft}} \right)^{-\sigma} C_{Ft} = (n_{xt-1}^* + ne_{xt}^*)^{\frac{\sigma}{1-\sigma}} C_{Ft} \tag{9-16}$$

类似条件适用于外国。

（二）投资

t 期，ne_{xt} 个新出口企业为了进入出口市场，需要各自支付 K_t^E 初始投资的沉没成本。故国内企业进入出口市场的总投资规模为：

$$I_t \equiv ne_{xt} K_t^E \tag{9-17}$$

与总消费产品的构成类似，假设投资品的生产是国内和国外产品品种的 CES 加总：

$$I_t = [\theta^{\frac{1}{\varphi}} I_{Ht}^{\frac{\varphi-1}{\varphi}} + (1-\theta)^{\frac{1}{\varphi}} I_{Ft}^{\frac{\varphi-1}{\varphi}}]^{\frac{\varphi}{\varphi-1}} \tag{9-18}$$

其中，$1-\theta$ 是对进口商品的偏向程度，反映了国内企业进入国外市场时，对目标国市场要素的依赖程度。

其中，I_{Ht} 是所有国内商品的 CES 加总，满足：

$$I_{Ht} = \left[\int_0^{n_{xt-1}+ne_{xt}} i_{dxit}^{\frac{\sigma-1}{\sigma}}di + \int_{n_{xt}+ne_{xt}}^1 i_{nxit}^{\frac{\sigma-1}{\sigma}}di\right]^{\frac{\sigma}{\sigma-1}} \tag{9-19}$$

I_{Ft} 则是进口商品的 CES 加总，满足：

$$I_{Ft} \equiv \left[\int_0^{n_{xt-1}^*+ne_{xt}^*} i_{fxit}^{\frac{\varphi-1}{\varphi}}di\right]^{\frac{\varphi}{\varphi-1}} = (n_{xt-1}^* + ne_{xt}^*)^{\frac{\varphi}{\varphi-1}} i_{fxit} \tag{9-20}$$

相应地，可得投资品的一般价格水平如下：

$$P_{It} = [\theta P_{Ht}^{1-\varphi} + (1-\theta) P_{Ft}^{1-\varphi}]^{\frac{1}{1-\varphi}} \tag{9-21}$$

以及投资品的国内相对需求函数：

$$I_{Ht} = \theta\left(\frac{P_{Ht}}{P_{It}}\right)^{-\varphi} I_t \tag{9-22}$$

$$I_{Ft} = (1-\theta)\left(\frac{P_{Ft}}{P_{It}}\right)^{-\varphi} I_t \tag{9-23}$$

$$i_{nxit} = \left(\frac{P_{nxit}}{P_{Ht}}\right)^{-\varphi} I_{Ht} \tag{9-24}$$

$$i_{dxit} = \left(\frac{P_{dxit}}{P_{Ht}}\right)^{-\varphi} I_{Ht} \tag{9-25}$$

$$i_{fxit} = \left(\frac{P_{fxit}}{P_{\Gamma_t}}\right)^{-\varphi} I_{Ft} = (n_{xt-1}^* + ne_{xt}^*)^{\frac{\varphi}{1-\varphi}} I_{Ft} \tag{9-26}$$

类似条件适用于外国。

四、劳动者偏好及最优化

每一期，代表性劳动者从消费一篮子最终产品（C_{wt}）中获得效用，从劳动供应（L_t）中获得负效用，并通过选择最优的消费、劳动供给、金融投资等，以最大化预期终身效用：

$$\max E_0 \sum_{t=0}^{\infty} \beta^t U(C_{wt}, L_t) \ , U(C_{wt}, L_t) = \frac{C_{wt}^{1-\rho}}{1-\rho} - \kappa \frac{L_t^{1+\varphi}}{1+\varphi} \tag{9-27}$$

其中，$\rho > 0$ 是劳动者的风险厌恶程度，$\beta \in (0,1)$ 是劳动者的贴现因子，κ 是效用函数中劳动的相对权重。

劳动工人按实际工资率（w_t）提供劳务（L_t），并持有 n_{xt-1} 家国内出口企业公司债券（b_{xit-1}）和 ne_{nxt-1}^{end} 家本国非出口企业的公司债券（b_{nxit-1}）。同时，工人购买消费品（C_{wt}），并以 $1/R_t$ 的价格买入（$n_{xt-1} + ne_{xt}$）家国内出口企业的公司债券和 ne_{nxt}^{begin} 家国内非出口企业的公司债券。

工人预算约束如下：

$$C_{w,t} + \frac{(n_{xt-1} + ne_{xt}) \, b_{xt}}{R_t} + \frac{n_{nxt}^{begin} \, b_{nxt}}{R_t}$$

$$\leqslant w_t L_t + n_{xt-1} b_{xt-1} + n_{nxt-1}^{end} b_{nxt-1} \tag{9-28}$$

由此可见，工人从上一期幸存的 n_{xt-1} 家出口企业和幸存的 n_{nxt-1}^{end} 家非出口企业获得金融资产收入，但在购买公司债券时，则既包括 n_{xt-1} 家幸存的出口企业，又包括 ne_{xt} 家新出口企业和 n_{nxt}^{begin} 家本国非出口企业。

工人在预算约束下最大化其一生预期效用，得到一阶条件如下：

$$U_{C_{wt}} w_t + U_{Lt} = 0 \tag{9-29}$$

$$\beta(1 - \lambda) E_t [U_{C_{wt+1}} R_t] = U_{C_{wt}} \tag{9-30}$$

其中，式（9-29）为劳动供给和消费之间的权衡条件，式（9-30）为持有出口企业或非出口企业公司债券的欧拉方程。鉴于两种债券承担相同的风险和相同的价格，故工人家庭对出口企业和非出口企业发行的公司债券并无偏好差异，因此式（9-30）同时适用于这两种类型的本国企业。

这里，可以将工人所购买的公司债券理解为两类债券组合：一类债券组合仅包含那些由出口企业所发行的公司债，另一类债券组合仅包含由非出口企业所发行的公司债。购买时，各类债券组合囊括期初所有本国该类型企业；但在支付报酬时，则仅限于每期破产冲击后幸存的该类企业。各类债券组合内，企业之间无差异。

五、投资者偏好与最优化

代表性投资者从消费(C_{It})中获得效用,并选择最优的消费和金融投资,以最大化终身效用:

$$\max E_0 \sum_{t=0}^{\infty} \beta_I^t U(C_{It}) \ , with U(C_{I,t}) = \frac{C_{It}^{1-\rho_I}}{1-\rho_I} \qquad (9-31)$$

其中, $\rho_I > 0$ 是投资者的风险厌恶程度, $\beta_I \in (0,1)$ 是投资者的折现因子。

投资者对国内中间商进行股权投资,购买 n_{xt-1} 家幸存出口企业、ne_{xt} 家新出口企业和 n_{nxt}^{begin} 家非出口企业的股权,并从上一期的 n_{xt-1} 家幸存出口企业和 n_{nxt-1}^{end} 家幸存非出口企业的股权投资中获得收入。因此,预算约束可以写成:

$$C_{It} + (n_{xt-1} + ne_{xt}) q_{xt} s_{xt} + n_{nxt}^{begin} q_{nxt} s_{nxt}$$
$$\leq n_{xt-1} s_{xt-1}(q_{xt} + d_{xt}) + n_{nxt-1}^{end}(q_{nxt} + d_{nxt}) \qquad (9-32)$$

其中, s_{xt} 和 s_{nxt} 为投资者从出口企业和非出口企业处购买的股票数量, q_{xt} 和 q_{nxt} 为国内出口企业和非出口企业的股票价格, d_{xt} 和 d_{nxt} 为持有国内出口企业和非出口企业股票所获得的股息,均以最终商品为单位衡量。由于中间品企业完全由国内投资者所有,均衡时 $s_{xt} = s_{nxt} = 1$ 。

参照上文逻辑,可以将投资者所购买的公司股权理解为两类股权组合:一类仅包含出口企业股权,另一类仅包含非出口企业股权。购买时,各类股权组合囊括期初所有本国该类型企业;但在支付股利和出售股票时,则仅限于每期破产冲击后幸存的该类企业。各类股权组合内,企业之间无差异。

由投资者的最优化问题,可以得到以下一阶条件:

$$\beta_I (1 - \lambda) E_t [U_{C_{h+1}}(q_{xt+1} + d_{xt+1})] = U_{C_{h}} q_{xt} \qquad (9-33)$$

$$\beta_I (1 - \lambda) E_t [U_{C_{h+1}}(q_{nxt+1} + d_{nxt+1})] = U_{C_{h}} q_{nxt} \qquad (9-34)$$

式(9-33)和式(9-34)是持有国内出口企业和非出口企业股票的欧拉方程。

参照佩里和卡德罗尼(2018),模型假设投资者比工人更有耐心,故投资者的折现因子(β_I)较低，即$\beta_I < \beta$。由于企业为投资者所有，投资者较高的贴现率意味着在均衡状态下，企业更倾向于向劳动者借款，因为债券融资比股权融资便宜。

六、中间品生产商

（一）融资约束

中间产品生产商会发行一期企业债券（对于出口企业为b_{xit}或非出口企业为b_{nxit}），并调整股息支付（表示为d_{xit}或d_{nxit}），以使企业价值最大化。由于投资者（股权持有人）比工人（债务持有人）更有耐心，这使得公司债券发行所承受的外部融资成本低于股权发行所承受的成本。故稳态下，企业会更喜欢债务融资而非股权融资。

除通过发行公司债借入跨期资金外，劳动力市场还要求企业在获得销售收入之前即支付工资，故企业还需借入期内贷款，以支付营运成本（$w_t\, l_{xit}$或$w_t\, l_{nxit}$）。期内贷款必须于期末偿还，故可以假设期内贷款不承担任何利息。考虑到企业可能对期内贷款违约，故信用市场会要求期内贷款额度必须受制于企业抵押品价值。模型假设企业通过股权质押获期内贷款，由此得到以下融资约束：

$$\xi_t\, E_t(m_{t+1}\, V_{xit+1}(b_{xit})) \geqslant w_t\, l_{xit} \tag{9-35}$$

$$\xi_t\, E_t(m_{t+1}\, V_{nxit+1}(b_{nxit})) \geqslant w_t\, l_{nxit} \tag{9-36}$$

其中，$m_{t+1} = \dfrac{\beta_I(1-\lambda)\, U_{CI,t+1}}{U_{CI,t}}$为投资者折现因子。因为投资者购买了公司股权，故企业本质上为投资者所拥有。企业通过质押期末股权价值$E_t(m_{t+1}\, V_{xit+1})$［或$E_t(m_{t+1}\, V_{nxit+1})$］以获得营运资金。有关营运资金存在融资约束的设定，在文献中较为常见，如杰尔曼和卡德罗尼（2012）等都做了类似设定。包含抵押品的融资约束设定，源自贷款人可以通过有效强制执行的方式获得一定比例的企业抵押品的价值，而并非通过最优信贷合同推导得到。

式(9-35)、式(9-36)表明，信贷市场上，贷方愿意提供贷款的前提是，当违约发生时，企业抵押品（股权资产）的预期清算价值［ξ_t

$E_t(m_{t+1}\,V_{xit+1})$ ］［或 $\xi_t\,E_t(m_{t+1}\,V_{nxit+1})$ ］足以偿还企业借入金额（ $w_t\,l_{xit}$ 或者 $w_t\,l_{nxit}$ ）。这里,抵押资产的清算价值不仅取决于企业的期末股权价值,还取决于信贷市场上的流动性 ξ_t 。如果清算过程中存在价值损失,那么 $\xi_t < 1$ 。

由此可见, ξ_t 捕获了信贷市场上的流动性。当信贷市场状况恶化(ξ_t 下降)时,贷方可能难以清算企业资产,故会对企业借贷施加更为严格的信贷约束。模型假设 ξ_t 为随机变量,以此展示信贷市场可能成为经济周期波动的源头。

该融资约束的设定与帕拉维西尼等(2015)[①]的经验证据基本一致,即信贷冲击会冲击营运资本,但并没有对企业进入新市场的初始投资成本形成直接影响。式(9-35)、式(9-36)的假设与该文的总体结论一致,即金融冲击直接影响生产所需的营运资金,而非固定投资或沉没进入成本,之后再通过降低预期销售额和利润、资本重组等渠道,间接影响企业进入出口市场成本。

但值得一提的是,帕拉维西尼等(2015)并没有在企业层面数据中找到金融冲击抑制扩展边际的证据。该结论的前提条件是,使用工具变量来控制出口需求水平变化和投入成本变化对扩展边际产生的间接影响。该文也明确表示,其结果并不排斥其他可能解释,即"信贷条件恶化会降低企业出口规模和盈利能力,进而可能降低企业入新市场的可能性——我们发现,当分析期延长到两年时存在这一可能"(Paravisini 等,2015)。

(二)幸存企业的生产和定价

非出口企业生产的商品(y_{nxit})会用于国内消费(c_{nxit})和投资品生产(i_{nxit})。因此,非出口企业所面对的资源约束如下:

$$y_{nxit} = c_{nxit} + i_{nxit} \tag{9-37}$$

出口企业生产的商品(y_{xit})会在国内和国外两个市场上销售,分别

---

① Paravisini, Daniel, Veronica Rappoport, Philipp Schnabl, and Daniel Wolfenzon, "Dissecting the Effect of Credit Supply on Trade: Evidence from Matched Credit-Export Data", *Review of Economic Studies*, Vol.82, No.1, 2015, pp.333-359.

用于消费和投资两个用途。其中，国内市场上的消费和投资需求分别为 c_{dxit}、i_{dxit}，国外市场上的消费和投资需求则分别为 c_{hxit}^*、i_{hxit}^*。

当产品运往国外时，会承受冰山成本，故只有 $1 - \eta \in [0,1]$ 部分的出口产品能够到达目的地。因此，出口企业的资源约束如下：

$$y_{xit} = y_{dxit} + y_{hxit}^* \tag{9-38}$$

其中，

$$y_{xit} = c_{dxit} + i_{dxit} \tag{9-39}$$

$$y_{hxit}^* = \frac{c_{hxit}^* + i_{hxit}^*}{1 - \eta} \tag{9-40}$$

每个企业会生产独一无二的产品，劳动力为唯一生产要素。出口企业和非出口企业的生产函数表达式如下：

$$y_{xit} = A_t \, l_{xit} \tag{9-41}$$

$$y_{nxit} = A_t \, l_{nxit} \tag{9-42}$$

其中，A_t 是所有企业的生产率水平，l_{xit}（或 l_{nxit}）是出口企业 i（或非出口企业）的劳动投入。

两类企业的股息表达式为：

$$d_{xit} = \pi_{dxit} + \pi_{hxit}^* - \left(b_{xit-1} - \frac{b_{xit}}{R_t} \right) \tag{9-43}$$

$$d_{nxit} = \pi_{nxit} - \left(b_{nxit-1} - \frac{b_{nxit}}{R_t} \right) \tag{9-44}$$

其中，出口企业在本国市场上的销售利润（π_{dxit}）和在海外市场上的销售利润（π_{hxit}^*），以及非出口企业的销售利润（π_{nxit}）表达式分别如下：

$$\pi_{dxit} = \frac{p_{dxit}}{P_t} y_{hxit} - w_t \frac{y_{hxit}}{A} \tag{9-45}$$

$$\pi_{hxit}^* = \frac{p_{hxit}^*}{P_t} y_{hxit}^* (1 - \eta) - w_t \, l_{hxit}^* \tag{9-46}$$

$$\pi_{nxit} = \frac{p_{nxit}}{P_t} y_{nxit} - w_t \, l_{nxit} \tag{9-47}$$

企业的价值函数代表了企业在支付股息之前的期初价值，表达式如下：

$$V_{xit}(b_{xit-1}) = \max_{p_{dxit}, p_{hxit}^*, b_{xit}} \{d_{xit} + E_t[m_{t+1}\, V_{xit+1}(b_{xit})]\} \tag{9-48}$$

$$V_{nxit}(b_{nxit-1}) = \max_{p_{nxit}, b_{nxit}} \{d_{nxit} + E_t[m_{t+1}\, V_{nxit+1}(b_{nxit})]\} \tag{9-49}$$

式(9-48)、式(9-49)中，画括号的最后一项 $\{E_t[m_{t+1}\, V_{xit+1}(b_{xit})]\}$ 是期末企业价值。通过迭代，可以发现期末企业价值 $\{E_t[m_{t+1}\, V_{xit+1}(b_{xit})]\}$ 为未来所有股利的现值之和。而由式(9-22)和式(9-23)可知，股价亦为未来所有股利的现值之和。由此可得，企业股票价格与期末企业价值代表含义相同，故 $q_{xit} = E_t[m_{t+1}\, V_{xit+1}(b_{xit})]$ 和 $q_{nxit} = E_t[m_{t+1}\, V_{nxit+1}(b_{nxit})]$ 。

针对出口企业的最优化问题，其选择变量包括：在本国市场和国外市场的销售价格 p_{dxit}、p_{hxit}^*，以及跨期债务发行规模 b_{xit}。出口企业最大化企业价值，即式(9-48)，所面对的约束条件包括融资约束式(9-35)、资源约束式(9-38)至式(9-40)、生产函数式(9-41)、股利等式(9-43)，以及对单个商品的需求等式(9-15)至式(9-20)和式(9-17)至式(9-18)。

针对非出口企业的最优化问题，其选择变量包括：本国销售价格 p_{nxit}，以及跨期债务发行规模 b_{nxit}。非出口企业最大化企业价值，即式(9-49)，所面对的约束条件包括：融资约束式(9-36)、资源约束式(9-37)、生产函数式(9-42)、股利等式(9-44)，以及对单个商品的需求式(9-14)和式(9-24)。

两类企业的优化问题，给出以下定价规则以及融资约束的拉格朗日乘数表达式：

$$\frac{p_{dxit}}{P_t} = \frac{\sigma}{\sigma - 1} \frac{w_t}{A}(1 + \mu_{xit}) \tag{9-50}$$

$$\frac{p_{hxit}^*}{P_t} = \frac{\sigma}{\sigma - 1} \frac{w_t}{(1 - \eta)A}(1 + \mu_{xit}) \tag{9-51}$$

$$\frac{p_{nxit}}{P_t} = \frac{\sigma}{\sigma - 1} \frac{w_t}{A}(1 + \mu_{nxit}) \tag{9-52}$$

$$\mu_{xit} = \frac{\dfrac{1}{R_t} - E_t\, m_{t+1}}{\xi_t\, E_t\, m_{t+1}} \tag{9-53}$$

$$\mu_{nxit} = \mu_{xit} \tag{9-54}$$

其中，μ_{nxit} 和 μ_{xit} 分别是非出口企业和出口企业信贷约束的拉格朗日乘子。由于投资者对出口企业和非出口企业发行的债券没有偏好，因此两个乘子相同。

拉格朗日乘子不仅是期内贷款对企业价值的影子价格，还衡量了企业在受信贷市场冲击后进行资本结构调整时，债券融资（$1/R_t$）对于股权融资（$E_t m_{t+1}$）的相对成本。当企业增加债券发行时，控制其他变量不变，当期的股息支付得以提高。但这也意味着企业未来需要偿还的债务水平更高，期末企业价值和股价降低。由于企业通过质押股权以满足短期融资需求，故股价下降会收紧企业当期融资约束。

根据融资约束式（9-35）和式（9-36），当信贷市场上的不利金融冲击导致企业抵押资产价值降低时，企业可以通过减少债券发行量来放松约束。减债的益处在于：其一，控制其他变量不变，根据企业价值方程式（9-48）和式（9-49），债券发行每减少 1 个单位，期末价值会增加 $E_t m_{t+1}$；其二，期末价值的增加，会使企业营运资金借贷能力增加 $\mu_{it} \xi_t E_t m_{t+1}$。但是，减债也存在成本：在控制其他变量不变的前提下，企业当期股利支付减少，导致企业期初价值减少 $1/R_t$。

可见，减少债券发行可以在多大程度上放松融资约束，取决于：减少债券发行带来的直接成本（$1/R_t$）和直接收益（$E_t m_{t+1}$）对企业价值的影响，以及减少债券发行对企业营运资金融资能力扩张的影响（$\mu_{it} \xi_t E_t m_{t+1}$）。

融资约束的存在将楔子项（$1 + \mu_{xt}$ 或 $1 + \mu_{dt}$）引入典型的产品定价规则中，如式（9-50）至式（9-52）所示。可见，楔子项反映了融资约束为经济体所带来的信贷渠道。如式（9-53）所示，控制其他条件不变，当融资状况恶化时（ξ_t 下降），融资约束的拉格朗日乘子 μ_{xt}（或 μ_{nxt}）上升。根据式（9-50）至式（9-52），这意味着企业产品价格上涨。原因在于：虽然不利金融冲击降低企业抵押品的清算价值，企业融资约束收紧，融资成本增加，为此企业提高产品价格（相对于总体价格指数 P），以对抗边际生产成本（含融资成本）提高带来的利润减少。

（三）新出口企业的生产和定价

t 期初，$1 - n_{xt-1}$ 在家非出口企业中，ne_{xt} 家会选择成为新出口企业。这些新出口企业的到期债务状况与幸存的非出口企业相同。为了进入出口市场，这些新出口企业必须进行初始投资（K_t^E）。之后，新出口企业将在融资约束下，像幸存在位出口企业一样，作出生产和融资决策。

对于决定成为出口企业的边际非出口企业，其企业价值如下：

$$V_{nxit}(b_{nxit-1}) =$$

$$\max_{p_{dxit}^{new}, p_{xit}^{*new}, b_{xit}^{new}} \left\{ \begin{matrix} d_{nxit} + E_t[m_{t+1} V_{nxit+1}(b_{nxit})] \\ d_{xit}^{new} + E_t[m_{t+1} V_{xit+1}(b_{xit}^{new})] \end{matrix} \right\} \tag{9-55}$$

留存收益 d_{xit}^{new} 定义如下：

$$d_{xit}^{new} = \pi_{nxit} + \pi_{hxit}^{*new} - b_{nxit-1} + \frac{b_{xit}^{new}}{R_t} - \frac{P_{It}}{P_t} K_t^E \tag{9-56}$$

其中，新出口企业在海外市场的销售利润定义如下：

$$\pi_{hxit}^{*new} = y_{hxit}^{*new}(1 - \eta) \times \frac{p_{hxit}^{*new}}{P_t} - w_t l_{hxit}^{*new} \tag{9-57}$$

式（9-56）中，新出口企业必须继承其曾经作为非出口企业所借入的外部债务。

边际企业对于成为出口企业和非出口企业的选择无差异，这表明：

$$d_{nxit} + E_t[m_{t+1} V_{nxit+1}(b_{nxit})] = \pi_{nxit} + \pi_{hxit}^{*new} - b_{nxit-1}$$

$$+ \frac{b_{xit}^{new}}{R_t} - \frac{P_{It}}{P_t} K_t^E + E_t[m_{t+1} V_{xit+1}(b_{xit}^{new})] \tag{9-58}$$

经过转换，可得以下自由进入海外市场的条件等式：

$$\frac{P_{It}}{P_t} K_t^E = E_t \left[m_{t+1} \left(\pi_{hxit+1}^{*new} + \frac{P_{It+1}}{P_{t+1}} K_{t+1}^E \right) \right]$$

$$+ \left(\frac{1}{R_t} - E_t m_{t+1} \right)(b_{xit}^{new} - b_{nxit}) \tag{9-59}$$

新出口企业的价值定义如下：

$$V_{it}^{new} b_{nxit-1} = d_{xit}^{new} + E_t[m_{t+1} V_{xit+1}(b_{xit}^{new})] \tag{9-60}$$

假设进入出口市场时存在拥挤外部性：

$$K_t^E = \bar{K}^E \left(\frac{ne_{xt}}{ne_{xt-1}} \right)^{\tau} \tag{9-61}$$

其中，$\bar{K}^E$ 为初始投资沉没成本的稳态水平值。τ 代表了出口市场上的拥挤外部性，源自潜在出口企业进入海外市场时，所面临的来自其他新出口企业的竞争。有关初始投资成本中所存在的拥挤外部性，详细讨论参见第五章，这里不再赘述。

新出口企业的融资、定价、生产决策如下。与幸存的在位出口企业一样，新出口企业根据留存收益[式(9-56)]、出口企业面临的融资约束[式(9-35)]、对单个产品的需求[式(9-15)至式(9-16)及式(9-25)至式(9-26)]，来最大化期初企业价值。

由于融资约束与到期债券头寸无关，故新出口企业的一阶条件与幸存在位出口企业[式(9-50)至式(9-53)]完全一致。由此得出以下结论：

$$b_{xit}^{new} = b_{xit} , \ p_{dxit}^{new} = p_{dxit} , \ \mu_{xit}^{new} = \mu_{xit} \tag{9-62}$$

从单个中间品的需求方程，即式(9-15)至式(9-16)和式(9-25)至式(9-26)，可见新出口企业的市场需求与在位出口企业的市场需求完全相同，因此，$y_{xit}^{new} = y_{xit}$ 和 $l_{xit}^{new} = l_{xit}$。以上分析可见，新出口企业和现有出口企业在生产和融资方面的决策完全相同。

七、市场均衡

冲击对一国内部的所有企业都是同质的，故将经济体均衡定义在同类企业行为完全相同的对称均衡上。由于同类企业雇佣相同数量的劳动力，且劳动力不可跨国流动，故一国劳动力市场的出清条件如下：

$$L_t = [1 - (n_{xt-1} + ne_{xt})] l_{nxt} + (n_{xt-1} + ne_{xt}) l_{xt} \tag{9-63}$$

总消费包括投资者消费和工人消费：

$$C_t = C_{It} + C_{wt} \tag{9-64}$$

因为金融资产不跨国交易，故商品贸易始终处于平衡状态：

$$(n_{xt-1} + ne_{xt}) p_{hxit}^* y_{hxit}^* = (n_{xt-1}^* + ne_{xt}^*) p_{fxit} y_{fxit} \tag{9-65}$$

GDP 定义如下：

$$GDP_t = C_t + \frac{P_{It}}{P_t} I_t \qquad\qquad (9-66)$$

金融冲击满足对数正态分布：

$$\log \xi_t - \log \bar{\xi} = \rho_\xi (\log \xi_{t-1} - \log \bar{\xi}) + \varepsilon_{\xi,t} \qquad (9-67)$$

其中，$\varepsilon_{\xi,t}$ 表示金融新息，是具有独立同分布的 ($i.i.d$) 随机变量。

模型共有 100 个内生变量：n_{xt}、ne_{xt}、n_{nxt}^{end}、n_{nxt}^{begin}、P_t、P_{Ht}、P_{Ft}、p_{dxit}、p_{nxit}、p_{fxit}、C_t、C_{Ht}、C_{Ft}、c_{nxit}、c_{dxit}、c_{fxit}、I_t、K_t^E、I_{Ht}、I_{Ft}、P_{It}、i_{fxit}、i_{nxit}、i_{dxit}、C_{wt}、w_t、L_t、R_t、C_{It}、q_{xt}、q_{nxt}、d_{xt}、d_{nxt}、V_{xt}、l_{xt}、V_{nxt}、l_{nxt}、y_{xt}、y_{nxt}、y_{dxt}、y_{fxt}、π_{dxt}、π_{fxt}、π_{nxt}、b_{xt}、b_{nxt}、μ_{xt}、μ_{nxt}、V_{xt}^{new}、d_{xt}^{new} 等以及这些变量的对应国外变量。100 个均衡条件包括：式(9-1)到式(9-3)、式(9-8)到式(9-17)、式(9-21)到式(9-26)、式(9-29)到式(9-30)、式(9-32)到式(9-56)、式(9-58)到式(9-61)、式(9-63)到式(9-64)、式(9-66)等，这些等式的国外对应等式，以及平衡贸易条件式(9-65)和消费价格水平的标准化（$P_t = 1$）。

第三节　模拟分析

为了分析金融冲击发生后，出口市场参与、股票价格、其他关键宏观经济变量的响应路径，本小节将在稳态附近对经济体进行对数线性化处理。在校准参数之后，将利用广义舒尔分解方法，研究对数线性化后的模型系统中各变量的动态反应。

一、参数校准

鉴于两国在稳态时完全相同，故两国参数值完全一样。其中，工人和投资者的时间偏好分别设置为：$\beta = 0.995$，$\beta_I = 0.978$，以此获得稳态时 2% 的债券年回报率和 8% 的股票年回报率。工人和投资者的风险规避系数设定为：$\rho = \rho_I = 2$（Arellano 等，2019）[①]。劳动力的相对效用权重设定

[①]　Arellano, Cristina, Yan Bai and Patrick J. Kehoe, "Financing Frictions and Fluctuations in Volatility", *Journal of Political Economy*, Vol.127, No.5, 2019, pp.2049-2103.

为：$\kappa = 3.409$。弗里希劳动力供给弹性的倒数设定为：$\psi = 0.5$。这意味着劳动供给弹性为 2，该数值处于罗格森和瓦伦纽斯（Rogerson 和 Wallenius,2009）[1]所报告的微观和宏观文献估计值范围内,且在阿雷利亚诺等（2019）中所使用。

外生破产冲击概率设定为：$\lambda = 0.025$,以匹配美国市场上每年 10% 的产品退出率（Bernard 等,2010）[2]。借鉴吉罗尼和梅利茨（2005）、比尔比耶等（2012）,消费篮子（σ）和投资篮子（φ）中的产品替代弹性均设定为 3.8,即 $\sigma = \varphi = 3.8$。

初始投资沉没成本（$\bar{K^E}$）和冰山成本（η）分别校准为：$\bar{K^E} = 1.5$ 和 $\eta = 0.014$。二者的校准原则在于匹配经济体中的两组数据：（1）稳态下的出口参与率。根据文献,平均而言,21% 的企业会选择出口（Ghironi 和 Melitz,2005）。（2）出口占 GDP 的比值。根据 Comtrade 数据库,OECD 成员的出口占 GDP 比值的均值为 18%。参照第五章,初始投资成本中的拥挤参数的校准原则为匹配出口参与企业数量的波动性。根据这一原则可得：$\tau = 4.2$。

针对新出口企业进入海外市场时必须支付的初始投资支出,文献并没有汇报该支出中来自目标国的产品份额,故后文将在敏感性分析中,考虑所有可能取值情况。基准模拟中,海外市场上初始投资产品的生产要素完全为目标国当地产品,故本地产品占比为：$\theta = 0$。

本章重点在于考察金融冲击对贸易持久性的影响,故将技术冲击固定在平均水平上,即 $\bar{A} = 1$。模型中,一个时期设置为一个季度。参照杰尔曼和卡德罗尼（2012）,在稳态下,金融冲击的平均值和持续性分别设定为：$\bar{\xi} = 0.1634, \rho_\xi = 0.9703$。该组数据匹配了美国 1984 年第一季度至 2010 年第二季度的相关数据。为了模拟出 2008 年国际金融危机期间美

---

① Rogerson,Richard,and Johanna Wallenius,"Micro and Macro Elasticities in a Life Cycle Model with Taxes",*Journal of Economic Theory*,Vol.144,No.6,2009,pp.2277-2292.

② Bernard,Andrew B.,Stephen J. Redding,and Peter K. Schott,"Multi-product Firms and Product Switching",*American Economic Review*,Vol.100,No.1,2010,pp.70-97.

国实际 GDP 的下降幅度,金融冲击的波动性设置为:$\sigma_\xi = 0.05$。

表 9-3 列出了基准模拟中各参数的数值。

表 9-3 参数校准结果

描述	
工人相对风险厌恶	$\rho = 2$
投资者相对风险厌恶	$\rho_I = 2$
工人折现系数	$\beta = 0.995$
投资者折现系数	$\beta_I = 0.978$
消费组合中的替代弹性	$\sigma = 3.8$
投资组合中的替代弹性	$\varphi = 3.8$
破产冲击概率	$\lambda = 0.025$
进入成本	$\bar{K}^E = 1.5$
进入的外部性	$\tau = 4.2$
效用函数中劳动负效用的权重	$\kappa = 3.409$
劳动力供给弹性倒数	$\psi = 0.5$
冰山贸易成本	$\eta = 0.014$
金融冲击的稳态值	$\bar{\xi} = 0.1634$
金融冲击的持续性	$\rho_\xi = 0.9703$

二、基准模型的脉冲响应

(一)国际金融冲击

为了捕捉 2008 年国际金融危机的影响,基准模拟考察国际金融冲击的影响。对国际性金融冲击的研究思想,也出现在佩里和卡德罗尼(2018)文献中。该文假设各国之间的金融冲击完全相关,以形成金融流动中的国际联动。基准参数下的脉冲响应如图 9-3 所示。为解释 2008 年国际金融危机后美国 GDP 约 5% 的跌幅,基准校准假设金融冲击下降一个标准差 $\sigma = 3.8$。

模型中,信贷恶化导致抵押品价值下降,企业难以筹集营运资金来雇

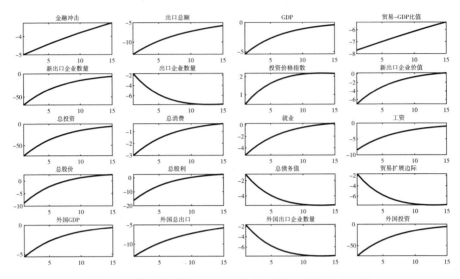

图 9-3　基准模型的脉冲响应结果：国际金融冲击（$\theta=0$）

注：横轴时间频率为季度，纵轴为各变量相对稳态的偏离幅度放大 100 倍。

佣工人进行生产，结果使得劳动力需求下降，工资和就业率随之下降，如图 9-3 所示。由于工人是企业债券的投资主体，当工人收入下降时，其储蓄意愿降低，这导致企业债券发行的融资成本被提高。

同时，随着市场对单个商品的需求下降，企业生产和销售也随之下降。尽管工资下降降低了生产成本，可以在一定程度上弥补企业高企的融资成本，但总体经济恶化仍然让企业预期未来利润会降低。这可从企业股票价值的下降得到反映，因为股价是企业未来所有利润之和的折现值。

随着金融冲击的衰减，经济体中各变量（如消费、就业、工资等）快速恢复到长期稳定状态。但与贸易相关的变量则呈现出不一样的响应范式。根据图 9-3，冲击初期出口下降明显，下降幅度明显大于国内生产总值（GDP）的下降幅度，二者比值达到 3.0，该数值与金融危机期间美国数据中的 3.8 相当接近。

冲击之后，出口总量和 GDP 都快速复苏。其中，GDP 在 20 个季度之后基本恢复到初始值，而出口总量也在一年左右大约恢复了一半。然而，部分复苏之后,出口总量的改善逐渐减弱,相对于冲击前出口总量的初始值,留下了一个高度持久的缺口。出口总量的这一反应与上文经验 VAR 中的结果类似。

为了理解出口总量在短期和长期的动态反应,需要解释不利金融冲击发生后,企业融资和出口参与的动态反应。首先,如第五章所述,当不利金融冲击发生后(ξ_t 下降),企业会调整资本结构,以应对恶化的信贷市场。如图 9-3 所示,面对不利金融冲击,企业选择减少债券发行,并推迟股息支付,以缓和股票价值下跌,缓解收紧的融资约束。

但随着企业融资从相对便宜的债务融资转向相对昂贵的股权融资,企业融资成本上升。这对于边际非出口企业尤其不利,因为潜在出口企业需要为进入出口市场的初始投资进行外部融资。随着海外市场的有效进入成本提高,潜在非出口企业进入海外市场的动机减弱,出口企业数量减少。如图 9-3 所示,海外市场的出口参与大幅下降。这与经验 VAR 中所观察到的出口参与的反应一致。

第五章的研究表明,由于金融冲击对未来利润现值的影响较小[可见于上文的进入条件式(9-59)],故预期利润下降不足以形成金融危机期间所观察到的企业创业现象的大幅下降。为此,第五章以及本章提供另外一种解释机制,即金融冲击会增加潜在企业进入本国市场(或者出口市场)的初始投资的有效融资成本[同样见于进入条件式(9-59)],由此产生企业创业(或者出口参与)的大幅下降。

上文经验 VAR 脉冲响应的一个显著特征是出口企业数量缓慢但持续性下降。这种持续性与图 9-3 一致。由第五章可知,出口参与的持久低迷部分源自出口市场上初始投资的拥挤外部性。但更进一步地模拟分析还将显示,出口参与的持久低迷也来自投资品价格水平逐步上升这一事实,如图 9-3 所示。

基准模型中存在着商品种类喜爱效应。这意味着,当用于投资品生产的进口贸易品种数量减少时,投资品价格指数(与进口价格指数相同)将上升。这会形成一种恶性循环效应,具体反应如下:首先,国际金融冲击导致两国潜在非出口企业进入海外市场的融资成本增加,初始投资困难,出口企业数量减少;由于初始投资产品的生产需要目标国产品,故贸易品种的减少,增加了初始投资品的生产难度,导致投资品价格上涨,这会进一步增加潜在非出口企业进入出口市场的初始投资成本,降低潜在企业进入出口市场的动机;随着出口企业数量的进一步减少,初始投资品的生产难度进一步增加,初始投资品价格进一步上涨……如此循环往复。图9-3表明,这一循环机制可以成为一个强大的传播渠道。

出口参与的这些动态反应有助于理解出口总量的动态变化。第一,冲击之后的最初几个季度里,贸易总额下降幅度特别大。这一短期下降主要源自冲击之后,投资品和进口品需求的下降,以及出口参与企业数量的下降。

其中,就投资品需求而言,模型中,投资体现为企业进入海外市场的初始投资沉没成本。随着不利金融冲击导致部分潜在企业进入出口市场的难度增加,新出口企业数量减少,势必造成初始投资的急剧下降。由于初始投资品的生产要素完全来自目标国出口的贸易产品,故新出口企业对投资品需求的下降转化为贸易总额在短期内的急剧下降。投资品需求下降带来的贸易总额下降,反映了跨期模型的一个共同机制:投资由于具有高波动性和对贸易产品的高依赖性,构成贸易总量变化的一个主要来源(Alessandria 等,2010)[1]。

第一,就消费需求而言,由于消费篮子中进口品种比本国品种少(本国品种同时包含出口产品和只服务于本国市场的非出口产品),而所有品种之间的替代弹性又是完全相同,跟原产国无关,故贸易企业数量下降带来的进口品种的减少,转化为贸易量占消费支出近乎等比例的下降。

第二,就长期而言,出口参与在很长一段时间内都低于其稳态值,这一反应解释了不利金融冲击对贸易的持久影响。就投资品需求而言,企业在出口市场上的参与水平长期低于稳态值,这意味着投资品需求(与新企业数量正相关)长期不足。相应地,由于用于投资品生产的进口品

---

① Alessandria,George,Joseph P.Kaboski,and Virgiliu Midrigan,"The Great Trade Collapse of 2008-2009:An Inventory Adjustment?" *IMF Economic Review*,Vol.58,No.2,2010,pp.254-294.

供给长期不足,投资品价格也不断上涨。

第三,就消费品需求而言,出口企业数量在很长一段时间内保持在稳态以下,也意味着进口品种在整个消费组合中所占的份额持续走低,相应地,贸易在整个消费组合中所占的份额也持续走低。

(二)国家特定金融冲击

基准模型关注的是国际性金融冲击,该冲击对本国经济体和外国经济体具有对称性影响。图9-4汇报了本国特定冲击下的经济体反应,该冲击直接作用于本国企业的融资约束,但不会直接作用于外国企业的融资约束。

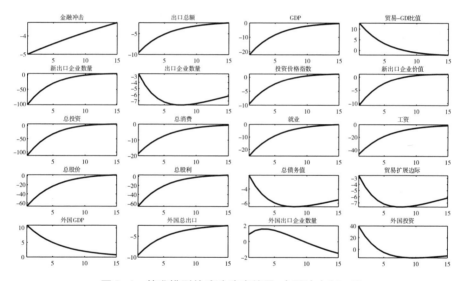

图9-4　基准模型的脉冲响应结果:本国冲击($\theta=0$)

注:横轴时间频率为季度,纵轴为各变量相对稳态的偏离幅度放大100倍。

本国不利金融冲击下,出口的持续性下滑更为明显,长期效应几乎没有衰弱趋势。然而,就短期影响而言,不利金融冲击对本国出口的影响程度小于基准情况,且出口下滑幅度低于GDP的下滑幅度,导致出口和国内生产总值的比值(即出口与GDP之比)呈上升趋势。

究其原因在于:其一,本国不利金融冲击增加了本国新出口企业初始投资的融资难度,造成本国出口企业数量减少;其二,本国出口品种的减少,会提高外国投资品的生产难度,进而提高外国投资品的价格指数,但不会提高本国投资品的生产难度和投资品价格。事实上，根据图9-4，本国投资品的价格指数下跌，而并不是上升；其三，本国特定冲击并没有导致外国 GDP 或外国新出口企业数量的减少。这是因为虽然外国投资品的生产需要用到本国中间品，使得本国出口产品种类的减少提升了外国投资品的价格，增加了外国新出口企业的投资难度，但本国工资的下降也弥补了本国幸存中间品企业的生产成本，部分缓解了外国投资品的生产难度。

有关国家特定冲击的分析表明，商品市场联系不足以造成国家特定金融冲击的强跨国传递。为了匹配现实数据，需要更为复杂的国际金融市场上的联系。但鉴于国际借贷本身是一个具有挑战性的研究领域，并非本章研究目的，故接下来的研究依然只关注国际性金融冲击。

三、敏感性分析

（一）投资品进口份额

文献尚没有提供明确证据，可以用来校准目标国产品（即进口）在新出口企业初始投资中的份额（θ），故有必要对这一参数进行敏感性分析。基准模型假设出口企业的初始投资仅使用进口产品进行生产，即 $\theta = 0$。此处考虑另一极端情况：初始投资品的生产没有使用到任何进口产品，即 $\theta = 1$。图9-5汇报了该模拟下的脉冲响应。

与基准模型相比，当初始投资品的生产没有使用到任何进口产品（$\theta = 1$）时，模型结果明显不同，体现为：第一，出口总量的下降幅度较小，出口波动性低于 GDP，且出口下降的持久性也较弱，但出口的持久性仍明显高于 GDP；第二，从新出口企业数量的变化中可以观察到，出口参与的下降幅度较小，持久性较弱；第三，从投资品价格水平的变动可以看到，投资品价格水平大幅下降，显然这是源自投资品篮子中没有使用到任何进口产品，故虽然不利金融冲击造成外国出口品种减少，但并没有因此增加本国投资品的生产难度和价格水平。本国投资品价格下降主要源自本国工资水平的回落。

为了比较不同参数设置下的出口反应持久性，这里对持久性进行量

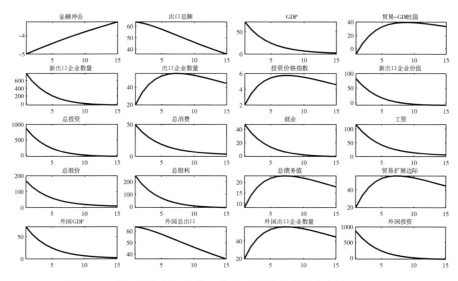

图 9-5 进入投资中没有进口商品时的模型脉冲响应结果($\theta=1$)

注:横轴时间频率为季度,纵轴为各变量相对稳态的偏离幅度放大 100 倍。

化,具体指标定义为:冲击后 10 年的脉冲响应值与最大(绝对值)脉冲响应值的比值。作为参考标准,首先对经验 VAR 的结果进行量化,可得总体贸易量的持久性比率为 0.16 或 0.22,具体取值依赖于对冲击的定义。与此相对照,基准模型中($\theta=0$,即出口初始投资仅使用进口产品进行生产,图 9-4),出口反应持久性的比值为 0.45。这说明基准模型具有非常强的持久性。而当初始投资品的生产没有使用到任何进口产品时($\theta=1$,图 9-5),该持久性的比值为 0.15,略小于经验 VAR 中的比值。

图 9-6a 绘制了不同 θ 数值下的持久性比率($\theta \in [0,1]$)。该图显示,为了匹配经验 VAR 中的持久性程度,初始投资品生产中的进口品份额($1-\theta$)的上限为 60%,下限为 20%。虽然没有明确证据表明参数 θ 的经验合理值,但卡瓦拉瑞(Cavallari,2013)[1]选择 0.6($\theta=0.4$)作为初始投资品生产中的进口品份额占比。根据图 9-6a,这一数值下,模型可以很容易地复制出经验 VAR 中所观察到的出口反应的持久性。以上分

---

[1] Cavallari, Lilia, "Firms' Entry, Monetary Policy and the International Business Cycle", *Journal of International Economics*, Vol.91, 2013, pp.263-274.

析可见,初始投资品中,进口生产要素的存在对生成数据中的高持久性非常重要。但为了匹配数据中的持久性,并不需要进口产品份额占比过高。

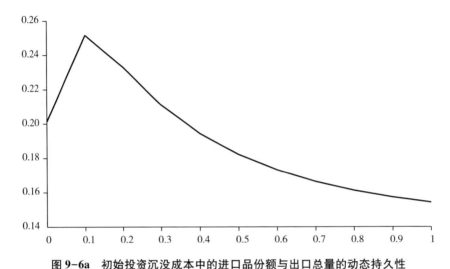

图9-6a 初始投资沉没成本中的进口品份额与出口总量的动态持久性

注:(1)初始投资沉没成本中的进口品份额与出口总量的动态持久性。(2)出口总量的动态持久性定义为第十年的出口总量的脉冲响应值除以该变量的最大(绝对值)脉冲响应值。

尽管面对初始投资中不同的进口品占比($1-\theta$),出口总量的持久性下滑始终保持稳健,但出口总量的波动性则比较敏感。为了衡量出口总量的波动性,使用出口总量的最大反应值与GDP的最大反应值之比。经验VAR中,这一比值为3.8。图9-6b报告了不同数值时的出口波动性($\theta \in [0,1]$)。可见,基准校准中($\theta = 0$),出口波动性为3;而当$\theta = 0.4$时,波动性迅速下降到1.5左右。

(二)资本结构调整和拥挤外部性的作用

为了理解资本结构调整对模型结果的重要性,这里关闭资本结构调整渠道。企业融资仅通过股票发行,不能发行跨期(长期)债券。这意味着不利金融冲击发生时,企业不能通过减少债券融资来应对冲击。相应地,进入出口市场上的初始投资成本也不会因此增加。为了确保模型稳态的存在,需要对模型进行重新校准,校准之后的结果汇报于图9-7中。

可见,当关闭资本结构调整渠道时,基准模型中的结果完全消失了。

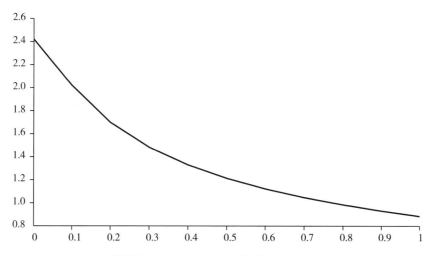

图9-6b 初始投资沉没成本中的贸易份额(θ)与出口总量的波动性

注:(1)初始投资沉没成本中的贸易份额与出口总量的波动性。(2)出口总量波动性的衡量标准为第一期出口的脉冲响应值(最大响应值)与GDP的比值。

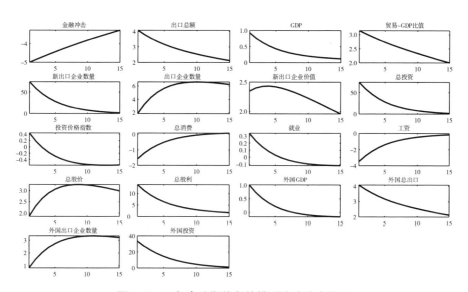

图9-7 不包含跨期债务的模型脉冲响应结果

注:横轴时间频率为季度,纵轴为各变量相对稳态的偏离幅度放大100倍。

面对不利金融冲击,出口参与(新出口企业数量)呈现上升而非下降趋势。此时,由于消费者可以消费更多种类的进口商品,贸易大幅增长。故由图9-7的研究结果可见,资本结构调整是模型解释贸易持续下降的必要成分。

基准模型中,进入海外市场的初始投资成本具有拥挤外部性特征(参数 $\tau > 0$)。图9-8报告了参数 τ 取不同数值时的脉冲响应。可见,第一,τ 值越高,初始阶段贸易总量的下降幅度越大。原因在于:新企业数量减少(ne_{xt}),会导致初始投资成本$[\ K_t^E = \bar{K}^E\ (ne_{xt} / ne_{xt-1})^{\ \tau}\ ]$下降;给定 ne_{xt} 下降规模,τ 增加会放大 K_t^E 下降幅度;虽然初始投资成本下降,有利于缓解新企业数量(ne_{xt})的下降,但随着初始投资成本的下降幅度增加,潜在企业的投资总支出($ne_{xt} \times K_t^E$)随之下降,这意味着贸易的初始下降幅度也在增加。第二,参数 τ 增加不会降低冲击之后出口下滑的持久性程度。

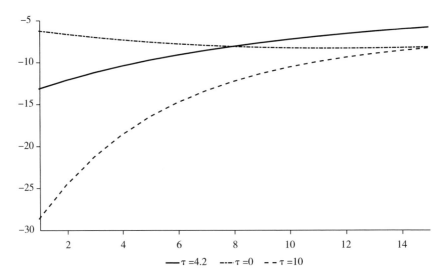

图9-8 不同拥堵外部性参数(τ)下的出口总量反应

注:(1)图中考虑三种拥堵情况,$\tau = 0$、$\tau = 4.2$、$\tau = 10$分别对应无拥堵、较拥堵、很拥堵。(2)图中汇报了出口总量在冲击发生之后不同时点的脉冲响应值。(3)横轴时间频率为季度,纵轴为各变量相对稳态的偏离幅度放大100倍。

可见,模型能够生成实证 VAR 估计中所发现的贸易总量和贸易出口参与的动态反应。驱动模型结果的机制来自两部分。首先,营运资本的融资成本冲击导致企业调整资本结构,从相对便宜的债务融资转向更为昂贵的股权融资。鉴于试图进入市场的潜在企业必须支付进入出口市场的初始沉没投资,这种资本结构重组尤其不利于这些出口企业,导致出口参与减少。由于出口企业数量调整缓慢,新出口企业数量的减少会对出口企业总数产生长期影响。

驱动模型结果的第二个关键机制是,企业市场进入的初始投资需要使用大量贸易商品。这一假设允许出口参与决策通过两种方式影响贸易动态。第一,它加剧了金融冲击下初始贸易规模的下跌。研究贸易大崩溃的相关文献已经对金融危机期间贸易大幅下跌这一特征事实进行了详尽描述。第二,当初始投资依赖贸易品时,模型会形成一种恶性循环机制,对贸易动态形成更为持久和强大的影响,而这正是本模型的创新之处。

2008 年国际金融危机表明,短暂的金融冲击可能会对国际贸易产生长久影响。经验证据表明,就短期而言,出口参与(出口企业数量)对贸易总量的下滑所起作用有限。但就中长期来说,出口参与的影响则可能很大。统计性数据和经验 VAR 都对此给予支持。

鉴于出口参与决策可能存在较大的中长期影响,本章首先使用向量自回归模型(VAR)对历史数据进行检验,以确定金融冲击对贸易总额、出口参与决策等维度的动态影响。利用贸易和金融冲击的多种衡量指标,VAR 模型的脉冲响应结果表明,不利金融冲击发生后,贸易总量急剧下滑,但随后迅速反弹,出现部分程度的复苏,这之后很长时期里,贸易总量相对原始水平呈现持久低迷状态。与此同时,贸易出口参与的脉冲响应也呈现出相似的衰退、反弹和持久低迷反应。

为进一步理解实证数据中不利金融冲击所伴随的贸易总量和贸易出口参与的持久低迷反应,之后本章构建一个两国动态随机一般均衡(DSGE)模型,以解释实证中这些反应如何相互关联。模型尤其强调出口企业数量的持久低迷是贸易总量持久低迷的传播机制。

模型中贸易持久低迷源自两项机制。其中第一个关键机制为营运资本的融资成本冲击导致企业调整资本结构，从相对便宜的债务融资转向更为昂贵的股权融资。模型中，不利金融冲击通常表现为一段时期内企业营运资本的抵押品约束的收紧。随着融资困难，企业必须降低生产规模。与此同时，由于股权资产用作抵押品，以获得企业营运成本，不利金融冲击会促使企业将融资方式从长期债务转向股权融资。由于股权是一种成本更高的企业融资形式，故企业外部融资成本上升。鉴于试图进入市场的潜在企业必须支付进入出口市场的初始沉没投资，这种资本结构重组尤其不利于这些企业，原因在于：资本重组下，潜在企业进入市场的有效成本增加，这将削弱企业进入市场的动机。由此可见，当一种短暂冲击仅仅影响企业短期利润时，该冲击并不足以降低未来利润流的现值，也因此不能对企业进入市场的决策产生重大影响。但本章中的短暂融资冲击不仅影响企业短期利润，更可以通过提高初始投资的有效融资成本，对企业进入市场的决策形成明显影响。由于企业数量调整缓慢，新出口企业数量的减少会对出口企业总数产生长期影响。此外，随着国内出口品种数量的减少，外国消费者可以获得的本国产品种类减少。这会降低国外消费者对本国出口企业品的需求，进一步降低本国出口量。

驱动模型结果的第二个关键机制是，企业市场进入的初始投资需要使用大量贸易商品。大量文献支持这一假设。这些文献指出，资本品贸易是商品跨国流动的一个重要组成部分，而投资品所具有的高波动性也有助于解释跨国贸易数据的高度波动性（Alessandria 等，2010）。初始投资需要使用大量贸易商品，这一假设允许出口参与决策通过两种方式影响贸易动态。首先，它加剧了金融冲击下初始贸易规模的下跌。研究贸易大崩溃的相关文献已经对金融危机期间贸易大幅下跌这一特征事实进行了详尽描述。其次，当初始投资依赖贸易品时，模型会形成一种恶性循环机制，对贸易动态形成更为持久和强大的影响，而这正是本模型的创新之处。其逻辑如下：随着出口参与下降（国际市场上的企业数量减少），可供投资的进口商品种类减少，这会增加初始投资产品的生产难度，提高初始投资产品的价格。相应地,准备进入出口市场的潜在企业需要支付更为昂贵的初始投资,才能进入市场,故新出口企业数量减少,出口参与决策进一步下降。这一恶性循环机制使得贸易出口参与决策的持续下降会转化为贸易总量的持续下降。

简言之,本章模型的核心观点在于,当短期营运资本的外部融资遭遇不利冲击时,企业会调整自身的资本结构,由相对便宜的融资方式转向相对昂贵的融资方式,以对抗不利冲击,但这会提高潜在企业初始投资的有效融资成本,抑制潜在企业进入海外市场,并通过初始投资中的可贸易品生产要素,形成出口参与决策下降—初始投资价格上涨—出口参与决策下降的恶性循环,从而对贸易总量和贸易动态形成持久影响。

本章为有关企业动态的理论文献作出了有益贡献。该支文献尤其关注于企业进入动态如何成为宏观经济冲击传播的新来源这一问题(Ghironi 和 Melitz,2005;Bilbiie、Ghironi 和 Melitz,2012)。本模型中的机制为这支文献提供一个示例,说明出口参与决策上的企业动态如何成为不利金融冲击向实体传递的高效传播机制,形成暂时性金融冲击对实体经济的长久打击。本章发现,出口企业进入海外市场对贸易总量的动态具有非常重要的影响。这一结论与亚历山德里亚和崔(Alessandria 和 Choi,2007)不同,后者关注净出口量,发现出口动态对该变量没有显著影响。就政策价值而言,本章研究结果表明,为了理解 2008 年国际金融危机对贸易的持久性影响,有必要对贸易出口参与决策给予更多关注。但本章结论并不否认其他经济因素甚至政治因素在贸易持久下滑方面的潜在作用。

参 考 文 献

[1]毕青苗、陈希路、徐现祥:《行政审批改革与企业进入》,《经济研究》2018年第2期。

[2]陈诗一、王祥:《融资成本,房地产价格波动与货币政策传导》,《金融研究》2016年第3期。

[3]陈艳莹、原毅军、游闽:《中国服务业进入退出的影响因素——地区和行业面板数据的实证研究》,《中国工业经济》2008年第10期。

[4]邓创、付蓉、赵珂:《中国货币政策波动会影响宏观经济调控效果吗?》,《金融经济学研究》2019年第5期。

[5]杜清源、龚六堂:《带"金融加速器"的RBC模型》,《金融研究》2005年第4期。

[6]符大海、鲁成浩、秦伊伦:《国内税收优惠促进企业出口了吗?——基于"准自然实验"的经验证据》,《中央财经大学学报》2021年第2期。

[7]高德步:《中国民营经济的发展历程》,《行政管理改革》2018年第9期。

[8]顾研、周强龙:《宏观经济不确定性、融资环境预期与企业杠杆》,《金融评论》2018年第1期。

[9]郭朝先、李成禅:《新中国成立70年来我国民营企业发展成就及未来高质量发展策略》,《企业经济》2019年第9期。

[10]国家统计局:《全国重点企业改制与发展现状》,2002年,https://finance.sina.com.cn/roll/20020919/1048256992.html。

[11]国家统计局:《中国统计年鉴(1984)》,中国统计出版社1984

年版。

[12]何德旭、冯明：《中国宏观融资结构的转型特征》，《经济学动态》2021 年第 8 期。

[13]纪洋、边文龙、黄益平：《隐性存保、显性存保与金融危机：国际经验与中国实践》，《经济研究》2018 年第 8 期。

[14]纪洋、王旭、谭语嫣、黄益平：《经济政策不确定性、政府隐性担保与企业杠杆率分化》，《经济学（季刊）》2018 年第 17 卷第 2 期。

[15]姜长青：《外资银行在中国百年的发展演变》，《党史博览》2017 年第 5 期。

[16]蒋灵多、陆毅、纪珽：《贸易自由化是否助力国有企业去杠杆》，《世界经济》2019 年第 9 期。

[17]康立、龚六堂：《金融摩擦，银行净资产与国际经济危机传导——基于多部门 DSGE 模型分析》，《经济研究》2014 年第 5 期。

[18]孔祥贞、刘海洋、徐大伟：《出口固定成本、融资约束与中国企业出口参与》，《世界经济研究》2013 年第 4 期。

[19]孔祥贞、覃彬雍、刘梓轩：《融资约束与中国制造业企业出口产品质量升级》，《世界经济研究》2020 年第 4 期。

[20]黎日荣：《企业融资约束，退出与资源误配》，《财贸研究》2016 年第 3 期。

[21]李俊青、苗二森：《资源错配、企业进入退出与全要素生产率增长》，《产业经济研究》2020 年第 1 期。

[22]李坤望、蒋为：《市场进入与经济增长——以中国制造业为例的实证分析》，《经济研究》2015 年第 5 期。

[23]李真、席菲菲、陈天明：《企业融资渠道与创新研发投资》，《外国经济与管理》2020 年第 42 卷第 8 期。

[24]李志波：《信贷波动对实体经济的非对称效应研究——基于流动性视角》，《华北金融》2021 年第 11 期。

[25]刘斌：《我国 DSGE 模型的开发及在货币政策分析中的应用》，《金融研究》2008 年第 10 期。

[26]刘晓星、李琳璐:《货币流动性与经济增长:时变影响及门限效应》,《现代经济探讨》2019 年第 8 期。

[27]刘哲希、王兆瑞、刘玲君、陈彦斌:《降低间接融资占比有助于去杠杆吗——金融结构与杠杆率关系的检验》,《财贸经济》2020 年第 41 卷第 2 期。

[28]卢盛荣、郭学能、游云星:《影子银行、信贷资源错配与中国经济波动》,《国际金融研究》2019 年第 4 期。

[29]罗长远、李姝醒:《出口是否有助于缓解企业的融资约束?——基于世界银行中国企业调查数据的实证研究》,《金融研究》2014 年第 9 期。

[30]马光荣、李力行:《金融契约效率、企业退出与资源误置》,《世界经济》2014 年第 10 期。

[31]马立政:《国有企业是中国社会主义经济实践的中流砥柱——新中国 70 年来国有企业发展历程及主要经验》,《毛泽东邓小平理论研究》2019 年第 6 期。

[32]毛其淋、盛斌:《中国制造业企业的进入退出与生产率动态演化》,《经济研究》2013 年第 4 期。

[33]梅冬州、崔小勇、吴娱:《房价变动、土地财政与中国经济波动》,《经济研究》2018 年第 1 期。

[34]梅冬州、温兴春、王思卿:《房价调控、地方政府债务与宏观经济波动》,《金融研究》2021 年第 1 期。

[35]梅冬州、温兴春:《外部冲击、土地财政与宏观政策困境》,《经济研究》2020 年第 5 期。

[36]潘敏、缪海斌:《银行信贷与宏观经济波动:2003—2009》,《财贸研究》2010 年第 4 期。

[37]全国中小企业股份转让系统,《全国中小企业股份转让系统 2021 年市场统计快报》。

[38]邵敏、包群:《企业退出出口市场行为与企业的经营表现——基于倾向评分匹配的经验分析》,《财经研究》2011 年第 1 期。

[39]孙灵燕、李荣林：《融资约束限制中国企业出口参与吗?》，《经济学(季刊)》2011 年第 1 期。

[40]唐珏、封进：《社保缴费负担、企业退出进入与地区经济增长——基于社保征收体制改革的证据》，《经济学动态》2020 年第 6 期。

[41]田磊、陆雪琴：《减税降费、企业进入退出和全要素生产率》，《管理世界》2021 年第 12 期。

[42]仝冰：《混频数据、投资冲击与中国宏观经济波动》，《经济研究》2017 年第 6 期。

[43]王广谦等：《教育部哲学社会科学研究重大课题攻关项目·金融体制改革和货币问题研究》，经济科学出版社 2009 年版。

[44]王国静、田国强：《金融冲击和中国经济波动》，《经济研究》2014 年第 3 期。

[45]王君斌、郭新强：《产业投资结构、流动性效应和中国货币政策》，《经济研究》2011 年第 2 期。

[46]王君斌：《通货膨胀惯性、产出波动与货币政策冲击：基于刚性价格模型的通货膨胀和产出的动态分析》，《世界经济》2010 年第 3 期。

[47]王擎、田娇：《银行资本监管与系统性金融风险传递——基于 DSGE 模型的分析》，《中国社会科学》2016 年第 3 期。

[48]王义中、陈丽芳、宋敏：《中国信贷供给周期的实际效果：基于公司层面的经验证据》，《经济研究》2015 年第 1 期。

[49]王云清、朱启贵、谈正达：《中国房地产市场波动研究——基于贝叶斯估计的两部门 DSGE 模型》，《金融研究》2013 年第 3 期。

[50]魏浩、张宇鹏：《融资约束与中国企业出口产品结构调整》，《世界经济》2020 年第 6 期。

[51]吴利学、叶素云、傅晓霞：《中国制造业生产率提升的来源：企业成长还是市场更替?》，《管理世界》2016 年第 6 期。

[52]吴嵩博、崔凡：《融资约束与中国企业出口市场偏好——基于开发区准自然实验的实证分析》，《国际贸易问题》2020 年第 2 期。

[53]习近平：《在民营企业座谈会上的讲话》，《国务院公报》2018 年

第 32 号。

[54]徐丽鹤、李青、周璐:《中国出口企业更容易获得融资吗》,《国际经贸探索》2019 年第 11 期。

[55]徐榕、赵勇:《融资约束如何影响企业的出口决策?》,《经济评论》2015 年第 3 期。

[56]许伟、陈斌开:《银行信贷与中国经济波动:1993—2005》,《经济学(季刊)》2009 年第 3 期。

[57]阳佳余:《融资约束与企业出口行为:基于工业企业数据的经验研究》,《经济学(季刊)》2012 年第 4 期。

[58]杨晶晶、应姣姣、周定根:《出口能否缓解异质性企业的融资约束——基于中国工业企业的经验研究》,《财贸研究》2018 年第 2 期。

[59]杨天宇、张蕾,《中国制造业企业进入和退出行为的影响因素分析》,《管理世界》2009 年第 6 期。

[60]余菁:《新中国 70 年企业制度的演变历程与发展取向》,《经济体制改革》2019 年第 6 期。

[61]战明华、张成瑞、沈娟:《互联网金融发展与货币政策的银行信贷渠道传导》,《经济研究》2018 年第 4 期。

[62]张清勇、郑环环:《中国住宅投资引领经济增长吗?》,《经济研究》2012 年第 2 期。

[63]张涛、龚六堂、卜永祥:《资产回报、住房按揭贷款与房地产均衡价格》,《金融研究》2006 年第 2 期。

[64]张维迎、周黎安、顾全林:《经济转型中的企业退出机制——关于北京市中关村科技园区的一项经验研究》,《经济研究》2003 年第 10 期。

[65]张晓燕:《中国资本市场开放历程与影响分析》,《人民论坛》2019 年第 26 期。

[66]张颖、任世碧、楚丽君:《QFII 获批数量十年增近 4 倍 中国资产全球吸引力与日俱增》,《证券日报》2022 年 8 月 25 日。

[67]赵锦辉:《中国国有企业 70 年发展回顾与展望》,《山东社会科

学》2019 年第 9 期。

[68]中国结算:《中国证券登记结算统计年鉴,2022》,http://www.chinaclear.cn/zdjs/tjnb/center_scsj_tlist.shtml。

[69]中国信托业协会:《2021 年度中国信托业发展评析》,http://www.xtxh.net/xtxh/statistics 47592.htm。

[70]钟结枝、陆宇海、陈见标:《融资渠道与企业出口关系分析——基于我国 A 股上市企业数据的经验检验》,《商业经济研究》2021 年第 2 期。

[71]钟宁桦、刘志阔、何嘉鑫、苏楚林:《我国企业债务的结构性问题》,《经济研究》2016 年第 7 期。

[72]周世民、王书飞、陈勇兵:《出口能缓解民营企业融资约束吗?——基于匹配的倍差法之经验分析》,《南开经济研究》2013 年第 3 期。

[73]周炎、陈昆亭:《利差、准备金率与货币增速——量化货币政策效率的均衡分析》,《经济研究》2012 年第 7 期。

[74]周越、徐隽翊:《中国经济中的垂直市场与企业动态——基于 DSGE 的模型研究》,《经济学报》2020 年第 3 期。

[75] Acemoglu, D., U. Akcigit, H. Alp, N. Bloom, and W. Kerr, "Innovation,Reallocation,and Growth", *American Economic Review*,Vol.108, No.11,2018.

[76] Ahn, J. "Trade Finance And Payment Methods in International Trade", In *Oxford Research Encyclopedia of Economics and Finance*,2021.

[77] Alessandria, G., J.P.Kaboski, and V. Midrigan, "The Great Trade Collapse of 2008－2009: An Inventory Adjustment?", *IMF Economic Review*, Vol.58,No.2,2010.

[78] Alessandria, G., and H.Choi, "Do Sunk Costs of Exporting Matter for Net Export Dynamics?", *The Quarterly Journal of Economics*, Vol.122, No.1,2007.

[79] Almeida, H., M. Campello, and M.S. Weisbach, "The Cash Flow

Sensitivity of Cash", *The Journal of Finance*, Vol.59, No.4, 2004.

[80] Amiti, M., and D. E. Weinstein, "Exports and Financial Shocks", *The Quarterly Journal of Economics*, Vol.126, No.4, 2011.

[81] Anderson, J. E., and E. Van Wincoop, "Trade Costs", *Journal of Economic Literature*, Vol.42, No.3, 2004.

[82] Arellano, C., Y. Bai, and J. Zhang, "Firm Dynamics and Financial Development", *Journal of Monetary Economics*, Vol.59, No.6, 2012.

[83] Arellano, C., Y. Bai, and P. J. Kehoe, "Financial Frictions and Fluctuations in Volatility", *Journal of Political Economy*, Vol.127, No.5, 2019.

[84] Argente, D., M. Lee, and S. Moreira, "The Life Cycle of Products: Evidence and Implications", *Available at SSRN* 3163195, 2019.

[85] Auerbach, A. J., Y. Gorodnichenko, and D. Murphy, "Inequality, Fiscal Policy and Covid19 Restrictions in a Demand-Determined Economy", *European Economic Review*, Vol.137, 2021.

[86] Autor, D., D. Dorn, L. F. Katz, C. Patterson, and J. V. Reenen, "Concentrating on the Fall of the Labor Share", *American Economic Review*, Vol.107, No.5, 2017.

[87] Baggs, J., and J. A. Brander, "Trade Liberalization, Profitability, and Financial Leverage", *Journal of International Business Studies*, Vol.37, 2006.

[88] Baldwin, R. E., "Exporting The Capital Markets: Comparative Advantage and Capital Market Imperfections", 1989.

[89] Baqaee, D. R., and E. Farhi, "Productivity and Misallocation In General Equilibrium", *The Quarterly Journal of Economics*, Vol. 135, No.1, 2020.

[90] Barkai, S., "Declining Labor And Capital Shares", *The Journal of Finance*, Vol.75, No.5, 2020.

[91] Beck, T., "Financial Development And International Trade: Is There a Link?", *Journal of International Economics*, Vol.57, No.1, 2002.

[92] Beck, T., "Financial Dependence and International Trade", *Review*

of International Economics, Vol.11, No.2, 2003.

[93] Beck, T., R. Levine, and N. Loayza, "Finance and the Sources of Growth", *Journal of Financial Economics*, Vol.58, No.12, 2000.

[94] Becker, B., J. Chen, and D. Greenberg, "Financial Development, Fixed Costs, and International Trade", *The Review of Corporate Finance Studies*, Vol.2, No.1, 2013.

[95] Behrens, K., G. Corcos, and G. Mion, "Trade Crisis? What Trade Crisis?", *Review of Economics and Statistics*, Vol.95, No.2, 2013.

[96] Benassy, J., "Taste for Variety And Optimum Production Patterns in Monopolistic Competition", *Economics Letters*, Vol.52, No.1, 1996.

[97] Bergin, P. R., L. Feng, and C. Lin, "Trade and Firm Financing", *Journal of International Economics*, Vol.131, 2021.

[98] Bergin, P. R., L. Feng, and C. Y. Lin, "Firm Entry and Financial Shocks", *The Economic Journal*, Vol.128, No.609, 2018.

[99] Bergin, P. R., and C. Lin, "The Dynamic Effects of A Currency Union on Trade", *Journal of International Economics*, Vol.87, No.2, 2012.

[100] Bergin, P. R., and G. Corsetti, "The Extensive Margin and Monetary Policy", *Journal of Monetary Economics*, Vol.55, No.7, 2008.

[101] Bergin, P. R., and G. Corsetti, "Beyond Competitive Devaluations: The Monetary Dimensions of Comparative Advantage", *American Economic Journal: Macroeconomics*, Vol.12, No.4, 2020.

[102] Bergin, P., L. Feng, and C. Lin, "Financial Frictions and Trade Dynamics", *IMF Economic Review*, Vol.66, 2018.

[103] Berman, N., and J. Héricourt, "Financial Factors and the Margins of Trade: Evidence From Cross-Country Firm-Level Data", *Journal of Development Economics*, Vol.93, No.2, 2010.

[104] Bernanke, B. S., "Irreversibility, Uncertainty, and Cyclical Investment", *The Quarterly Journal of Economics*, Vol.98, No.1, 1983.

[105] Bernanke, B. S., M. Gertler, and S. Gilchrist, "The Financial

Accelerator in a Quantitative Business Cycle Framework", *Handbook of Macroeconomics*, Vol.1, 1999.

[106] Bernanke, B. S., and I. Mihov, "Measuring Monetary Policy", *The Quarterly Journal of Economics*, Vol.113, No.3, 1998.

[107] Bernanke, B., and M. Gertler, "Agency Costs, Net Worth, and Business Fluctuations", *American Economic Review*, Vol.79, March, 1989.

[108] Bernard, A. B., S. J. Redding, and P. K. Schott, "Multiple-Product Firms and Product Switching", *American Economic Review*, Vol. 100, No.1, 2010.

[109] Besedeš, T., B. Kim, and V. Lugovskyy, "Export Growth and Credit Constraints", *European Economic Review*, Vol.70, 2014.

[110] Bilbiie, F. O., "Monetary Neutrality with Sticky Prices and Free Entry", *Review of Economics and Statistics*, Vol.103, No.3, 2021.

[111] Bilbiie, F. O., F. Ghironi, M. J. Melitz, V. Midrigan, and J. J. Rotemberg, "Monetary Policy and Business Cycles with Endogenous Entry and Product Variety with Comments and Discussion", *NBER Macroeconomics Annual*, Vol.22, 2007.

[112] Bilbiie, F. O., F. Ghironi, and M. J. Melitz, "Endogenous Entry, Product Variety, and Business Cycles", *Journal of Political Economy*, Vol.120, No.2, 2012.

[113] Bilbiie, F. O., F. Ghironi, and M. J. Melitz, "Monopoly Power and Endogenous Product Variety: DDistortions and Remedies", *American Economic Journal: Macroeconomics*, Vol.11, No.4, 2019.

[114] Bolton, P., H. Chen, and N. Wang, "A Unified Theory of Tobin's q, Corporate Investment, Financing, and Risk Management", *The Journal of Finance*, Vol.66, No.5, 2011.

[115] Breitenlechner, M., and R. Nuutilainen, "China's Monetary Policy and The Loan Market: How Strong is the Credit Channel in China?", *Open Economies Review*, 2023.

[116] Bridges, S., and A. Guariglia, "Financial Constraints, Global Engagement, and Firm Survival in the United Kingdom: Evidence From Micro Data", *Scottish Journal of Political Economy*, Vol.55, No.4, 2008.

[117] Broda, C., and D. E. Weinstein, "Product Creation and Destruction: Evidence and Price Implications", *American Economic Review*, Vol.100, No.3, 2010.

[118] Brooks, W., and A. Dovis, "Credit Market Frictions and Trade Liberalizations", *Journal of Monetary Economics*, Vol.111, 2020.

[119] Brunnermeier, M. K., and Y. Sannikov, "A Macroeconomic Model With a Financial Sector", *American Economic Review*, Vol.104, No.2, 2014.

[120] Buono, I., and S. Formai, "The Heterogeneous Response of Domestic Sales and Exports to Bank Credit Shocks", *Journal of International Economics*, Vol.113, 2018.

[121] Carlstrom, C. T., and T. S. Fuerst, "Agency Costs, Net Worth, and Business Fluctuations: A Computable General Equilibrium Analysis", *The American Economic Review*, 1997.

[122] Cavallari, L., "Firms' Entry, Monetary Policy and the International Business Cycle", *Journal of International Economics*, Vol.91, No.2, 2013.

[123] Cetorelli, N., and P. E. Strahan, "Finance as a Barrier to Entry: Bank Competition and Industry Structure in Local US Markets", *The Journal of Finance*, Vol.61, No.1, 2006.

[124] Chaney, T., "Liquidity Constrained Exporters", *Journal of Economic Dynamics and Control*, Vol.72, 2016.

[125] Cheng, D., Y. Tan, and J. Yu, "Credit Rationing and Firm Exports: Microeconomic Evidence From Small and Medium-Sized Enterprises in China", *The World Economy*, Vol.44, No.1, 2021.

[126] Chor, D., and K. Manova, "Off the Cliff and Back? Credit Conditions and International Trade during the Global Financial Crisis", *Journal of International Economics*, Vol.87, No.1, 2012.

[127]Chow,G.C.,and K.Li,"China's Economic Growth:1952-2010", *Economic Development and Cultural Change*,Vol.51,No.1,2002.

[128]Claessens,S.,and N.Van Horen,"Foreign Banks and Trade", *Journal of Financial Intermediation*,Vol.45,2021.

[129] Colciago,A.,"Endogenous Market Structures and Optimal Taxation",*The Economic Journal*,Vol.126,No.594,2016.

[130] Cooley,T.F.,and V.Quadrini,"Financial Markets and Firm Dynamics",*American Economic Review*,Vol.91,No.5,2001.

[131] Das,S.,M.J.Roberts,and J.R.Tybout,"Market Entry Costs, Producer Heterogeneity,And Export Dynamics",*Econometrica*,Vol.75, No.3,2007.

[132]Davis,M.A.,and J.Heathcote,"Housing and the Business Cycle", *International Economic Review*,Vol.46,No.3,2005.

[133]De Loecker,J.,J.Eeckhout,and G.Unger,"The Rise of Market Power and the Macroeconomic Implications",*The Quarterly Journal of Economics*,Vol.135,No.2,2020.

[134]Decker,R.A.,J.Haltiwanger,R.S.Jarmin,and J.Miranda,"Where has all the Skewness Gone? The Decline in High-Growth(Young)Firms in the US",*European Economic Review*,Vol.86,2016.

[135]Di Giovanni,J.,and A.A.Levchenko,"Country Size,International Trade,and Aggregate Fluctuations in Granular Economies",*Journal of Political Economy*,Vol.120,No.6,2012.

[136] Dixit,A.K.,and J.E.Stiglitz,"Monopolistic Competition and Optimum Product Diversity",*The American Economic Review*,Vol.67, No.3,1977.

[137]Djankov,S.,C.Freund,and C.S.Pham,"Trading on Time",*The Review of Economics and Statistics*,Vol.92,No.1,2010.

[138]Do,Q.,and A.A.Levchenko,"Comparative Advantage,Demand for External Finance,and Financial Development",*Journal of Financial*

Economics, Vol.86, No.3, 2007.

[139] Doan, N.T., T.K.C.Vu, T.C.T.Nguyen, T.H.H.Nguyen, and K.T. Nguyen, "Cash-In-Advance, Export Decision and Financial Constraints: Evidence From Cross-Country Firm-Level Data", *International Review of Economics & Finance*, Vol.69, 2020.

[140] Dunne, T., M.J.Roberts, and L.Samuelson, "Patterns of Firm Entry and Exit in US Manufacturing Industries", *The Rand Journal of Economics*, 1988.

[141] Duval, R., N.Li, R.Saraf, and D.Seneviratne, "Value-Added Trade and Business Cycle Synchronization", *Journal of International Economics*, Vol. 99, 2016.

[142] Edmond, C., V. Midrigan, and D. Y. Xu, "How Costly are Markups?", *Journal of Political Economy*, Vol.131, No.7, 2023.

[143] Eggertsson, G.B., and P.Krugman, "Debt, Deleveraging, and the Liquidity Trap: A Fisher-Minsky-Koo Approach", *The Quarterly Journal of Economics*, Vol.127, No.3, 2012.

[144] Etro, F., "The Theory of Endogenous Market Structures", *Journal of Economic Surveys*, Vol.28, No.5, 2014.

[145] Fazzari, S., R. G. Hubbard, and B. C. Petersen, "Financing Constraints and Corporate Investment", Edited: *National Bureau of Economic Research Cambridge*, Mass, USA, 1987.

[146] Feenstra, R.C., R.E.Lipsey, H.Deng, A.Ma, and H.Mo., "World Trade Flows: 1962 – 2000, Edited: *National Bureau of Economic Research Cambridge*, Mass, USA, 2005.

[147] Feenstra, R.C., Z.Li, and M.Yu, "Exports and Credit Constraints Under Incomplete Information: Theory and Evidence From China", *Review of Economics and Statistics*, Vol.96, No.4, 2014.

[148] Feng, L., Y.Guan, and Z.Li, "Bank Credit, Firm Entry and Exit, and Economic Fluctuations in China", *Frontiers of Economics in China*, Vol.9,

No.4,2014.

[149] Fernández-Villaverde, J., P. Guerrón-Quintana, J. F. Rubio-Ramirez,and M.Uribe,"Risk Matters:The Real Effects of Volatility Shocks", *American Economic Review*,Vol.101,No.6,2011.

[150] Fisher, I., "The Debt-Deflation Theory of Great Depressions", *Econometrica:Journal of the Econometric Society*,1933.

[151] Foley, C. F., and K. Manova, "International Trade, Multinational Activity,and Corporate Finance",*Economics-the Open Access Open-Assessment E-Journal*,Vol.7,No.1,2015.

[152] Franco, M., "The Cost of Capital, Corporation Finance and the Theory of Investment",*American Economic Review*,Vol.48,1958.

[153] Gertler, M., N. Kiyotaki, and A. Prestipino, "A Macroeconomic Model with Financial Panics", *The Review of Economic Studies*, Vol. 87, No.1,2020.

[154]Gertler,M., and N.Kiyotaki."Financial Intermediation and Credit Policy In Business Cycle Analysis", In *Handbook of Monetary Economics*,2010.

[155]Gertler,M.,and P.Karadi, "A Model of Unconventional Monetary Policy",*Journal of Monetary Economics*,Vol.58,No.1,2011.

[156] Gertler, M., and S.Gilchrist, "What Happened:Financial Factors in the Great Recession",*Journal of Economic Perspectives*,Vol.32,No.3,2018.

[157] Ghironi, F., "Macro Needs Micro", *Oxford Review of Economic Policy*,Vol.34,No.1−2,2018.

[158] Ghironi, F., and M. J. Melits, "International Trade and Macroeconomic Dynamics with Heterogeneous Firms",*The Quarterly Journal of Economics*,Vol.120,No.3,2005.

[159] Görg, H., and M. Spaliara, "Export Market Exit and Financial Health in Crises Periods",*Journal of Banking & Finance*,Vol.87,2018.

[160] Greenaway, D., A. Guariglia, and R. Kneller, "Financial Factors

and Exporting Decisions", *Journal of International Economics*, Vol. 73, No.2,2007.

[161]Greenwood,J., and B.Jovanovic, "Financial Development,Growth, and the Distribution of Income", *Journal of Political Economy*, Vol. 98, No.5,1990.

[162] Guerrieri, V., and G. Lorenzoni, "Credit Crises, Precautionary Savings, and the Liquidity Trap", *The Quarterly Journal of Economics*, Vol.132,No.3,2017.

[163] Gutiérrez, G., C. Jones, and T. Philippon, "Entry Costs and Aggregate Dynamics", *Journal of Monetary Economics*, Vol.124,2021.

[164]Hall,R.E."By How Much Does GDP Rise if the Government Buys more Output?"Edited: *National Bureau of Economic Research*, 2009.

[165] Hamano, M., and F. Zanetti, "Monetary Policy, Firm Heterogeneity, and Product Variety", *European Economic Review*, Vol.144,2022.

[166] He, Z., and A. Krishnamurthy, "Intermediary Asset Pricing", *American Economic Review*, Vol.103,No.2,2013.

[167]He,Z., and A.Krishnamurthy, "A Macroeconomic Framework For Quantifying Systemic Risk", *American Economic Journal: Macroeconomics*, Vol.11,No.4,2019.

[168]Hennessy,C.A.,A.Levy,and T.M.Whited, "Testing Q Theory with Financing Frictions", *Journal of Financial Economics*, Vol.83,No.3,2007.

[169] Hummels, D., and P.J.Klenow, "The Variety and Quality of A Nation's Exports", *American Economic Review*, Vol.95,No.3,2005.

[170] Iacoviello, M., "House Prices, Borrowing Constraints, and Monetary Policy in The Business Cycle", *American Economic Review*, Vol.95, No.3,2005.

[171]Iacoviello,M., and S.Neri, "Housing Market Spillovers: Evidence from an Estimated DSGE Model", *American Economic Journal:*

Macroeconomics, Vol.2, No.2, 2010.

[172] Iacovone, L., E. Ferro, M. Pereira-López, and V. Zavacka, "Banking Crises and Exports: Lessons from the Past", *Journal of Development Economics*, Vol.138, 2019.

[173] Jaimovich, N., and M. Floetotto, "Firm Dynamics, Markup Variations, and the Business Cycle", *Journal of Monetary Economics*, Vol.55, No.7, 2008.

[174] Jensen, M.C., and W.H. Meckling, "Theory of the Firm: Managerial Behavior, Agency Costs and Ownership Structure", In *Corporate governance*, 2019.

[175] Jermann, U., and V. Quadrini, "Macroeconomic Effects of Financial Shocks", *American Economic Review*, Vol.102, No.1, 2012.

[176] Ju, J., and S. Wei, "When is Quality of Financial System a Source of Comparative Advantage?", *Journal of International Economics*, Vol. 84, No.2, 2011.

[177] Keuschnigg, C., and M. Kogler, "Trade And Credit Reallocation: How Banks Help Shape Comparative Advantage", *Review of International Economics*, Vol.30, No.1, 2022.

[178] King, R. G., and S. T. Rebelo, "Resuscitating Real Business Cycles", *Handbook of Macroeconomics*, Vol.1, 1999.

[179] Kiyotaki, N., and J. Moore, "Credit Cycles", *Journal of Political Economy*, Vol.105, No.2, 1997.

[180] Kletzer, K., and P. Bardhan, "Credit Markets and Patterns of International Trade", *Journal of Development Economics*, Vol.27, No.12, 1987.

[181] Kohn, D., F. Leibovici, and M. Szkup, "Financial Frictions and New Exporter Dynamics", *International Economic Review*, Vol.57, No.2, 2016.

[182] Kohn, D., F. Leibovici, and M. Szkup, "No Credit, No Gain: Trade Liberalization Dynamics, Production Inputs, and Financial Development", *International Economic Review*, 2023.

［183］Krishnamurthy, A., S. Nagel, and D. Orlov, "Sizing Up Repo", *The Journal of Finance*, Vol.69, No.6, 2014.

［184］La Croce, C., and L. Rossi, "Firms' Endogenous Entry and Monopolistic Banking in a DSGE Model", *Macroeconomic Dynamics*, Vol.22, No.1, 2018.

［185］Lee, Y., and T. Mukoyama, "Entry and Exit of Manufacturing Plants over the Business Cycle", *European Economic Review*, Vol.77, 2015.

［186］Lee, Y., and T. Mukoyama, "A Model of Entry, Exit, and Plant-Level Dynamics over the Business Cycle", *Journal of Economic Dynamics and Control*, Vol.962018.

［187］Leibovici, F., "Financial Development and International Trade", *Journal of Political Economy*, Vol.129, No.12, 2021.

［188］Levine, R., "Financial Development and Economic Growth: Views and Agenda", *Journal of Economic Literature*, Vol.35, No.2, 1997.

［189］Levine, R., N. Loayza, and T. Beck, "Financial Intermediation and Growth: Causality and Causes", *Journal of Monetary Economics*, Vol.46, No.1, 2000.

［190］Lewis, V., "Business Cycle Evidence on Firm Entry", *Macroeconomic Dynamics*, Vol.13, No.5, 2009.

［191］Manole, V., and M. Spatareanu, "Exporting, Capital Investment and Financial Constraints", *Review of World Economics*, Vol.146, 2010.

［192］Manova, K., "Credit Constraints, Equity Market Liberalizations and International Trade", *Journal of International Economics*, Vol.76, No.1, 2008.

［193］Manova, K., "Credit Constraints, Heterogeneous Firms, and International Trade", *Review of Economic Studies*, Vol.80, No.2, 2013.

［194］Manova, K., S. Wei, and Z. Zhang, "Firm Exports and Multinational Activity under Credit Constraints", *Review of Economics and Statistics*, Vol.97, No.3, 2015.

[195] Manova, K., and Z. Yu, "How Firms Export: Processing vs. Ordinary Trade with Financial Frictions", *Journal of International Economics*, Vol.100, 2016.

[196] Matsuyama, K., "Credit Market Imperfections and Patterns of International Trade and Capital Flows", *Journal of the European Economic Association*, Vol.3, No.2-3, 2005.

[197] Melitz, M.J., "The Impact of Trade on Intra-Industry Reallocations and Aggregate Industry Productivity", *Econometrica*, Vol.71, No.6, 2003.

[198] Mendoza, E.G., "Sudden Stops, Financial Crises, and Leverage", *American Economic Review*, Vol.100, No.5, 2010.

[199] Mian, A., K. Rao, and A. Sufi, "Household Balance Sheets, Consumption, and the Economic Slump", *The Quarterly Journal of Economics*, Vol.128, No.4, 2013.

[200] Mian, A., and A. Sufi, "What Explains the 2007-2009 Drop in Employment?", *Econometrica*, Vol.82, No.6, 2014.

[201] Michelacci, C., L. Paciello, and A. Pozzi, "The Extensive Margin of Aggregate Consumption Demand", *The Review of Economic Studies*, Vol.89, No.2, 2022.

[202] Minetti, R., A. Mulabdic, M. Ruta, and S. C. Zhu, "Financial Structures, Banking Regulations, and Export Dynamics", *Journal of Banking & Finance*, Vol.124, 2021.

[203] Minetti, R., and S.C. Zhu, "Credit Constraints and Firm Export: Microeconomic Evidence from Italy", *Journal of International Economics*, Vol.83, No.2, 2011.

[204] Modigliani, F., and M.H. Miller, "Corporate Income Taxes and The Cost of Capital: A Correction", *The American Economic Review*, 1963.

[205] Mortensen, D. T., and C. A. Pissarides, "Job Creation and Job Destruction in the Theory of Unemployment", *The Review of Economic Studies*, Vol.61, No.3, 1994.

［206］Muûls，M.，"Exporters，Importers and Credit Constraints"，*Journal of International Economics*，Vol.95，No.2，2015.

［207］Myers，S.C.，and N.S.Majluf，"Corporate Financing and Investment Decisions when Firms have Information that Investors do not Have"，*Journal of Financial Economics*，Vol.13，No.2，1984.

［208］Nagaraj，P.，"Financial Constraints and Export Participation In India"，*International Economics*，Vol.140，2014.

［209］Niepmann，F.，and T.Schmidt-Eisenlohr，"No Guarantees，No Trade：How Banks Affect Export Patterns"，*Journal of International Economics*，Vol.108，2017.

［210］Obstfeld，M.，and K.Rogoff，"The Six Major Puzzles in International Macroeconomics：Is there a Common Cause?"，*NBER Macroeconomics Annual*，Vol.15，2000.

［211］Paravisini，D.，V.Rappoport，P.Schnabl，and D.Wolfenzon，"Dissecting the Effect of Credit Supply on Trade：Evidence from Matched Credit-Export Data"，*The Review of Economic Studies*，Vol.82，No.1，2015.

［212］Peretto，P.F.，"Cost Reduction，Entry，and the Interdependence of Market Structure and Economic Growth"，*Journal of Monetary Economics*，Vol.43，No.1，1999.

［213］Perri，F.，and V.Quadrini，"International Recessions"，*American Economic Review*，Vol.108，No.4-5，2018.

［214］Porta，R.L.，F.Lopez-De-Silanes，A.Shleifer，and R.W.Vishny，"Law and Finance"，*Journal of Political Economy*，Vol.106，No.6，1998.

［215］Poutineau，J.，and G.Vermandel，"Cross-Border Banking Flows Spillovers in the Eurozone：Evidence From an Estimated DSGE Model"，*Journal of Economic Dynamics and Control*，Vol.51，2015.

［216］Quadrini，V.，"Financial Frictions in Macroeconomic Fluctuations"，*FRB Richmond Economic Quarterly*，Vol.97，No.3，2011.

［217］Rajan，R.G.，and L.Zingales，"The Great Reversals：The Politics of

Financial Development in the Twentieth Century", *Journal of Financial Economics*, Vol.69, No.1, 2003.

[218] Rajan, R., and L. Zingales, "Financial Development and Growth", *American Economic Review*, Vol.88, No.3, 1998.

[219] Reinhart, C. M., and K. S. Rogoff, "International Aspects of Financial Market Imperfections: The Aftermath of Financial Crises", 2009.

[220] Rogerson, R., and J. Wallenius, "Micro and Macro Elasticities In a Life Cycle Model with Taxes", *Journal of Economic Theory*, Vol. 144, No.6, 2009.

[221] Romer, P. M., "Growth Based on Increasing Returns Due to Specialization", *The American Economic Review*, Vol.77, No.2, 1987.

[222] Rose, A. K., "Do We Really Know that the WTO Increases Trade?", *American Economic Review*, Vol.94, No.1, 2004.

[223] Rotemberg, J. J., "Sticky Prices in the United States", *Journal of Political Economy*, Vol.90, No.6, 1982.

[224] Rotemberg, J. J., and M. Woodford, "Oligopolistic Pricing and the Effects of Aggregate Demand on Economic Activity", *Journal of Political Economy*, Vol.100, No.6, 1992.

[225] Ruhl, K. J., and J. L. Willis, "New Exporter Dynamics", *International Economic Review*, Vol.58, No.3, 2017.

[226] Schularick, M., and A. M. Taylor, "Credit Booms Gone Bust: Monetary Policy, Leverage Cycles, and Financial Crises, 1870 – 2008", *American Economic Review*, Vol.102, No.2, 2012.

[227] Spatareanu, M., V. Manole, and A. Kabiri, "Exports and Bank Shocks: Evidence from Matched Firm-Bank Data", *Structural Change and Economic Dynamics*, Vol.47, 2018.

[228] Strebulaev, I. A., and T. M. Whited, "Dynamic Models and Structural Estimation in Corporate Finance", *Foundations and Trends ® in Finance*, Vol.6, No.1−2, 2012.

［229］Xu，J.，"Profitability and Capital Structure：Evidence from Import Penetration"，*Journal of Financial Economics*，Vol.106，No.2，2012.

［230］Zhang，W.，" China's Monetary Policy：Quantity Versus Price Rules"，*Journal of Macroeconomics*，Vol.31，No.3，2009.